Jens Heuchemer

Your Answer.

Eine Geschichte über die Magie des Lebens

MIX
Papier aus verantwortungsvollen Quellen
Paper from responsible sources
FSC® C105338

FSC
www.fsc.org

Haftungsausschluss:

Die Ratschläge im Buch sind sorgfältig erwogen und geprüft. Alle Angaben in diesem Buch erfolgen ohne jegliche Gewährleistung oder Garantie seitens des Autors und des Verlags. Die Umsetzung erfolgt ausdrücklich auf eigenes Risiko. Eine Haftung des Autors bzw. des Verlags und seiner Beauftragten für Personen-, Sach- und Vermögensschäden oder sonstige Schäden, die durch die Nutzung oder Nichtnutzung der Informationen bzw. durch die Nutzung fehlerhafter und/oder unvollständiger Informationen verursacht wurden, sind ausgeschlossen. Verlag und Autor übernehmen keine Haftung für die Aktualität, Richtigkeit und Vollständigkeit der Inhalte, ebenso nicht für Druckfehler. Es kann keine juristische Verantwortung sowie Haftung in irgendeiner Form für fehlerhafte Angaben und daraus entstehende Folgen von Verlag bzw. Autor übernommen werden.

Sollte diese Publikation Links auf Webseiten Dritter enthalten, so übernehmen wir für deren Inhalte keine Haftung, da wir uns diese nicht zu eigen machen, sondern lediglich auf deren Stand zum Zeitpunkt der Erstveröffentlichung verweisen.

Bibliografische Informationen der Deutschen Nationalbibliothek

Die Deutsche Nationalbibliothek verzeichnet diese Publikation in der Deutschen Nationalbibliografie; detaillierte bibliografische Daten sind im Internet über http://dnb.dnb.de abrufbar.

1. Auflage
© 2022 by Remote Verlag, ein Imprint der Remote Life LLC,
Powerline Rd., Suite 301-C, 33309 Fort Lauderdale, Fl., USA
Alle Rechte vorbehalten. Vervielfältigung, auch auszugsweise, nur mit schriftlicher Genehmigung des Verlages.

Redaktion: Isabelle Müller
Lektorat und Korrektorat: Katrin Gönnewig, Annika Hülshoff, Fabian Galla
Umschlaggestaltung: Zeus Athanasios Nasopoulos
Satz und Layout: Verena Klöpper

ISBN Print: 978-1-955655-32-3
ISBN E-Book: 978-1-955655-33-0

www.remote-verlag.de

Inhaltsverzeichnis

Kapitel 1 – Die falsche Rolle 6

Kapitel 2 – Ein Entschluss mit Folgen 10

Kapitel 3 – Mut für die neuen Winde 13

Kapitel 4 – In den Fußstapfen der Eltern 17

Kapitel 5 – Das Abenteuer beginnt 22

Kapitel 6 – Wie ist es eigentlich am Ende? 30

Kapitel 7 – Eine unerwartete Begegnung 35

Kapitel 8 – Jahrelang betäubt 44

Kapitel 9 – Der Zerfall der Formen 51

Kapitel 10 – Wurzel in der Unbewusstheit 64

Kapitel 11 – Die magische Frage 70

Kapitel 12 – Gedanken im Sonnenuntergang 82

Kapitel 13 – Wolken, See und Tee 92

Kapitel 14 – Das Gesetz der Anziehung 103

Kapitel 15 – Geschichten der Vergangenheit 113

Kapitel 16 – Gespräche am Strand 124

Kapitel 17 – Abrakadabra 136

Kapitel 18 – Herr Thompson 145

Kapitel 19 – Die Energie des Geldes 149

Kapitel 20 – Eine logische Konsequenz 160

Kapitel 21 – The whole point of the dancing is the dance 170

Kapitel 22 – Das zu tun, was man liebt ist ... verrückt? ... 175

Kapitel 23 – Die Monster in unserem Kopf 185

Kapitel 24 – Wie im Film 190

Kapitel 25 – Fülle im Überfluss 196

Kapitel 26 – Das Geheimnis des kollektiven Bewusstseins 204

Kapitel 27 – Puls der gleichschlagenden Herzen 216

Kapitel 28 – Die Macht der Wut 224

Kapitel 29 – Aus vollem Herzen 235

Kapitel 30 – Durch deine Augen 242

Kapitel 31 – Have a little Faith 252

Kapitel 32 – Bürde oder Abenteuer? 262

Kapitel 33 – Was ist es, was du wirklich willst? 270

Kapitel 1 – Die falsche Rolle

«Was hast du dir dabei gedacht, Alex? Hast du eigentlich eine Vorstellung, was uns das kosten wird?»

Alex schaute leer auf seinen Schreibtisch und wusste nicht, was er antworten sollte. Die ganze Situation erschien ihm so surreal, dass er sich einfach nur wünschte, sie wäre schon vorbei. Sein ganzer Körper erstarrte, als stünde er vor einem gefährlichen Tier.

«Los, sag schon was …» Michael stieß sich wütend von Alex' Tisch ab und ging wie ein Tiger auf der Lauer für einige Sekunden hin und her.

Er war zielstrebig, fokussiert und er hatte sich ein Unternehmen mit achtundsiebzig Angestellten aufgebaut, von dem viele Menschen nur träumen. Außerdem besaß er ein großes Haus mit Pool und hatte – wie er immer so schön betonte – zwei sehr leistungsstarke Kinder, die in wenigen Jahren die besten Privatuniversitäten des Landes besuchen würden. Von der Mutter seiner Kinder war er inzwischen geschieden.

Es war Freitag und Michael trug traditionell sein dunkelblaues Jackett mit weiß-grau gemustertem Einstecktuch und sein gebügeltes Hemd war wie immer bis obenhin zugeknöpft.

Sein Parfüm werde ich wohl immer in der Nase haben. Dieser Geruch von Wohlstand, Minze und Wald. Eine merkwürdige Kombination, dachte Alex, während Michael wieder nach vorne gelehnt auf seinem Schreibtisch gestützt auf eine Antwort wartete.

«Wie konnte es nur zu diesem massiven Fehler kommen?»

«Ich kann es dir leider nicht erklären. Es tut mir einfach leid.» Alex hielt seinen Blick gesenkt.

«Ich glaube, dass du jetzt in deinem Urlaub diesen Job einmal für dich überdenken solltest. Als du hier vor einem Jahr angefangen hast, habe ich sehr viel Potenzial in dir gesehen … doch deine Leistung ging in den letzten fünf Monaten so stark bergab, dass ich nicht mehr weiß, wie ich dich hier im Unternehmen noch einsetzen soll. Du kannst jetzt schon Feierabend machen. Ich muss erst einmal an die frische Luft.»

Ohne ein Wort des Abschieds ging Michael zu der Tür, die direkt auf die Terrasse des Büros führte, auf die er immer zum Rauchen ging, um seine Nerven zu beruhigen.

Alex nahm emotionslos seine Umhängetasche mit seinem Getränk, sammelte ein paar Unterlagen ein, die er noch benötigte, und ging zum Fahrstuhl. Auf dem Weg dorthin kam er an anderen tristen Büros vorbei. In den meisten davon stand die obligatorische Zimmerpflanze, um die sich nicht allzu viel gekümmert wurde. Der Geruch von benutzten Druckern lag in der Luft.

Einige seiner Kollegen waren ambitioniert, doch wenn er in ihre Augen schaute, erkannte er etwas Erschreckendes. Reue. Ihre Blicke demonstrierten einen Zustand der Ohnmacht und Resignation. Er hatte sich über diese Gefühle nie wirklich Gedanken gemacht und trotzdem erschienen sie ihm merkwürdig vertraut.

Alex lief es kalt den Rücken herunter.

Er drückte die Erdgeschosstaste und die Tür schloss sich. Die gesamte Fahrt nach unten in die Tiefgarage starrte er leer gegen die metallene Fahrstuhlwand. Diese zwanzig Sekunden im Fahrstuhl fühlten sich an wie eine Ewigkeit.

Fragen über Fragen strömten durch Alex' Gedanken, während er versuchte, sich mit ein paar tiefen Atemzügen zu beruhigen.

Was mache ich hier? Warum ist mein Leben gerade so anstrengend? Warum gelingt mir nichts? An welchem Punkt habe ich angefangen, mein Leben in eine so beschissene Richtung zu lenken? War es nicht das, was ich immer wollte? Ich habe Angst vor der Zukunft ... Werde ich so wie meine Kollegen und besitze schon bald eine lieblose Zimmerpflanze?

Er stieg in sein Auto, doch nach bereits wenigen Hundert Metern geriet er ins Stop-and-go.

«Natürlich, es ist freitags ... früher Feierabendverkehr», sagte er laut zu sich selbst, während er in den Rückspiegel schaute und danach seinen Kopf verzweifelt auf das Lenkrad fallen ließ. Er atmete tief ein.

Ein lautes und verzweifeltes «Maaaannnnn!» ertönte durch sein Auto und er schlug dabei mit beiden Händen auf sein Lenkrad. Dann hielt er erschrocken inne. Er war über sich selbst erstaunt. So kannte er sich gar nicht.

Normal war er immer ruhig und zurückhaltend. Kühn und den Situationen erhaben. So wollte er sich zumindest immer selbst gern sehen.

Ich habe keine Orientierung mehr. Ich habe das Gefühl, mein Leben zieht momentan an mir vorbei und ich habe keine Möglichkeit, Luft zu schnappen und mich zu sortieren. Seit ein paar Jahren ... seit ein paar Jahren wird es immer mehr ... diese Taubheit. Immer weniger Freude. Immer weniger von dem, wie ich mir mein Leben damals vorgestellt habe. Es ist so, als ob ich eine Rolle spiele, die mir jegliche Energie raubt. Ich wünsche mir einen Tapetenwechsel ... zumindest für ein paar Tage!

Er betrachtete seine Hände, die eben noch auf das Lenkrad eingeschlagen hatten, und registrierte die rot-weißen Druckstellen auf seinen Handballen.

Und seit wann mache ich bitte so was?

Ein Gefühl der Scham überkam ihn und er hatte das Verlangen, sich vor sich selbst rechtfertigen zu müssen.

Seine Augen schweiften langsam erneut nach schräg oben in Richtung des Spiegels. Der nächste Blick hinein sollte Ereignisse in Gang setzen, die ihn für immer verändern würden.

Kapitel 2 – Ein Entschluss mit Folgen

Er sah sich dieses Mal sehr tief in seine Augen und es war, als gäbe es in ihm eine Version, die herauswollte. Als ob sie nach etwas schrie. Nach etwas, was er noch nicht verstand. Er konnte jede Ader seines Auges und den Verlauf der Farbnuancen seiner Pupillen erkennen.

Eine Träne befreite sich aus seinem rechten Auge, seine Lippen begannen leicht zu zittern und ein starkes Gefühl der Trauer machte sich schleichend in seinem ganzen Körper breit.

Ich bin sechsundzwanzig ... und mein Leben ist ein Chaos. Ich habe keinen Job, der mich glücklich macht. Ich lebe immer noch daheim. Ich habe keine Beziehung. Noch bin ich in der sportlichen Verfassung, wie ich es gerne hätte. Das Einzige, was ich gerade habe, ist einiges an Geld. Ich habe immer gespart, weil es mir empfohlen wurde, und deswegen habe ich mich immer bei allem zurückgehalten. Letztens meinte ein Kollege zu mir, dass ich der jüngste Fünfzigjährige sei, den er jemals gesehen habe. Ich dachte, es sei nur ein schlechter Witz gewesen. Ist es doch wahr?

Er nahm ein paar tiefe Atemzüge.

Bin ich einfach nicht gut genug für das Leben in der Gesellschaft? Ich habe das Gefühl, dass es jeder schafft, nur ich nicht! Oder tun alle nur so, als ob sie glücklich wären? Ich kann einfach nicht mehr! Ich bin müde! Mit sechsundzwanzig schon müde von meinem eigenen Leben! Ich will, dass sich etwas ändert! Ich will eine neue Chance!

Die nächsten Sekunden vergingen wie in Zeitlupe. Er atmete, so tief er konnte, ein und wieder aus. Daraufhin ließ er das

Lenkrad und seine gesamte Körperanspannung los.

Er beruhigte sich und in diesem Moment kehrte eine unbekannte Ruhe in ihm ein. So, als hätte jemand in dieser Sekunde all seinen Ballast von ihm genommen. Ein unbeschreibliches Gefühl der absoluten Klarheit durchströmte ihn. Der graue Schleier war komplett verschwunden. Dieser Moment der Klarheit, den er schon sehr lange nicht mehr erlebt hatte, ließ alles in seiner Umgebung intensiver wirken. Die Farben der Bäume am Straßenrand, den Geruch des Autos, seine Hände, die gerade den Stoff seiner Jeans fühlten, und die Musik im Radio.

Was … was ist das denn jetzt? Ich habe doch vorhin nicht aus Versehen irgendwas genommen, oder? Ist alles ok bei mir? Also tot bin ich nicht und da ich gerade mit dem Auto stehe und keine Gefahr droht, ist es auch keine Nahtoderfahrung, wie ich es aus Filmen kenne. Warum wirkt gerade alles so lebendig?

Er sah sich weiter um und betrachtete die anderen Autofahrer, die neben ihm im stockenden Verkehr genervt in ihren Autos saßen, wie er selbst es noch vor wenigen Augenblicken ebenfalls getan hatte. In diesem Moment erkannte er, dass er auch dieses Schicksal teilen würde, wenn er einfach so weitermachte. Sein Blick ging für einige Sekunden messerscharf und fokussiert durch die Frontscheibe.

Er beschloss, dass sich etwas ändern musste.

Ja! Ich will, dass sich etwas ändert!
Ich will eine neue Möglichkeit!

Die Radiomoderatorin ertönte aus den Boxen und erklärte, dass sie heute zum Feierabend die ganzen Klassiker spielen würden. Sie klang freudig aufgeregt, als sie das erste Lied ankündigte und die Zuhörer und Zuhörerinnen aufforderte zu erraten, von wem es sei.

Die ersten Sekunden des Lieds erklangen. Er hatte es schon ein paar Mal gehört, doch nie so wirklich wahrgenommen. Er erinnerte sich nur, dass es von der Steve Miller Band war. Weitere Zeilen ertönten aus dem Radio und schließlich kam der Refrain: «… Abra Abracadabra … Abracadabra».

Kapitel 3 – Mut für die neuen Winde

Alex parkte auf dem Bürgersteig vor seinem Haus. Der Moment der Klarheit war wieder verschwunden und Gedanken der Trübsal schossen ihm durch den Kopf. Er schaute auf den kleinen Park gegenüber seinem Haus und sagte leise vor sich hin: «Na ja, wenigstens ist der Park ganz nett …»

Er entschloss sich aus einem Impuls heraus, noch einmal zu der Bank zu gehen, auf der er so oft saß, wenn er nachdenken musste.

Er war noch keine Minute dort, da hörte er eine vertraute Stimme, die ihn schon seit knapp zwanzig Jahren begleitete.

«Alex, schön dich zu sehen. Was machst du denn so früh hier im Park?», fragte Jessica mit einem Lächeln auf den Lippen.

Sie kannten sich bereits seit der ersten Klasse und waren in all den Jahren zu wirklich guten Freunden geworden.

Sie hatte kurze, blonde Haare und einen etwas ausgefallenen Stil. Alex fand sie schon immer hübsch und war sogar als Teenager in sie verliebt gewesen.

«Oh, hey, Jessica, wie geht's dir? Ich habe jetzt Urlaub und …», Alex machte eine Pause, «… ich durfte heute ein wenig früher gehen. Und wen haben wir da? Lucyyyy!»

Er beugte sich nach vorne, um Jessicas Hündin zu streicheln, die freudig vor ihm hin und her lief und mit ihrem Schwanz wedelte.

«Bei mir ist es gerade auch ok. Heute war echt super anstrengend und nervig und ich bin eigentlich total ausgelaugt. Aber … jetzt gerade geht es.» Sie lächelte Alex schüchtern zu und fuhr sich mit der linken Hand durch ihre Haare. «Und das ist ja voll nett von deinem Chef, dass du früher gehen konntest.»

«Ja …» Alex verzog das Gesicht.

«Was ist denn? Warum schaust du so, als wäre jemand gestorben? Du hast jetzt Urlaub. Freu dich doch mal! Was wirst du jetzt tun?»

«Wie tun? Was soll ich denn tun?» Er zögerte, ungläubig wegen der Frage, die Jessica ihm soeben gestellt hatte, bevor er weiter antwortete. «Ich entspanne ein bisschen, muss aber auch noch zwei Akten fertig machen, die ich diese Woche nicht mehr geschafft habe.»

«Alex …», sagte Jessica in einem freundschaftlich vorwurfsvollen Ton.

«Was?!» Alex' Tonfall war harsch.

«Ich meine, du kannst natürlich tun, was immer du willst. Wir kennen uns, seitdem wir kleine Kinder waren, aber im Laufe der Jahre, bist du schrecklich erwachsen geworden. Du hast begonnen, immer nur das zu tun, was man für richtig hält. Aber … was hältst du denn für richtig? Und ist es wirklich so wichtig, immer das zu tun, was alle für richtig halten? Wann warst du das letzte Mal so wirklich im Urlaub? Oder hast ein richtiges Abenteuer erlebt?»

«Abenteuer? Wie Indiana Jones?», fragte Alex sarkastisch, während er mit seinen Ellenbogen nach vorn auf seine Knie gestützt dasaß und seinen Kopf hängen ließ.

Jessica lachte: «Na ja, du musst dich jetzt nicht in eine Höhle mit Giftschlangen und so begeben, sondern einfach mal etwas tun, was du sonst nicht tust. Flieg doch irgendwohin!»

«Wegfliegen? Ich habe doch gar kein Ticket gebucht und jetzt sind die super teuer!»

Jessicas Blick wurde strenger: «Ich habe dich noch nie viel Geld ausgeben sehen und du wohnst daheim. Geld bringt dir auch nichts, wenn du es irgendwann nicht mehr ausgeben kannst. Du hast doch bestimmt einiges angespart.»

Alex verzog für einen kurzen Augenblick nachdenklich sein Gesicht.

Da hat sie vollkommen recht! Ich habe tatsächlich viel mehr auf dem Konto als alle anderen Sechsundzwanzigjährigen, die ich kenne. Und nur weil ich etwas davon ausgebe, wird sich mein Konto bei Weitem nicht in den Keller begeben.

«Und wohin? Nach Australien, wie die ganzen Backpacker?»

«Es muss ja nicht direkt Australien sein. Ich glaube, du kannst fast überall Abenteuer erleben, wenn du dich auf sie einlässt! Erst neulich habe ich einen Film gesehen, der spielte zum Teil in Irland. Und was ich da an Bildern gesehen habe, war unglaublich beeindruckend! Wie wäre es damit?»

«Eine Insel?» Alex schnaufte einmal so laut, dass sich sogar Lucy erschreckte.

«Alex!», sagte Jessica nun energisch. «Als Kinder haben wir immer Abenteuer erlebt. Du wolltest damals ständig als Pirat eine Schatzinsel finden, weißt du noch? Ein Abenteuer ist ein Abenteuer, weil du nicht weißt, was dich erwartet.» Sie sahen sich für ein paar Momente schweigend an.

Jessica wusste, dass sie Alex mit ihren Worten zum Nachdenken gebracht hatte. Ihre Mimik und Stimme entspannten sich wieder: «Ich muss jetzt weiter, ich habe nachher noch einen Termin und Lucy darf noch ein paar Meter gehen, damit sie ausgepowert ist. Aber versprich mir, dass du jetzt im Urlaub etwas für dich tust und nicht das, von dem du glaubst, was andere denken, was richtig ist. Versprichst du mir das?»

Alex' Blick ging hinauf zu den Blättern an den Bäumen, welche leicht durch den Wind tanzten. Die Sonnenstrahlen schienen durch die Baumkronen und er konnte ganz genau die Wärme jedes Strahls fühlen, der auf ihm landete. Plötzlich war dort wieder dieses Gefühl. Dieser wache Moment. Wie vorhin im Auto. Dieses Gefühl, als ihm alles absolut klar erschien. Auf einmal konnte er wieder die Vögel zwitschern hören, obwohl er sich sicher war, dass sie vor wenigen Momenten noch keinen Ton von sich gegeben hatten.

Ein entschlossenes «Okay, versprochen!» kam über seine Lippen, ohne dass er selbst genau wusste, woher diese Worte kamen. Jessica verabschiedete sich und gab Alex eine lange und bestärkende Umarmung.

Er setzte sich wieder auf die Bank und schaute erneut durch die tanzenden Blätter der Baumkrone zur Sonne.

«Irland …», murmelte er verträumt. «Jetzt oder nie!» Er griff sein Handy, ging auf das erstbeste Reiseportal und buchte sich innerhalb von zehn Minuten einen Flug für den nächsten Morgen. Er tat es, ohne viel nachzudenken, weil er sich nicht selbst wieder aus der Sache herausreden wollte.

Nachdem er auf den Buchen-Button gedrückt hatte, pochte sein Herz, wie er es schon sehr lange nicht mehr verspürt hatte. Adrenalin schoss durch seinen Körper und es fühlte sich ungewohnt an. Gleichzeitig lebendig und gut. Es war ein Gefühl, von dem er gar nicht mehr wusste, dass er es vermisst hatte.

Entschlossen stand er auf, doch während er die Schritte zu seinem Haus machte, schossen ihm Gedanken über das, was nun kommen sollte, durch den Kopf.

Wie erkläre ich das meinem Vater? Was sage ich ihm? Ich kann heute nicht noch eine Diskussion vertragen. Wie verhalte ich mich? Ich habe so was ja noch nie gemacht. Jetzt ist es gebucht und es gibt kein Zurück mehr. Oder … soll ich die Tickets einfach verfallen lassen? Nein! Ich gehe jetzt direkt zu ihm und sage es ihm!

Kapitel 4 – In den Fußstapfen der Eltern

Alex öffnete die Haustür und erkannte an den Schuhen, dass sein Vater auch schon zu Hause war. Seine Schritte wurden kleiner. Gedanklich ging er die ganzen Argumente durch, die er seinem Vater nennen könnte, um diese verrückte Flugbuchung zu rechtfertigen.

Ich wohne immer noch daheim. Ich habe immer alles für die Schule gelernt. Ich habe mich nach dem Studium direkt im Job voll reingehängt. Ich war nie mit Drogen oder gar zu viel Alkohol in Berührung gekommen …

Er machte die ersten Schritte ins Wohnzimmer. Sein Vater schaute zu ihm auf und freute sich, ihn zu sehen. Er trug eine Brille mit dünnen Rändern, einen Schnäuzer und ein kariertes Hemd. Wie ein klassischer Vater aus einem Film. Seine Ausstrahlung war warm und herzlich und er saß mit übereinandergeschlagenen Beinen in seinem Ohrensessel, in dem er immer saß. Neben ihm auf einem kleinen Tisch lag das Buch, das er zuletzt angefangen hatte zu lesen. In seinen Händen hielt er eine Tasse mit Kaffee.

Und vor ihm auf dem Boden befand sich die Kiste mit seinen Schallplatten. Es schien, als hatte er sich wieder einmal eine aussuchen wollen, um das Wochenende zu beginnen.

Bis auf das Ticken der Wanduhr in der Küche, das man noch leicht vernehmen konnte, war es ruhig im Wohnzimmer.

«Da bist du ja! Endlich Urlaub, was?»

«Ähm … ja … genau.»

Der Blick des Vaters wurde misstrauisch, und als Alex nichts mehr sagte, fragte er nach: «Was ist los? Ich habe mit mehr Begeisterung gerechnet.»

«Ich muss dir was sagen ... direkt ... also jetzt ...» Alex holte tief Luft, und sein Vater merkte, dass es ihm schwerfiel.

«Was ist? Sag schon! Ist irgendetwas passiert?»

«Nein ... also nicht direkt. Also ...» Alex stockte erneut, schluckte und versuchte einen neuen Ansatz. «Okay, aber bitte sei nicht böse auf mich ...» Er atmete noch einmal ganz tief ein, spannte seine Hände und Schultern an und hob seinen Blick vom Boden zu seinem Vater.

«Du weißt ja, dass ich nach meinem Studium direkt meinen Job begonnen habe. Und das war ja auch cool und ich habe mich wirklich gefreut. Doch jetzt ist ein gutes Jahr rum und ich frage mich, ob es wirklich der Job ist, der zu mir passt. Und nun ja, eben habe ich Jessica im Park getroffen und wir haben über Veränderung und Abenteuer und Tapetenwechsel gesprochen. Und da kam der Impuls, dass ich wirklich einfach mal ein Abenteuer erleben muss! Und ... was soll ich sagen ... ich habe eben einen Flug gebucht ... für morgen ... doch ... ich habe bis jetzt ja nie wirkli...»

«Morgen?», fragte sein Vater mit hochgezogenen Augenbrauen, sodass sich auf seiner Stirn lange Falten bildeten.

«Ja, morgen. Ich weiß, was du sagen willst. Aber ich habe ja einiges an Geld gespart und ich dachte mir ...»

Erneut unterbrach ihn sein Vater. «Wohin? Und wann genau?»

«Nach Irland, und um zehn Uhr fünfunddreißig geht der Flieger.»

Alex' Vater ließ seinen Blick ein paar Mal im Raum hin und her schweifen. Er fasste sich mit der Hand an den Mund und es kam Alex so vor, dass er Gefühle unterdrückte. Dann sprang er auf und sagte zu Alex: «Warte hier!»

Er ging aus dem Wohnzimmer und Alex hörte ihn die Treppenstufen hochspringen.

Ich glaube, ich habe noch nie erlebt, wie er die Treppen hochspringt.

Er hörte ein Rumpeln auf dem Dachboden.

Wenige Minuten später ertönten Schritte im Hausflur, als er wieder vom Dachboden herunterkam. Ebenfalls in einer Geschwindigkeit, die er so von seinem Vater gar nicht kannte.

Er hatte einen Rucksack und ein Fotoalbum in der Hand, das er ihm hinhielt.

«Blättere auf!»

«Was ist das?»

«Na blättere schon auf, dann wirst du es sehen.»

Alex nahm das Fotoalbum und öffnete es. Er dachte, dass er jetzt Bilder von seinem Vater gezeigt bekäme, auf denen er mit Abschlüssen, Trophäen und Ähnlichem posierte. Doch die Bilder ließen ihn einfach nur mit offenem Mund dastehen.

«Ist das … ist das Mama?», fragte er und merkte, wie ihm ein paar Tränen in die Augen schossen. «Und wo seid ihr da? Und warum seid ihr so gekleidet? Und …»

Alex verstummte, als sein Blick auf den Rucksack fiel, denn es war genau jener, den sein Vater gerade vom Dachboden geholt hatte.

Dann verstand er, dass es eine Art Reisefotobuch seiner Eltern war.

«Oh, Mann, sind das viele Bilder. Wart ihr dort überall?» Alex staunte, während er weiter durch das Album blätterte.

So viele Abenteuer haben die beiden erlebt? Und wo sie überall waren … Alex sah auf und schaute seinen Vater an, der ebenfalls sehr bewegt vor ihm stand.

«Warum hast du mir diese Bilder noch nie gezeigt?»

«Ich weiß auch nicht.» Er rieb sich mit der Hand seinen Hinterkopf. «Deine Mutter und ich wollten dir immer die Möglichkeit geben, alles zu tun, was du willst. Und ich … nach ihrem … Ich weiß es auch nicht. Doch … ich kann gerade nicht in

Worten ausdrücken, wie stolz ich auf dich bin!»

Alex verstand gar nichts mehr: «Wie … stolz?»

«Ich bin immer stolz auf dich, bei allem, was du jemals getan hast. Aber ich habe mich immer gefragt, ob in dir nicht auch ein Drang auf Abenteuer verborgen liegt, wie bei deiner Mutter und mir. Wir sind damals so unglaublich viel gereist. Haben so viele Länder und Kulturen gesehen und gemeinsame Momente erlebt, die ich für immer in Erinnerung behalten werde! Deine Mutter und ich wollten dir niemals vorschreiben, was du zu tun oder zu lassen hast.

Wir entschlossen uns, dir freien Raum für deine eigene Entwicklung zu geben. Und dann hast du dich für diesen Weg entschieden, den du jetzt seit Längerem gehst. Ich habe mich zwar immer gewundert, woher diese Entscheidung kam, aber ich versprach deiner Mutter noch, dass ich dir immer alle Freiheiten geben werde. Du musst mir nichts erklären oder dich rechtfertigen. Um ehrlich zu sein … frage ich mich schon lange, ob ich dir in irgendeiner Form helfen kann. Du schienst von Woche zu Woche unglücklicher zu werden und ich wusste nicht, was ich dagegen hätte tun können. Ich möchte, dass du diesen Rucksack nimmst. In den kannst du alles reinpacken, was du für dein Abenteuer brauchst. Es ist ein richtiger Backpacker-Rucksack.»

«Ich dachte eigentlich, dass du sauer wirst. Ich habe geglaubt, du denkst, dass ich zu schnell aufgebe oder so etwas.»

Er hielt Alex den Rucksack hin, legte seine Hände an dessen Oberarme, schaute ihm in die Augen und umarmte ihn anschließend.

«Ich bin einfach nur stolz auf dich, mein Sohn», flüsterte er Alex zu.

Nach diesen Sätzen liefen Alex die Tränen. Auch wenn er irgendwie wusste, dass es wahr war, tat es gut, diesen Satz noch einmal zu hören. Und durch die Geschichten seines Vaters und seiner Mutter, fühlte er die tiefe Liebe der beiden ihm gegenüber. So nah hatte er sich ihnen schon lange nicht mehr gefühlt. Er hatte auch noch nie all diese Bilder von seiner Mutter gesehen. Er sah natürlich stets die, die hier auf den Regalen standen, doch diese Bilder aus dem Fotobuch waren echt. Sie waren so natürlich. Lebendig. Nicht gestellt. Es war so, als könnten sie zu ihm sprechen.

Er umarmte seinen Vater noch einmal und erwiderte mit zittriger Stimme ein «Danke», das direkt aus seinem Herzen kam.

Kapitel 5 – Das Abenteuer beginnt

Sieben Uhr, Alex' Wecker klingelte. Mit einem Mal war er hellwach und voll da. Er wunderte sich selbst darüber, dass er so früh so fit war. Denn nachdem er gestern die ganzen Geschichten von seinem Vater gehört und die Bilder von ihm und seiner Mutter gesehen hatte, konnte er nicht wirklich einschlafen.

In seinem Bauch kribbelte es. Etwa so, wie wenn man frisch verliebt ist.

Ist es eine positive Aufregung oder ist mir mulmig im Bauch?, fragte er sich selbst, doch ein leichtes Lächeln überzog sein Gesicht und er wusste, dass es ein gutes Gefühl war.

Während er den Rollladen hochzog, konnte er immer wieder die rationale Stimme in seinem Kopf wahrnehmen, die versuchte, das gute Gefühl zu verdrängen.

Bist du dir sicher? Was ist, wenn etwas passiert? Was ist, wenn das Flugzeug abstürzt? Was ist, wenn du überfallen wirst?

Alex schaute sich im Kleiderschrankspiegel an, ballte die Fäuste und sagte sich laut: «Kein Zurück mehr!»

Er duschte, packte die letzten Dinge in seinen Rucksack und als er ihn das erste Mal aufsetzte, wäre er fast hintenübergefallen.

Warum ist der so schwer?

Alex' Blick ging zu seinem Kleiderschrank und er stellte fest, dass er die meisten seiner Kleidungsstücke eingepackt hatte.

«Man weiß ja nie ...» Mit einem Lächeln rollte er die Augen, als er selbst bemerkte, wie absurd das war.

Ich gehe super spontan auf eine Reise, in ein Land, in dem ich noch nie war, und erlebe ein Abenteuer. Packe aber fast meinen gesamten Kleiderschrank ein, um auf Nummer sicher zu gehen.

Er setzte den Rucksack noch einmal ab und packte einige Teile wieder aus.

Warum habe ich zwei Paar Jogginghosen eingepackt? Und vier Pullover?

Nachdem er fertig war, zog er ihn erneut auf.

Na ja, etwas leichter ist er jetzt zumindest.

Er ging mit seinem neuen Reisebegleiter auf dem Rücken vorsichtig die Treppe herunter, um nicht auf den ersten Metern seiner Reise bereits zu fallen.

Sein Vater, der gerade in der Küche stand und ihnen beiden einen Kaffee machte, lächelte über beide Ohren und seine Augen leuchteten, als er Alex mit seinem alten Rucksack sah. Er erinnerte sich, wie es damals bei seinen ersten Abenteuern war und auch, welche unerwarteten Dinge auf solchen Reisen auf einen warteten. Er griff nach seinem Becher, schmunzelte und sagte leise zu sich: «Auf dem Weg, ein Abenteuer zu erleben und sich selbst zu entdecken.»

Er wusste, dass Alex eines dieser beiden Dinge erst später für sich herausfinden würde.

«Wenn ich dich so mit diesem Rucksack sehe, bin ich augenblicklich wieder in der Vergangenheit und sehe deine Mutter und mich auf unseren unzähligen Reisen. Ich danke dir, dass du mir hilfst, mich daran zu erinnern.»

Sein Vater holte einmal tief Luft, da er selbst überrascht war, dass dieser Anblick in ihm so viele Emotionen hervorrief.

«Bist du bereit, Alex?»

«So bereit, wie man beim ersten Abenteuer sein kann … denke ich.»

«Du bist bereit!»

Alex nahm ein paar Schlucke Kaffee, warf seinem Vater einen entschlossenen Blick zu und nickte.

Sie setzten sich ins Auto und fuhren zum Flughafen.

Auf der Fahrt sprachen sie nicht viel. Doch Alex bemerkte, dass seine Hände leicht nass wurden und dass seine Aufregung jetzt doch mehr in ein mulmiges Gefühl übersprang.

«Wenn ich …» Alex machte eine Pause und setzte erneut an.

«Wenn ich merke, dass ich nicht zurechtkomme, dann …»

Sein Vater machte eine sanfte und liebevolle Handbewegung und unterbrach ihn: «Dann kommst du einfach wieder zurück. Und ich werde dich trotzdem lieben und stolz auf dich sein.»

Alex sah ihn erschrocken an, da er nicht damit gerechnet hatte, dass sein Vater so genau wusste, was er insgeheim hören wollte. Ein paar Momente später sagte er: «Danke für alles», während er verlegen, aber glücklich, in den Fußraum des Autos schaute.

Ein freudiges «Wir sind da» ertönte von seinem Vater durch das Auto.

«Was, schon? Wir sind doch eben erst losgefahren. Wo ist denn die Zeit hin?»

«Du warst wohl irgendwo in Gedanken.»

«Ja … scheint so.»

Sein Vater hielt mit beiden Händen das Lenkrad fest und haderte, ob er seine Gedanken mit Alex teilen sollte. Doch dann drehte er sich zu ihm: «Darf ich dir noch einen Ratschlag geben?»

«Natürlich!»

«Wenn du reist, versuche immer, alles mit den neugierigen Augen und der Offenheit eines Kindes zu sehen. Ansonsten entgeht dir auf dem Weg die wahre Schönheit in allem.»

«Was meinst du damit? Die wahre Schönheit?»

«Das wirst du noch erkennen!»

Sie stiegen aus und verabschiedeten sich.

«Ich wünsche dir ganz viel Freude, Sohnemann», sagte sein

Vater mit einem frechen Gesichtsausdruck, als er ihn bei seinem kindlichen Spitznamen nannte.

«Ich gebe mein Bestes!», antwortete Alex energisch, gab ihm noch eine kräftige Umarmung, drehte sich herum und betrat das Flughafengebäude.

Zwischen der ersten und der zweiten Schiebetür zum Terminal fragte er sich, was er selbst wohl damit gemeint hatte, «sein Bestes» zu geben.

Bei einem Abenteuer? Wie kann ich da mein Bestes geben? Muss ich hier mein Bestes geben?

Die zweite Schiebetür ging auf und mit einem Schritt betrat Alex die Halle, die mit unglaublicher Lebendigkeit gefüllt war. Hunderte Menschen standen an den Schaltern, einige telefonierten, hier und da rannten ein paar sogar eilig zu einem der Terminals. Da war eine Mutter, die versuchte, ihren drei Kindern gleichzeitig gerecht zu werden, und etwa ein Dutzend Menschen, die auf die große Anzeigetafel mitten im Terminal schauten, von wo man jeden Flug der nächsten Stunden im Überblick hatte.

Da war sie wieder, diese Klarheit. Plötzlich schien alles so intensiv und klar.

Was ist das immer, was mich seit gestern so oft gepackt hat?

Er fand seinen Flug auf der Anzeigetafel und wusste jetzt, wohin er musste. Jetzt konnte er es wieder fühlen. Wie heute Morgen. Das Gefühl der Freude.

Angst hat man selten, während man etwas tut, sondern meistens nur vorher, wenn man sich Gedanken drüber macht, dachte Alex, während er zum Schalter ging, und war selbst über seine Erkenntnis verwundert.

Eine lange Schlange hatte sich bei den Check-in-Schaltern gebildet.

Er stellte sich an und nach wenigen Minuten sprach ihn jemand von hinten mit irischem Akzent an: «Cooler Rucksack. Du bist wohl viel unterwegs!» Alex drehte sich um und sah in die strahlenden Augen eines jungen Mannes in etwa seinem Alter.

«Ähm, danke … aber nein, ich bin nicht oft unterwegs. Der Rucksack ist von meinem Vater!»

«Ach so, ich dachte schon. Weil er aussieht, als hätte er schon viele Abenteuer erlebt. Ich bin Neil.»

«Alex, freut mich», antwortete er nur kurz und war im selben Moment verwundert, warum dieser Neil ihn einfach so offen ansprach, als würden sie sich seit Jahren kennen.

Wenige Minuten später und etwa acht Meter weiter in der Schlange hörte Alex erneut Neils Stimme.

«Ein richtig schöner Tag zum Fliegen, was?»

Er drehte sich nach einem kurzen Zögern um: «Warum, ist heute etwas Besonderes passiert?»

«Nein, muss es das?», lachte Neil.

«Ähm, nein. Ich meine nur, weil du diesen Tag so betonst. Da dachte ich, dass etwas Besonderes passiert ist.»

«Was würde es ändern?»

«Na ja, dadurch wird ein Tag doch schön. Wenn etwas Besonderes passiert ist.»

«Meinst du etwas Wertvolles, wie zum Beispiel ein Lottogewinn?»

«Ja, so was in der Art. Genau!», antwortete Alex in einer Tonalität, dass er glaubte, dass Neil ihn jetzt verstand.

«Darf ich dich was fragen?»

«Ja», sagte Alex etwas angestrengt.

«Ist dein Leben wertvoller als Geld?»

«Ja, natürlich!»

«Warum ist dieser Tag nur dann schön, wenn etwas passiert

ist, was grundsätzlich einen geringeren Wert hat als die Tatsache, dass du lebst?»

Alex' Blick wurde leer.

«Ähm … guter Punkt. Ich werde darüber nachdenken», antwortete Alex nach einer kurzen Pause mit einem angespannten Gesicht.

«Mach dir nichts draus!»

«Aus was?»

«Dass du so gedacht hast, wie du gedacht hast. Es sind nur ein paar Gedanken.»

«Wie, nur Gedanken?»

«Du bist ja nicht deine Gedanken, oder? Denn du kannst ab und zu deine Gedanken beobachten, das bedeutet, dass du nicht deine Gedanken sein kannst.»

«Ich glaube, das verstehe ich nicht ganz.»

«Nicht schlimm. Ich habe es beim ersten Mal auch nicht verstanden», sagte Neil mit einem herzlichen und fröhlichen Lachen und ergänzte dazu: «Sei einfach ein wenig liebevoller mit dir. Du hast keinen Grund, es nicht zu sein. Und lass mich den Satz dann für dich anpassen.» Er räusperte sich.

«Heute ist ein schöner Tag, um am Leben zu sein.» Er grinste von Ohr zu Ohr, so als ob seine Sätze nur für seine eigene Motivation waren.

Alex nickte ihm leicht zu und drehte sich mit dem leeren Blick, den er immer noch hatte, wieder nach vorn.

Was war das denn gerade für eine Begegnung?, fragte er sich, während er kleine Schritte vorwärts machte, um die Lücke zu schließen. Am Schalter angekommen, empfing ihn eine gut gelaunte Dame. Sie tauschten ein paar oberflächliche Sätze aus, er stellte seinen Rucksack auf das Gepäckband zur Abgabe, nahm sein Ticket und machte sich auf zum Gate, von wo aus er in etwa einer Stunde fliegen sollte.

Dort ließ er sich auf einen der freien Stühle nieder, von dem aus er aus dem Fenster schauen konnte. Alex holte seine Kopfhörer raus, machte seine Lieblingsplaylist an und betrachtete die Flugzeuge, die auf der Landebahn standen.

Wie krass es eigentlich ist. Ich steige gleich in etliche Tonnen Metall, diese werden beschleunigt, bis wir fliegen. Dass so was überhaupt möglich ist.

Er versuchte, sich ein wenig zu entspannen, doch die Anspannung ließ ihn noch nicht ganz los.

Eine halbe Stunde später begann bereits das Boarding.

Alle Passagiere wurden mit der klassischen undeutlichen Ansage in Bahnhöfen und Flughäfen durch die Lautsprecher dazu aufgefordert, sich zum Flugzeug zu begeben. Er stellte sich in die Reihe. Zeigte sein Ticket und seinen Reisepass.

Dann betrat er das Flugzeug, ging zu seinem Platz und setzte sich. Wenige Minuten später waren alle Passagiere in der Maschine.

Der Platz neben ihm blieb frei!

Super, mehr Platz!, dachte er sich und ließ sich bequem in den Sitz sinken. Die Flugbegleiterin schloss die Tür des Flugzeugs und verriegelte sie. «Ab jetzt gibt es wirklich keinen Weg mehr zurück», flüsterte er sich selbst zu.

Der Kapitän und die Flugbegleiterin, die auch die Tür verschlossen hatte, begrüßten alle Passagiere auf diesem Flug.

Danach folgte die Sicherheitsanweisung: «Meine Damen und Herren, wir begrüßen Sie ganz herzlich auf dem Flug nach Kerry Airport. Bereits in wenigen Stunden werden Sie auf der immergrünen Insel sein und ein frisch gezapftes Guinness trinken können. Doch vorher bitte ich Sie noch um Ihre Aufmerksamkeit für die Anweisungen zu Ihrer eigenen Sicherheit …»

Während die Flugbegleiterin noch die Ansage zu Ende

brachte, rollte die Maschine zur Startbahn. Sie richtete sich aus und die Turbinen begannen, einen tosenden Lärm zu machen. Die Geschwindigkeit erhöhte sich, Alex wurde in den Sitz gedrückt und nach wenigen Sekunden waren sie mehrere Hundert Meter in der Luft. Mit einem Mal verflog die gesamte Anspannung in ihm.

Jetzt, da es unumkehrbar ist und ich nichts mehr daran ändern kann, entspanne ich mich. Das ist echt merkwürdig. Warum konnte ich es denn vorher nicht?

Alex atmete erneut ein paarmal tief ein und aus, und mit jedem Atemzug fielen die Augen weiter zu. Die Müdigkeit der letzten Nacht ohne wirklichen Schlaf kam nun zum Vorschein.

Kapitel 6 – Wie ist es eigentlich am Ende?

Plötzlich weckte ihn eine erst kürzlich kennengelernte Stimme aus seinem Schlaf. Es war Neil. Lächelnd schaute er Alex an, der noch verwirrt hin und her blickte, wie wenn man nach einem Mittagsschlaf nicht mehr genau weiß, wo man eigentlich ist.

«Ich wollte mir die Sonne ansehen. Auf meiner Seite ist sie gerade nicht. Das ist doch okay, oder?»

«Ähm ... ja», murmelte Alex, unentschlossen und überrascht.

«Wie toll das aussieht, oder? Ich liebe diesen Blick und freue mich jedes Mal, wenn ich ihn bei einem Tagesflug zu sehen bekomme!» Neil hörte nicht auf zu schwärmen, während er sich halb über Alex zum Fenster hin lehnte.

Oh man, ich will doch einfach nur ein bisschen Ruhe haben und zu mir kommen. Das ist doch nicht zu viel verlangt nach alldem, oder? Und warum regt der Typ mich so auf? Ich fühle mich, als müsste ich ihn wegschubsen und anschreien! Warum ist das so?

«Ich freue mich, endlich nach all der Zeit wieder nach Hause zu kommen», erzählte Neil weiter. Alex zögerte kurz, weil er nicht unbedingt ein intensiveres Gespräch beginnen wollte, doch er antwortete trotzdem und fragte mehr aus Höflichkeit: «Wo ... warst du denn überall?»

«Ich bin im letzten Dreivierteljahr etwas um die Welt gereist. Hab Kulturen entdeckt, Freunde gefunden und La Vida Loca gelebt.» Er machte eine wilde Handbewegung und zog seine Augenbrauen und Stirn nach oben.

«Verstehst du? Ich war im Amazonas, in Südafrika, an der Süd- und Ostküste Australiens und auch auf Bali. Auf Bali habe ich mich dann mit einem Typen angefreundet, der in der Nähe des Flughafens wohnt, von dem wir eben gestartet sind. Und ihn war ich jetzt zwei Wochen besuchen, bevor es nun wieder nach Hause geht. Oh Mann, was freue ich mich auf die grünen Wiesen, die ganzen Steinmauern, darauf, einen Pint in meinem Lieblingspub zu trinken, und dann noch auf die Livemusik jeden Abend. Auf mein Haus, auf meinen Hund und darauf, ihn endlich wieder in den Armen zu halten. Gerade ist er noch bei meiner Schwester. Ich kann es kaum erwarten. Und jetzt schau … schau, wie die Wolken und die Sonne aussehen. Wow, ist das nicht wunderschön!»

«Wie hast du dir das denn alles finanziert? Du bist doch kaum älter als ich?»

«Ich bin Überlebenskünstler!» Neil lachte.

Alex schaute ihn ungläubig an.

«Also ich meine, theoretisch könnte ich mich so bezeichnen. Ich bin einfach ins Abenteuer gestartet und war offen und neugierig, was mich erwartet. Und irgendwie habe ich immer irgendwo eine Arbeit gefunden, der ich ein paar Wochen nachgehen konnte, und zog dann weiter. Manchmal war es einfach, manchmal musste ich etwas suchen. Und dazu habe ich so viele coole Menschen kennengelernt, die mich einfach bei ihnen haben schlafen lassen und …»

«Du bist einfach so um die Welt, ohne einen genauen Plan?», unterbrach ihn Alex in einem Ton, der Bewunderung zwischen der ablehnenden Körperhaltung vermuten ließ.

«Nun ja, mein Plan war es, Abenteuer zu erleben! Ich hatte immer ein Notfallkonto, sodass ich jederzeit hätte heimfliegen können, falls nichts mehr gegangen wäre. Aber das habe ich nie wirklich in Erwägung gezogen, da ich einfach wusste, dass es immer Möglichkeiten gibt!»

«Krass ...» Alex brachte nach all dem, was Neil erzählte, nicht mehr über seine Lippen.

Ich dachte, ich bin jetzt schon abenteuerlich mit meiner Reise nach Irland, ohne wirklichen Plan. Aber Neil war fast ein ganzes Jahr unterwegs gewesen! Jetzt verstehe ich auch, warum ich mich so gereizt in seiner Gegenwart fühle. Er ist so voller Lebensfreude, ist ein krasserer Abenteurer, als ich es wohl jemals sein werde, und er schwärmt von seinem Leben, als ob es vergoldet wäre. Ja, selbst diesen Blick aus dem Fenster macht er zum Highlight. Und was habe ich gerade? Ich will gar nicht erst anfangen ...

Neil blieb noch ein paar Minuten sitzen, schaute aus dem Fenster und freute sich weiterhin über das Bild, das sich ihm bot.

«Ich geh dann mal wieder zurück an meinen Platz. Danke, dass ich hier den Ausblick genießen durfte.»

«Ja ... klar.»

Neil wollte sich gerade auf den Lehnen abstützen, um aufzustehen, als mit einem lauten Gong eine Anzeige aufleuchtete und der Kapitän die Durchsage machte, dass sich jeder bitte sofort hinsetzen und die Sicherheitsgurte schließen solle.

Daraufhin ließ er sich wieder in den Sitz fallen und schnallte sich an. Alex hatte sowieso die gesamte Zeit über seit dem Abflug nichts an seinem Gurt verändert.

Plötzlich fing das Flugzeug an, kräftig zu rütteln. Ein paar der anderen Passagiere gaben kurze, erschrockene Töne von sich. Es wurde stärker, dann wieder schwächer. Wieder etwas stärker. Noch mal schwächer und für einen Moment herrschte absolute Stille. Dann stürzten sie in ein Luftloch, das die gesamte Maschine wie einen Stein binnen einer Sekunde für einige Meter sinken ließ, und Alex wurde etwas aus dem Sitz gehoben.

Die Maschine stabilisierte sich ein wenig, doch das Ruckeln und die Turbulenzen hielten weiterhin an. Alex bohrte seine Fingernägel in die Armlehnen links und rechts von seinem Sitz. Er schielte zu seiner Seite, wo Neil die ganze Zeit saß und weiterhin lächelte, wie er es die gesamte Zeit über getan hatte.

Das brachte das Fass zum Überlaufen und völlig überreizt fauchte er: «Warum lächelst du?»

«Weil mein Leben schön ist!»

«Aber was ist, wenn wir jetzt abstürzen und sterben?»

«Dann habe ich bis zum Ende gelächelt und es genossen. Wenn ich mich jetzt sorge, ändert es auch nichts an den Turbulenzen!» Neil lachte lauthals in dem tosenden Lärm der Turbinen und saß offenbar total entspannt in seinem Sitz, die Hände locker im Schoß. Alex wandte sich von ihm ab, kniff Augen und Lippen zusammen und versuchte, ruhig zu atmen.

Einige Momente später stabilisierte sich das Flugzeug wieder und aus dem Lautsprecher ertönte die Stimme des Kapitäns: «Wir entschuldigen uns für die unangenehmen Turbulenzen. Wir sollten jetzt das Gröbste hinter uns haben. Bleiben Sie bitte noch auf Ihrem Platz, bis das Anschnallzeichen wieder erlischt. Wenn Ihnen etwas fehlen sollte, wird das Bordpersonal gleich zu Ihnen kommen.»

Alex entspannte sich allmählich und löste seine Hände langsam von den Armlehnen, in denen seine Fingernägel deutliche Spuren hinterlassen hatten.

Was war das denn gerade? Es kommt mir vor, als wären diese Turbulenzen absolut unwirklich. Wie ein kurzer Rausch, von dem ich mir nicht sicher bin, ob er real ist oder nicht.

Neil, der weiterhin lächelte, sagte locker: «Nur ein paar kleine Turbulenzen. Passiert eben.»

Alex schnaufte lautstark und verdrehte die Augen. Eine seltsame Mischung aus Erleichterung und Wut überzog sein Gesicht.

«Weißt du was?» Neil unterbrach Alex' Gedanken und damit seine aufsteigenden Emotionen. «Ein Multimillionär würde auf dem Sterbebett all seinen Reichtum für ein paar weitere Minuten, Stunden oder Tage hergeben, um noch einmal ganz bewusst die Schönheit des Lebens zu erleben. Aber weißt du, was ich mich immer wieder frage?»

«Was?», entgegnete Alex in einem weiterhin genervten Ton.

«Warum müssen Menschen immer erst kurz vor dem Sterben sein, bevor sie das erkennen?»

Alex wurde bei diesen Worten komisch.

Was wäre, wenn es eben wirklich einfach vorbei gewesen wäre. Dann hätte ich nicht nur die letzten Monate und Jahre unglücklich verbracht, sondern auch meine letzten Minuten hier auf der Erde. Hätte sie aufgespart, so als hätte ich sie später noch einlösen können.

Ihm wurde flau im Magen, als müsste er sich übergeben, doch nach ein paar bewussten Atemzügen verflog das Gefühl.

«Danke noch mal», sagte Neil freudig, stand auf und ging zu seinem Platz.

Alex nickte nur einmal stillschweigend.

Den Rest des Fluges machte er kein Auge zu.

All seine Gedanken drehten sich nur um diese Fragen: *Warum bin ich nicht glücklicher? So wie Neil zum Beispiel?*

Das Flugzeug flog ruhig bis zum Ziel weiter, setzte zum Landeanflug an und kam sicher am Flughafen in Kerry an.

Kapitel 7 – Eine unerwartete Begegnung

Das ist also Irland?, dachte Alex, als er aus dem Flugzeug stieg und dem aufgemalten Weg auf dem Boden bis in das Gebäude des Flughafens folgte. Die Luft roch nach Meer, frisch, und die Sonne schien ab und zu durch ein paar Schäfchenwolken hindurch. Er ging den anderen Passagieren hinterher und sein Blick schweifte ungläubig über das Flughafengebäude.

«Was? Das ist der gesamte Flughafen?», sagte Alex laut, ohne es zu wollen. Sogar der Bürokomplex, in dem seine und zwei weitere Firmen ansässig waren, war größer als dieser Flughafen!

Dass sich so was Flughafen nennt.

Alex wartete am Gepäckband auf den Rucksack, der nach all der Zeit auf dem Dachboden bereit für ein neues Abenteuer war. Dieser war eines der ersten Gepäckstücke. Er griff ihn, prüfte, ob alle Verschlüsse noch geschlossen waren, und setzte ihn auf.

Uff ... das Gewicht habe ich fast schon wieder vergessen!
Dann zog er seine Jacke zurecht und ging in die Eingangshalle des Flughafens, die etwa so groß war wie ein Basketballfeld.

Ist echt rudimentär ausgestattet, aber was soll's, es erfüllt seinen Zweck.

Er drehte sich um und erspähte aus dem Augenwinkel etwas Amüsantes: Auf einem Schild mit der Deutschlandflagge stand *Gerpäck Checker*, mit den Punkten des Ä über dem Buchstaben P.

Wenn hier in Irland alles so ist, dann wird es in der Tat ein Abenteuer! Ein ungewohnt leichtes Lächeln schlich sich auf seine Lippen.

Alex ging durch die Schiebetür auf den Parkplatz nach draußen, machte ein paar Schritte und sagte hörbar stolz zu sich: «Jetzt geht es los!»

Doch im nächsten Augenblick stellte er fest, dass er gar keine Ahnung hatte, was er jetzt tun oder wo er hingehen sollte.

Der Flughafen war mitten auf dem Land und hier gab es nur eine Bushaltestelle. Aber welchen Bus sollte er nehmen? Und wohin? Außer Feldern, Steinmauern, Kühen und Schafen gab es dort nichts.

Der Blick auf den Zeitplan des Busses brachte ihm auch nicht sonderlich viel Klarheit, was jetzt seine beste Option wäre. Also schrieb er erst einmal seinem Vater eine Nachricht, dass er angekommen war.

Danach versuchte er vergebens, über sein Handy eine Möglichkeit zu finden, vom Flughafen wegzukommen und seine Reise zu starten.

Jetzt stehe ich hier wie bestellt und nicht abgeholt. Ein toller Abenteurer bin ich.

«Kann ich dir helfen?», hörte Alex eine tiefe, aber ruhige und sanfte Stimme hinter sich. Auch wenn er sich sicher war, dass er hier niemanden kannte, fühlte sich der Klang der Stimme so vertraut an, als begleitete sie ihn schon sein Leben lang.

Er drehte sich um und erblickte einen älteren Mann, der einen Flyer, auf dem ein Wohnmobil abgebildet war, in den Händen hielt. Er hatte sehr weiche Gesichtszüge und ein herzliches Lächeln. Seine Kleidung war schlicht, aber von außerordentlicher Qualität. Seine gesamte Art strahlte eine enorme Wärme aus, die sich gut anfühlte. Alex konnte nur nicht erklären, warum.

Der Mann fuhr weiter fort: «Verzeih, ich hatte eben unser gemietetes Wohnmobil inspiziert und es ist deutlich größer als das, was wir uns ausgesucht hatten. Das Personal im Flughafen konnte mir da leider nicht weiterhelfen. Und als ich gerade rauskam, hatte ich den Impuls zu fragen, ob ich dir helfen kann, da du etwas verloren aussahst.»

Na toll, jetzt sieht man es mir sogar schon an, dass ich überhaupt keine Ahnung habe, was ich hier tun soll.

«Ähm, nein, danke! Also, ich weiß nicht. Glaube nicht. Ich bin eben hier gelandet für mein Abenteuer und weiß gerade nicht, wohin ich will oder wie ich hier wegkomme.»

Ein Moment der Stille kehrte ein und der alte Mann lächelte so, als ob er etwas wüsste.

«Ach, deswegen!», sagte er schließlich und hob den Flyer hoch.

Er sprach diese zwei Worte absolut klar, was Alex noch mehr verwirrte. *Was meint er denn damit? Habe ich was verpasst? Muss ich das verstehen?*

«Mein Name ist Sam. Schön, dich kennenzulernen.» Er streckte Alex die Hand hin.

«Alex, gleichfalls!»

«Alex, darf ich dich was fragen?»

«Ja», antwortete er zögerlich.

«Da du hier so stehst, nicht weißt, wohin die Reise geht, und ein wenig verloren scheinst ...» Sam machte eine kurze Pause.

«Was ist es, was du wirklich willst, Alex?»

Alex sah ihn mit großen Augen an.

«Was ich wirklich will?» Er stutzte, bevor er weitersprach: «Das ist aber eine ganz schön krasse Frage für jemanden, den ich gerade erst zwei Minuten kenne.»

Sam lachte amüsiert und sagte schließlich, als Alex etwas über die Frage nachdachte: «Schon gut, du brauchst mir nicht gleich antworten. Wenn du willst, nehmen wir dich im Wohnmobil mit nach Killarney. Dort ist in der Nähe des Zentrums ein Hostel, das ich kenne. Dann kannst du dort die Nacht verbringen und morgen herausfinden, wohin dich dein Abenteuer bringt.»

«Oh, wow. Das ist wirklich nett ...» Alex machte eine kurze Pause. *Kann ich das annehmen? Warum sollte er mir helfen, er kennt mich doch gar nicht. Da ist doch was faul ... oder?*

Doch dann hörte er die Stimme seines Vaters, der ihm den Ratschlag am Flughafen gab: «*Neugier und Offenheit eines Kindes ...*»

«... das Angebot nehme ich gerne an!», sagte Alex schließlich.

«Super, komm mit. Das Wohnmobil steht dort vorne.»

Alex folgte Sam, als ihm plötzlich jemand zurief: «Viel Spaß bei deinem Abenteuer.»

Neil winkte ihm aus der Ferne zu und lief auf eine junge Frau und einen Hund zu, die an einem Auto warteten.

Alex winkte verhalten zurück, ohne etwas zu sagen.

«Ein Freund von dir?», fragte Sam

«Würde ich so nicht sagen, aber er ist okay», antwortete er und bemerkte, dass in dieser Antwort gar nicht mehr die Abneigung zu hören war, die er noch während des Fluges gegen ihn hatte.

Sie gingen noch einige Meter weiter.

«Wow, das ist ja ein Schiff!», brachte Alex nur hervor, als er das Wohnmobil sah.

«Ja, oder? Ich war ebenfalls überrascht! Zum Glück habe ich den Führerschein, um solch ein Ungetüm zu fahren!» Sam war sichtlich amüsiert. Er öffnete die Tür, ging hinein und sagte in einer manierlichen Stimme: «Hereinspaziert, junger Mann!» Alex nahm die Stufe in das Wohnmobil und blieb als Erstes mit dem Rucksack in der Tür stecken. Nachdem er diesen umständlich hineinbugsiert hatte, sah er sich mit offenem Mund um.

«Oh mein Gott, wie krass ist das denn?» Verblüfft betrachtete er die Einrichtung des Wohnmobils.

Alex entdeckte alles, was man für eine Reise brauchte. Eine Sitzecke mit Tisch, eine Küche mit Kühlschrank, Herd und Spülbecken. Ein Bett über den Fahrersitzen und überall LED-Spots. Dazu schmückte alles eine wunderschöne Ambientebeleuchtung und die Details, die mit dunklem Holz veredelt waren, gaben dem Ganzen noch den letzten Schliff!

«Leg deinen Rucksack einfach hier auf die Eckbank und mach es dir bequem.»

Alex, der vor lauter Staunen immer noch kein Wort rausbrachte, legte sein Gepäck ab und fuhr damit fort, alles genauestens in Augenschein zu nehmen. Sam ging in der Zwischenzeit nach vorne in die Fahrerkabine, um etwas zu holen.

Dann hörte er etwas im hinteren Teil des Wohnmobils.

Ach ja, Sam sprach ja von sich und noch jemandem. Wahrscheinlich seine Frau.

Erst jetzt erkannte er, dass der hintere Teil mit einer Tür abgetrennt war. Das war ihm vorher gar nicht aufgefallen! Die Tür öffnete sich und entgegen Alex' Erwartungen kam eine junge Frau in etwa seinem Alter heraus.

Lange, dunkle Haare, die über die eine Schulter nach vorn lagen und einen Teil ihres T-Shirts verdeckten. Moderner, schicker Stil, schlanke Figur, wunderschöne Lippen und ebenfalls weiche Gesichtszüge, wie Sam sie hatte. Ein Armband mit einem eingravierten Emblem zierte ihr linkes Handgelenk. Sie war nicht geschminkt, aber ihre Augen fesselten ihn ab Sekunde eins. Der Moment schien in Zeitlupe zu laufen. Er bemerkte, wie sein Herz zu pochen begann.

So was kannte er bis jetzt nur aus Filmen. Er spürte jeden

Atemzug und während die junge Frau auf ihn zuging, schlug es mit jedem ihrer Schritte noch höher. Ohne ein Wort zu sagen, sah sie Alex für ein paar Sekunden mit einem unbeschreiblich intensiven Blick in die Augen.

«Hey, ich bin Faith», sagte sie schließlich mit einer sanften Stimme und streckte ihm ihre Hand hin.

Alex reagierte im ersten Augenblick nicht. Dann schüttelte er kurz seinen Kopf, nahm ihre Hand und antwortete: «Oh … ähm, Entschuldigung. Ich bin Alex.»

«Ich musste mich erst einmal frisch machen nach so einer langen Reise.»

«Ja, das mach ich gleich auch noch, wenn wir in Killarney sind», sagte Sam, der jetzt hinter Alex stand und den er vollkommen vergessen hatte.

«Ich habe Alex gerade aufgelesen. Wir nehmen ihn mit nach Killarney.»

«Ach, super. Was machst du hier, Alex?», fragte Faith neugierig, während Alex dachte, dass er dem Klang ihrer Stimme ewig zuhören könnte.

«Ich … ich bin auf dem Weg in ein Abenteuer», sagte er in dem Versuch, stolz und selbstsicher zu klingen.

«Cool. Und was machst du, wenn du nicht gerade in einem Abenteuer …»

Sie wurde von Sam unterbrochen: «Alle hinsetzen, wir starten.»

«Alles klar, Kapitän!» Faith salutierte zackig und lachte dabei.

«Setz dich einfach hier auf die Eckbank, Alex. Ich geh auf den Beifahrersitz und helfe dem alten Mann hier beim Navigieren.»

«Das habe ich gehört, Kleine. Pass auf, sonst läufst du den

Großteil der Reise.» Sam kicherte, während er sich auf den Fahrersitz niederließ.

«Das Navi sagt, etwa zwanzig Minuten. Mach es dir bequem, Alex», sagte Faith vom Beifahrersitz, leicht nach hinten gedreht.

«Alles klar. Danke!»

Alex schaute sich weiter um und war noch immer von der Inneneinrichtung des Wohnmobils und auch von Faith fasziniert. Dann drehte er sich wieder nach vorn in Richtung Fahrerhaus.

Wie gehören die beiden wohl zusammen? Vater und Tochter? Und Faith sagte eben, dass sie eine lange Reise hinter sich haben. Woher kommen sie?

Nachdem sie die ersten paar Hundert Meter gefahren waren, beschloss er zu fragen und mehr über die beiden in Erfahrung zu bringen.

Er versuchte, selbstsicher zu klingen: «Und, was macht ihr hier in Irland so?»

Daraufhin bemerkte er, wie sich Faiths Körper anspannte und ihren Blick starr geradeaus gerichtet hielt.

Nach ein paar Sekunden der Stille sagte Sam in seiner freundlichen und ruhigen Art: «Wir kommen aus Australien, aber ich bin hier geboren. Faith ist meine Nichte. Wir wollten ähnlich wie du ein Abenteuer erleben. Also entschloss ich mich, ihr das Land zu zeigen, in dem ich aufgewachsen bin. Und so sind wir jetzt hier.»

Faiths merkwürdige Reaktion ließ Alex vermuten, dass dieses Thema nicht das angenehmste für sie war, weshalb er auf weitere Fragen verzichtete und stattdessen entgegnete: «Ah, das ist ja cool! In Australien war ich noch nie.»

«In Australien kannst du jeden Tag ein Abenteuer erleben und hast am Ende deines Lebens immer noch nicht alles gesehen!», antwortete Sam mit einem hörbaren Lächeln in der Stimme. Dann sagte keiner der drei mehr etwas und Alex schaute aus dem Fenster auf die für ihn noch unbekannte Landschaft.

«Wie geplant, zwanzig Minuten!», hörte Alex aus dem Fahrerhaus, als Faith sich wieder lächelnd zu ihm umdrehte.

Sam stellte den Motor ab.

Was? Es sind schon zwanzig Minuten um? Habe ich wieder die Zeit verträumt? Ist die Zeit mit Faith jetzt vorbei? Ich wollte sie doch gerne besser kennenlernen.

Mit einem «Super, das ging ja schnell!» überspielte er seine Traurigkeit über die nur kurze Begegnung.

Er nahm seinen Rucksack und öffnete die Seitentür, um sich von Faith und Sam zu verabschieden.

Sam zeigte in eine Richtung: «Hier die Straße runter ist ein gemütliches Hostel. In etwa fünfzig bis hundert Metern musst du rechts in eine kleine Gasse abbiegen.»

«Hat mich sehr gefreut, Alex der Abenteurer», sagte Faith zum Abschied.

«Ja, mich auch. Vielleicht sieht man sich noch einmal auf dieser Reise», erwiderte Alex in einem erhabenen Ton und hoffte gleichzeitig sehr, dass es passieren würde!

Sam streckte ihm die Hand hin und grinste, als wüsste er etwas: «Bis dann, Alex.»

Alex blickte ihn wie vorhin am Flughafen kurzzeitig verwirrt an, schüttelte seine Hand und sagte ebenfalls: «Bis … dann … und … noch mal vielen Dank fürs Mitnehmen.»

Er drehte sich um und folgte Sams Beschreibung. Als er schließlich rechts in die kleine Gasse abgebogen war, konnte er direkt das Schild mit der Aufschrift «HOSTEL» erkennen. Dies würde die erste Nacht seines Lebens in einem Hostel sein.

Aber was soll schon passieren? In Hostels sind viele Backpacker unterwegs. Vielleicht findet sich jemand, der mir einen Tipp für mein Abenteuer geben kann.

Alex atmete noch einmal tief durch, griff den eisernen Türknauf, öffnete die Tür und ging hinein.

Kapitel 8 – Jahrelang betäubt

So wie ich es mir vorgestellt habe. Funktionell, etwas zusammengewürfelt, viele Flyer mit ganz vielen Angeboten aus der Region und alles hat diese eine Wohnzimmeratmosphäre.

Alex ging zur Rezeption, an der eine junge Dame ihn begrüßte.

«Hey, herzlich willkommen. Was kann ich für dich tun?»

«Hallo, ich glaube, ich hätte gern einen Schlafplatz für zwei Nächte.»

«Glaubst du oder weißt du, dass du für zwei Nächte bleiben willst?»

Alex fühlte sich ertappt. Schon wieder wusste er nicht genau, was er wollte. Wie auch? Er hatte sich kaum Gedanken über sein Abenteuer gemacht.

«Ich will hier gern zwei Nächte bleiben!», sagte er mit einem Schmunzeln, um seine Verlegenheit zu überspielen.

«In einem Vierer, Sechser oder Achter? Die Einzel- und Doppelzimmer sind schon alle belegt.»

«Dann nehme ich das Vierer. Je mehr Ruhe ich bekomme, desto besser!»

«Bar oder mit Kreditkarte?»

«Karte, bitte.»

«Alles klar, das macht dann fünfundfünfzig Euro. Der Gemeinschaftsraum ist direkt hier nebenan. Und die Küche dahinter ist auch für alle. Dein Zimmer ist hier den Flur entlang, die Treppe hoch und dann rechts. Dein Bett ist 1CA.»

«Ok. Vielen Dank.»

Das Hostel war sauber und funktionell, aber irgendwie auch gebraucht. Die Lichter waren gedämmt und etwa bis zur Bauchhöhe war die Wand mit dunklem Holz verkleidet. Es roch nach Leben.

Ja, das hier ist Teil meines Abenteuers, dachte Alex und überraschte sich selbst dabei, wie er auf dem Weg zu seinem Zimmer lächelte.

Er fand sein Zimmer und sein Bett auf Anhieb, doch es hielt sich niemand sonst dort auf. Alex machte sich frisch und zog sich andere Kleidung an, denn nach dem Flug, den Turbulenzen und der Anspannung konnte er das gut gebrauchen.

Während er sich im Gemeinschaftsbad das Gesicht wusch, verfiel er in Gedanken.

Stehen Faith und Sam noch auf dem Parkplatz oder sind sie schon weitergereist? Und warum war sie so angespannt, als ich sie fragte, warum sie hier sind?

Anschließend packte er seinen Rucksack wieder zusammen und ging hinunter, sah sich in der Küche und im Gemeinschaftsraum um, in dem oben in der Ecke ein kleiner, alter Fernseher zu finden war.

Alles in allem ist es hier ganz ok.

Er ging an der Rezeption vorbei und aus der Tür hinaus, durch die er eben erst hineingekommen war. Draußen standen nun ein paar andere Gäste, die eine Zigarette rauchten und sich unterhielten.

Unschlüssig stand er einen Augenblick herum und suchte sein Handy, um seinem Vater ein Update zu schicken.

Als er seine Aufmerksamkeit wieder auf die Umgebung lenkte, fiel ihm die Kirche auf, die neben dem Hostel stand. Staunend und mit großen Augen betrachtete er sie.

«Wow, die sieht stark aus», sagte er laut, ohne es zu bemerken.

«Die? Die ist okay. Ganz nett für so eine Kleinstadt wie Killarney», antwortete jemand aus der Runde.

Alex drehte sich um und bemerkte erst jetzt, dass es sich um drei Frauen und einen Mann in seinem Alter handelte, die sich unterhielten.

«Ist das hier in Irland normal? Dass Dinge so verziert sind und irgendwie besonders aussehen?»

«Ja, überall wird Wert darauf gelegt. Besonders bei Kirchen, Kathedralen und Pubs! Das hier ist übrigens nicht nur eine normale Wochenend-Kirche, sondern hier sieht man auch immer wieder Mönche», sagte der junge Mann aus der Runde.

«Echte Mönche? Also so mit Kutte und so?»

«Also ich glaube nicht, dass es ihr Halloweenkostüm ist, also ja, ich denke, dass sie echt sind.»

«Ich könnte nie in einem Kloster oder Ähnlichem leben mit all den Verboten und Gelübden», sagte die eine junge Frau aus der Runde.

«Es zwingt dich ja auch niemand dazu, oder?» Der Mann in der Runde lächelte ihr zu und winkte Alex zu ihnen rüber.

«Ich bin Simon. Und das sind Nancy, Jeanette und Ivy. Wir haben uns auch gerade erst kennengelernt. Also ich zumindest dieses wundervolle Dreiergespann.»

Die Frauen lachten.

«Alex, freut mich!»

«Ich meine, ich würde auch niemals in so einem Kloster leben wollen, aber …», Simon schaute jeden in der Runde an, bevor er weitersprach.

«… ich bewundere sie für ihre Entscheidung! Sie haben sich für dieses Leben entschieden. Ob es gut ist oder nicht, sich für solch ein Leben zu entscheiden oder sich überhaupt für immer für etwas zu entscheiden, will ich gar nicht beurteilen. Aber sie hatten den Mut, eine Entscheidung zu treffen.»

Schon wieder das Thema mit den Entscheidungen. Hat sich ganz Irland im Vorfeld abgesprochen, dass sie mir damit auf die Nerven gehen?

Die Frauen steckten ihre Köpfe zusammen und flüsterten sich einander etwas zu.

«Wer flüstert, der lügt», sagte Simon laut in ihre Richtung und lachte.

Ivy drehte sich wieder zu Simon und zu Alex und fragte: «Wollt ihr mit uns gemeinsam kochen und essen? Wir haben vorhin im Supermarkt viel zu viel gekauft. Ihr könnt ja drei, vier Euro dazugeben und dann passt das.»

Simon drehte sich zu Alex und klopfte ihm lässig mit dem Handrücken vorne auf die Brust und sagte mit einem leichten Nachdruck und großen Augen: «Klar wollen wir. Oder, Alex?»

«Ähm … ja … ja klar.»

Sie gingen in die Gemeinschaftsküche und fingen an, das Essen vorzubereiten. Nudeln mit Pesto, frischem Gemüse und ein paar Bier. Während des Essens sprachen sie über ihre Gründe, warum sie hier in Irland unterwegs waren.

«Wir wollen was von der Landschaft sehen. Wir haben in einem Film mal was über Irland gesehen und wollten uns selbst ein Bild davon machen, ob das hier wirklich so schön ist», sagte Nancy

«Ach was? Eine meiner besten Freundinnen hatte auch so einen Film gesehen und mir deswegen gesagt, ich soll hier hinreisen.»

«Deswegen bist du hier? Weil irgendjemand es in irgendeinem Film gesehen hat?»

«Na ja … nein … Das ist eine lange Geschichte.»

Alex hatte einen Kloß im Hals, als er anfing, wieder über

seine Arbeit, den Streit mit seinem Chef und die letzten Monate und Jahre nachzudenken, die er in seinen Augen vergeudet hatte.

«Ich bin hier für Abenteuer!» Er fühlte einen ungewohnten Hauch von Stolz, nachdem er diesen Satz ausgesprochen hatte.

Simon betrachtete ihn für einen kurzen Moment fragend. Doch dann lachte er, legte seinen Arm um ihn, schüttelte ihn etwas und sagte lautstark: «Das ist mein Mann! Ich bin auch hier für Abenteuer! Den Iren zu zeigen, wie man richtig trinkt und natürlich will ich wissen, ob die Frauen hier wirklich so hübsch sind, wie alle sagen.» Nacheinander ließ er seinen Blick über die drei jungen Frauen schweifen.

Nancy, Jeanette und Ivy kicherten wie Teenager.

Oh man ... all diese Flirtspiele habe ich auch nie im Studium gespielt, weil ich so sehr mit Lernen beschäftigt war. Ich habe wirklich das Beste verpasst, dachte Alex, während er mit seiner Gabel die nächsten Nudeln aufspießte.

«Wir haben das Essen besorgt, ihr macht den Abwasch!», sagte Jeanette mit einem frechen Grinsen

«Bei den Augen kann ich gar nicht Nein sagen.» Simon blinzelte ihr übertrieben zu, so als ob er Hals über Kopf in sie verliebt wäre.

Wieder lachten alle drei und standen auf.

«Vielleicht sehen wir uns nachher noch mal in einem Pub», sagte Nancy.

«Wohin geht ihr? Dann wird aus ‚vielleicht' ein ‚bestimmt'!», antwortete Simon wie aus der Pistole geschossen

«So leicht machen wir es euch nicht!»

Während Alex und Simon sich um das Geschirr kümmerten, atmete Alex wieder einmal tief durch.

«Du, Simon. Ich weiß nicht, warum ich dir das jetzt sage,

aber eigentlich wollte ich gar nicht hier nach Irland auf ein Abenteuer. Ich hatte mir letzte Woche noch überlegt, dass ich in einen Partyurlaub fliege, wo ich einfach die ganze Zeit trinken und komplett abschalten kann.»

Simon musterte ihn für ein paar Augenblicke, als hätte er gerade etwas unglaublich Spannendes erfahren.

«Kann es sein, dass du in letzter Zeit sehr viele negative Gedanken über dich und dein Leben hattest?»

Alex riss seine Augen erschrocken auf.

«Ähm … ja schon.»

«Hast du dich dann nicht schon lange genug mit deinen eigenen Gedanken betäubt, anstatt endlich zu leben?»

Alex' Blick ging an Simon vorbei und in die Leere des Raums hinein.

Sind denn hier in Irland alle so verdammt weise?, dachte er und schnaufte.

«Hey, wie wär´s. Wir gehen nachher in die Pubs und suchen die Mädels? Und dann warten wir ab, was passiert?»

Alex, der noch immer über Simons letzte Aussage grübelte, brauchte einen Moment, bevor er reagierte.

«Nein … ist schon gut. Ich bin sehr k. o. wegen der Reise heute und des Stresses der letzten Tage. Ich glaube, ich geh heute mal früh schlafen. Aber dir ganz viel Spaß!»

«Sicher?»

«Ja, sicher! Ich drück dir die Daumen für heute Abend.»

«Ha, Glück brauch ich nicht. Ich habe mich schon für einen geilen Abend entschieden!»

Alex trocknete den letzten Teller ab und ging auf sein Zimmer. Er legte sich in sein Bett und schaute an die Decke.

Was ist, wenn ich mich jahrelang mit meinen Gedanken betäubt habe? Ein Betäubungsmittel im eigenen Körper, von dem ich mit der

Zeit immer mehr und ein immer stärkeres brauche?

Diese Idee ließ ihn nicht los. So lag er da, bis seine Augen irgendwann zufielen.

Kapitel 9 – Der Zerfall der Formen

Alex wurde von dem Geräusch anderer Personen wach, die in dem Zimmer in ihren Taschen kramten.

Er drehte sich auf die Seite und entdeckte dort Nancy, Jeanette und Ivy. In dem Augenblick, da sie bemerkte, dass jemand wach war, wandte Nancy sich um.

«Alex! Du bist das. Wir hatten heute Nacht nicht erkannt, wer da in dem Bett liegt.»

«Hey, ihr … Wie war es gestern Abend?»

«Wir hatten viel Spaß! Irgendwann in einer Bar kam Simon noch dazu und wir haben den ganzen Abend getrunken und uns unterhalten.»

«Und Nancy war traurig, dass Simon allein unterwegs war.» Jeanette konnte sich diese Stichelei nicht verkneifen.

«Hör auf!», antwortete Nancy wie aus der Pistole geschossen und alle drei lachten.

«Nur Ivy hatte gestern etwas Spaß.»

«Na und, nach ein paar Pints war Simon echt süß und er kann gut küssen!»

«Wow, das klingt echt nach einem coolen Abend. Es wundert mich, dass ihr schon so wach und fit seid!»

«Schau doch mal raus! Es ist so ein toller Tag! Ausnüchtern kann man auch draußen mit frischer Luft und einem Kaffee. Wir sind dann mal unterwegs, Alex. Vielleicht bis später oder heute Abend!» Mit diesen Worten verabschiedete sich Nancy, bevor die drei das Zimmer verließen.

«Alles klar. Viel Spaß euch heute.»

Habe ich wirklich schon wieder einen coolen Abend verpasst, weil ich Langweiler zu müde war? War ich wirklich zu müde oder habe ich da nur wieder im Selbstmitleid gebadet? Ich meine, na klar hat mich die Idee sehr mitgenommen, dass ich mich selbst komplett mit meinen Gedanken über Jahre hinweg betäubt habe. Aber ... bin ich so leicht von einem Abenteuer abzubringen?

Alex schnaubte ungehalten.

Na ja, wenigstens habe ich das jetzt für mich erkannt. Das ist ja auch schon einmal ein Anfang!

Er duschte sich in der Gemeinschaftsdusche, zog sich an, machte sich zurecht und ging die Treppe hinunter. Im Gemeinschaftsraum saßen ein paar andere Hostelgäste beim Frühstück.

Jetzt bei Sonnenlicht sieht es hier immer noch so aus wie gestern, wo es bewölkt und grau war. Die Farben wirken nur intensiver. Auch jetzt ist es ganz nett hier und hat weiterhin Potenzial, ein super Start für mein Abenteuer zu sein. Ich bin gespannt, was mich noch alles erwartet!

Alex ging zur Rezeption, um sich zu erkundigen, was es alles in der Nähe gab und was er besichtigen könnte.

Jetzt saß ein junger Mann dort, der ihn begrüßte und ihm Auskunft gab: «Guten Morgen, hier direkt die Straße runter ist eine kleine Mall, die auch sonntags geöffnet hat. Dann gibt es hier in Killarney auch eine alte Burgruine. Da muss man ein wenig hinlaufen, aber die ist sehr cool. Und natürlich ist die Innenstadt sehr schön anzusehen und lädt zum Flanieren ein.»

«Super, danke schön! Eine Burg wollte ich unbedingt besichtigen!», sagte Alex. Eigentlich wollte er sich auch gern die Stadt ansehen. Er sagte jedoch nichts, weil er dem Rezeptionisten gegenüber nicht langweilig wirken wollte.

Er bedankte sich noch einmal, zog seine Jacke an und ging

hinaus. Auf der Straße drehte er sich noch einmal zu der Kirche um, über die sie sich gestern unterhalten hatten. Und tatsächlich sah er dort nun ein paar Mönche, die im Hof umhergingen.

Alex ging die Straße weiter in Richtung des Parkplatzes, wo ihn Sam und Faith gestern herausgelassen hatten. Insgeheim hoffte er, dass ihr Wohnmobil dort noch stehen würde. Umso enttäuschter war er, dass er es nirgendwo entdecken konnte. Er schnaufte erneut und ging weiter zur Mall.

Mal schauen, was sich hier so findet. Er öffnete die Tür und trat ein. *Wow, von außen sieht es gar nicht so groß aus.*

Er wendete neugierig seinen Kopf abwechselnd nach links und rechts zu den Geschäften und zur Empore hinauf. Hier gab es alles, was in eine Mall gehört, auch wenn diese hier im Vergleich zu anderen eher familiär wirkte. Bekleidung, Reisebüros, Essen und auch speziellere Läden fanden hier ihren Platz. Die Halle war ebenfalls sehr ansprechend dekoriert und es wurde viel Wert auf Kleinigkeiten gelegt.

In der Mitte der Mall gab es einen Stand mit frischgepressten Säften und Smoothies.

Er ging an die Theke und studierte das Angebot.

«Was darf es sein?»

«Wow, ich bin völlig von eurem Angebot überwältigt! Ich … nehme …»

«Ich kann dir den Smoothie des Tages empfehlen, der ist sehr lecker.»

«Was ist denn da drin … oder, sag es nicht, ich lass mich überraschen!», sagte Alex stolz.

Ok, es ist nichts Wildes, aber zu einem Abenteurer gehört auch, dass man sich überraschen lässt! Im Vergleich zu den Abenteuern meiner Eltern oder all den anderen Backpackern hier ist es aber fast schon lächerlich, dass ich mir darüber überhaupt Gedanken mache!

Gerade als er das Geld aus seiner Hosentasche holen wollte,

hörte er jemanden von der Empore herunterrufen: «Wen haben wir denn da? Alex, den Abenteurer?»

Moment mal, die Stimme kenne ich doch!

Es waren Faith und Sam, die ebenfalls durch die Mall liefen und sich alles anschauten.

Sofort spürte Alex, wie sein Herz wieder lauter klopfte und er vor lauter Freude fast vergaß zu bezahlen.

«Warte dort, Alex, wir kommen runter.»

Alex zahlte und ging mit seinem Smoothie zur Treppe, wo die zwei gerade herunterkamen.

«Hey, was machst du denn hier? Und was ist denn das? Das sieht lecker aus!» Faith feuerte ihre Fragen in ihrer fröhlichen und lockeren Art auf ihn ab.

«Schön euch zu sehen, ich dachte schon, ihr seid weitergereist, weil ich euer Wohnmobil nicht mehr gesehen habe. Das ist der Smoothie des Tages. Keine Ahnung, was drin ist. Hab mich überraschen lassen.» Er versuchte, ebenso unbekümmert und locker zu wirken.

«Wir wurden gestern nett gebeten, zu dem Campingplatz zu fahren, der etwas weiter die Straße hinunter liegt. Und von dort hatten wir heute Morgen einen Blick auf die Berge. Es ist wundervoll dort!», sagte Sam mit seiner ruhigen und weichen Stimme.

«Lass mal probieren, ich will auch raten.» Faith lächelte ihn an, streckte die Hand auffordernd aus und kostete ein paar Schlucke.

«Ich sag … Mango … Ananas … Kiwi … und Banane. Echt lecker!»

«Ja, die hatte ich auch im Sinn.» Noch während er das sagte, wurde ihm bewusst, dass er vor lauter Freude, Faith wiederzusehen, selbst noch gar nicht probiert hatte.

Wir teilen uns denselben Strohhalm …

… Oh Mann, wie alt bin ich? Vierzehn?

Er versuchte, sich locker und cool zu geben.

«Und was macht ihr heute? Ich habe mich erkundigt: Es gibt hier scheinbar eine alte Burgruine. Die wollte ich mir vielleicht anschauen.»

Sam lächelte wieder, als hätte er gewusst, was Alex sagen würde.

«Genau da wollten wir jetzt auch hin. Es ist etwa eine Dreiviertelstunde zu Fuß. Kommst du mit?»

Alex registrierte, dass er wieder zögern und «ähm» sagen wollte. Doch er konzentrierte sich und erinnerte sich an Sams gestrige Frage, was er wirklich wolle, und an Simons Bewunderung für die Mönche.

«Ja klar, gerne!» Seine Antwort teilte er kurz und knapp, um nicht doch ins Straucheln zu geraten
Sam, der Alex' innere Anspannung scheinbar bemerkte, lächelte weiterhin und sagte nur: «Super. Los geht's.»

Sie gingen gemeinsam die Straße hinunter, bis sie irgendwann an einem Tor ankamen, ab dem man in einer Art Park bis zu der Burg weiterlaufen konnte. Kleine verspielte Häuser an der Seite schmückten bis dahin ihren Weg und sehr viele, sehr gepflegte Vorgärten.

«Du, Sam, warum sind so viele Iren so darauf bedacht, dass alles so verziert und liebevoll detailliert ist?»

«Wir mögen es einfach schön, solange die Dinge da sind.»
Solange die Dinge da sind? Was meint er denn damit?

«Oh, wow, ist das toll hier!» rief Faith voller Freude und drehte sich im Kreis, als sie die ersten Meter durch den Park gingen.

Sam lachte: «Sie hat die Gene ebenfalls.»
Nach ein paar Momenten der Stille fühlte Alex sich fast

schon unbegründet genötigt, auch etwas zu dem Park zu sagen. «Ja, ich finde es auch schön, und ich freue mich auch, aber eben nicht so wie Faith.» Beschämt blickte er zu Boden.

«Das ist auch vollkommen okay und verlangt doch auch niemand von dir. Du darfst nur ehrlich zu dir selbst sein und erkennen, ob du dich wirklich freust und es einfach nicht so stark ausdrückst oder ob du es dir nicht richtig erlaubst, dich zu freuen.»

Dass ich es mir nicht erlaube, mich zu freuen?

Sie gingen eine ganze Zeit lang still nebeneinanderher.

Faith und Sam genießen es sehr, hier langzugehen, und ich blase hier wieder Trübsal und bin nur am Denken … Mannomann.

Als Faith einige Meter vor Sam und Alex lief und alles wie ein Kind entdeckte, brach Alex die erneute Stille: «Weißt du, Sam, ich kann mich richtig freuen. Es ist nur … Bei mir zu Hause, habe ich gerade so viel Stress. Ich bin sechsundzwanzig und wohne immer noch bei meinem Vater. Ich bin Single, wohingegen viele meiner Freunde, die ich übrigens auch nicht so oft sehe, heiraten und Kinder bekommen. Ich habe seit Monaten einen Job, den ich nicht mag, und vorgestern hatte ich einen riesigen Streit mit meinem Chef. Und ich habe die letzten Jahre … im Grunde die beste Zeit meines Lebens … dazu verwendet, das geglaubte Richtige zu tun! Aber die Belohnung dafür ist echt nicht so, wie ich mir das erhofft habe. Und deswegen fällt gerade ganz viel in meiner Welt auseinander und ich frage mich einfach …»

«Was du wirklich willst?» Sam schmunzelte.

«Ja.»

«Was du wirklich willst, kannst du ziemlich einfach erfahren. Dieses Abenteuer hier in Irland wird dir sicherlich dabei helfen. Aber das kannst eben auch nur du für dich erfahren.

Niemand sonst! Aber ich möchte dich etwas fragen, ist das okay?»

«Natürlich», sagte Alex, obwohl er bereits ahnte, dass jetzt wieder etwas kam, wie schon so oft auf dieser Reise, worüber er lange nachdenken musste.

«Liebt dich dein Vater?»

«Ja, natürlich, und ich ihn auch.»

«Wundervoll. Das dachte ich mir! Glaubst du, dass diese Liebe abhängig ist von deinem Berufs- oder Beziehungsstatus?»

«Nein!»

«Sehr gut, also würdest du sagen, dass die Liebe unabhängig ist?»

Alex blickte ihn verwundert an, ohne direkt auf seine Frage zu antworten. Bevor er Sam etwas fragen konnte, begann dieser, weitere Fragen zu stellen.

«Was würde passieren, wenn du nicht mehr in deinem Job arbeitest?»

«Dann bin ich arbeitslos!»

«Bist du dann wirklich arbeitslos oder wärst du einfach nur für den Moment ohne Arbeit?»

«Was macht das für einen Unterschied?»

«Den Größten!»

«Das verstehe ich nicht!»

«Wir alle sehen all die Dinge hier auf dieser Erde. Häuser, Autos, Geld, Uhren, andere Menschen, aber auch immaterielle Dinge wie Beziehungen, Positionen in einem Unternehmen, Titel und vieles mehr.»

«Ja, und?»

«Das sind alles Formen.»

«Wie, Formen?»

«Als Formen bezeichnet man alle Dinge, die einmal einen

Anfang hatten. Also all jene, die es auch einmal zu einem Zeitpunkt nicht gab. Wie dieser Baum hier. Es gab mal eine Zeit, da gab es diesen Baum noch nicht.»

Alex ließ diese Antwort kurz sacken.

«Okay, das verstehe ich, aber was ist damit?»

«Alle Formen haben etwas gemeinsam. Sie hatten, wie gesagt, irgendwann ihren Anfang, aber sie zerfallen auch irgendwann. In unserem Universum besteht alles immer entweder aus Formen oder aus Raum. Formen sind materielle Dinge oder immaterielle Konstrukte und Systeme, die wir Menschen erfunden haben und die irgendwann zerfallen. Raum ist ewig.»

«Ja, okay. Und was hat das mit meinem Leben zu tun?»

«Alles! Wir Menschen haben ein unbewusstes Verhalten, das uns meistens leider daran hindert, wirklich glücklich zu sein. Und das sorgt dafür, dass wir uns mit diesen Formen identifizieren. Und dies drücken wir fast immer durch eine ‚Ich bin‘-Formulierung aus! Also macht es in der Tat einen enormen Unterschied, ob du dich mit der Arbeitslosigkeit identifizierst, oder ob du sie als vorrübergehende Situation betrachtest.»

«Ich glaube, das verstehe ich noch nicht so ganz!»

«Alles, was du eben aus deinem Leben aufgezählt hast, sind entweder materielle oder immaterielle Formen. Und du bist sehr stark mit diesen identifiziert. Du machst deine gesamte Persönlichkeit, ja dein gesamtes Leben von ihnen abhängig. Wenn sie da sind und es gut läuft, dann bist du glücklich. Wenn der Job gut ist, du eine eigene Wohnung hast, in einer Beziehung bist, diesen oder jenen Titel hast, dann bist du glücklich. Und wenn diese wegfallen, dann auf einmal nicht mehr? Findest du nicht auch, dass es eine sehr starke Abhängigkeit ist, ähnlich wie bei einem Alkoholiker, der immer Alkohol braucht, um über die Runden zu kommen und glücklich sein zu können?»

«… oder betäubende Gedanken …», flüsterte Alex, während er sich an Simons Worte von gestern erinnerte.

«Zum Beispiel. Wer bist du denn, wenn du deinen Job nicht mehr hättest? Wärst du dann jemand anderes? Oder weniger wert? Ein Verlierer?»

«Nein, ich bin immer noch ich.»

«Na siehst du. Wenn du diese Formen bewusst betrachtest und für dich erkennst, dass du in einer Identifikation mit ihnen bist, dann kannst du dich danach von diesen Identifikationen lösen. Du kannst sie betrachten, sie benutzen und mit ihnen leben, solange du willst oder solange sie existieren. Doch wenn sie dann einmal weg sind, was eben ihr natürlicher Lauf ist, dann bist du nicht unglücklich. Denn dann hast du nicht das Gefühl, dass ein Teil von dir zerfällt oder stirbt.»

«Ist das der Grund, warum so viele Menschen so unglücklich sind?»

«Hauptsächlich, ja! Sie leben immer in Wenn-Dann-Abhängigkeiten und fürchten sich vor dem Verschwinden der Formen. Sie glauben unbewusst, dass dadurch ein Teil von ihnen verschwindet. Dabei sind wir Menschen so wundervolle Lebewesen. So machtvoll und herrlich. Und werden dann Sklaven unserer eigenen Gedanken. Erzählen uns immer und immer wieder dieselben abhängigen Jammergeschichten und leben ein betäubtes Leben.»

Alex bemerkte, wie ihm der Atem stockte. Er bekam kaum noch Luft, als er spürte, dass sich in ihm etwas gegen diese Vorstellung wehrte. Fühlte aber gleichzeitig, dass eine tiefe Wahrheit hinter Sams Worten steckte, die etwas in ihm bewirkten. Sie gingen in Stille noch einige Zeit weiter, bis sie bei der Burgruine ankamen.

Hier erkannte Alex die Wahrheit in dem, was er eben gehört hatte.

Selbst eine Burg, ein Gebäude aus massivem Stein, wird irgendwann zerfallen.

«Jetzt verstehe ich es … glaube ich.»

Sam lächelte Alex an und bestärkte mit seiner ruhigen Stimme: «Das wirkt noch nach. Ich habe mehrere Monate gebraucht, um es voll und ganz zu verstehen. Aber es freut mich, dass du für dich ein wenig Frieden mit deinen Gedanken finden konntest.»

«Was denn? Die Burg? Dass sie zerfällt? Also die Form der Burg? Jaaa, das ist echt krass, oder?» Faith war plötzlich neben den beiden wiederaufgetaucht.

«Du weißt davon?»

«Ja, Sam bringt mir seit vielen Jahren ganz viel von solchen Sachen bei.»

«Das meiste bringst du dir selbst bei. Ich helfe dir nur, es zu erkennen.» Sam schenkte ihr einen liebevollen Blick.

Alex dachte noch einen Moment nach und fragte dann: «Ist das der Grund, warum hier alles so schön verziert ist? Die Iren lieben es einfach schön, solange es da ist, weil sie wissen, dass alle Dinge zerfallen?»

«Ich kann natürlich nicht für alle sprechen und viele werden es einfach auch aus dem Ego heraus tun, weil sie einen schöneren Garten und ein schöneres Haus als ihre Nachbarn haben wollen. Aber ich mag den Gedanken, dass sie es alle aus dem Bewusstsein über Form und Raum machen. Ich mag meine Realität davon und deswegen denke ich sie weiter», sagte Sam mit einer absoluten Klarheit und Sicherheit in seinen Worten.

Realität? Wie … in seiner Realität? Es gibt doch nur die eine Realität, oder? … Ha, wie meine Arbeitskollegen wohl reagieren würden, wenn sie dieses Gespräch hier mitbekommen hätten.

Sie besichtigten die Burg und genossen den Blick auf den

See, der direkt an die Burg grenzte.

«Es ist unglaublich schön hier», sagte Faith.

«Das ... ist es», antwortete Alex verträumt.

Dieser Ort lag abseits von allem. Hier waren lediglich ein paar andere Touristen, die Bilder machten. Ansonsten war es ruhig und friedlich. Alex kannte dieses Gefühl gar nicht mehr. Er bemerkte, wie ihm eine Freudenträne die linke Wange herunterlief. Doch die wischte er sich sofort weg.

Ich als Mann weine doch jetzt hier nicht vor Faith!

... Moment, ist das auch nur eine Form? Ein Konstrukt? Ich bin verwirrt!

Sie blieben noch etwa zwanzig Minuten bei der Burgruine, kosteten die Sonne aus, die zwischen den Wolken hervorkam, und gingen dann wieder zurück durch den Park.

Alex ging ein wenig hinter Sam und Faith, die sich unterhielten. Er staunte fasziniert über all die Details der Natur und hatte auf einmal eine noch tiefere, absolute Ruhe in sich.

Die Bewusstheit darüber, dass all die Dinge, die er gerade sah, irgendwann einmal zerfielen, ließ ihn gerade sehr viel Schönheit in ihnen sehen und sie noch mehr wertschätzen.

War es das, was mein Vater meinte, als wir uns am Flughafen verabschiedeten? Weiß er auch über all das Bescheid oder sprach er nur aus seinen Erfahrungen durch seine Abenteuer und kann es nicht mal wirklich benennen?

Plötzlich drehten Faith und Sam sich zu ihm um und blieben stehen, bis Alex zwischen ihnen war.

«Alex ... Faith und ich haben uns gerade unterhalten und ein wenig nachgedacht und wir haben uns gefragt ...»

«... ob du nicht Lust hast, mit uns in dem Wohnmobil dein Abenteuer zu erleben und mit uns zusammen herumzufahren?»

«Was …?» Alex war sprachlos und blieb mit offenem Mund ebenfalls stehen.

Woher kommt das denn jetzt? Erst habe ich so eine Erkenntnis, dann fühle ich mich total gut und ruhig und dann kommt noch so eine Überraschung. Kann ich das einfach so annehmen? Stand das auf meinem Plan? Scheiß auf den Plan! Ich hatte gar keinen! Ich bin gerade mitten in einem Abenteuer! Und dann würde ich Faith noch länger sehen …

Er atmete noch einmal tief durch.

«Komm schon», sagte Faith mit ein wenig Nachdruck.

Sein Blick ging zuerst zu Sam und dann zu Faith. Schließlich antwortete er entschlossen: «Sehr gerne! Vielen Dank euch beiden.» Während er dies sagte, konnte er immer noch nicht ganz glauben, welch wundervolle Wendung der Tag nahm.

Vom Bereuen einer verpassten Partynacht hin zu einer Möglichkeit, in einem Luxuswohnmobil zu reisen. Dazu mit einem unglaublich weisen, wertschätzenden Mann und einer jungen Frau, die zu den schönsten Frauen gehörte, die ich jemals gesehen habe! Ist das der Beginn meines Abenteuers?

«Juhuuu!», rief Faith.

«Wundervoll, Alex, das freut uns sehr», erwiderte Sam in einem Ton der absoluten Erleichterung, den Alex nicht zuordnen konnte.

«Wann geht es los?»

«Morgen Nachmittag gegen vierzehn Uhr. Wir kommen dann mit dem Wohnmobil wieder zu dem Parkplatz bei der Mall, wo wir dich gestern abgesetzt haben. Passt dir das?»

«Natürlich!»

Sie gingen den Weg weiter durch den Park, durch das Tor und durch die kleinen Straßen der Innenstadt.

Es ist wirklich wunderschön hier, dachte Alex, als er die bunten Häuser und all die Verzierungen mit neuem Bewusstsein betrachtete.

«Das ist hier aber nicht nur für die Touristen so schön gemacht, oder?»

«Ich denke nicht», antwortete Faith.

«Nein, dass werdet ihr zwei noch sehen. Das wird ein Spaß!», sagte Sam mit seinem vertrauten, freudigen Lächeln. Es schien, als hätte Alex' Entscheidung ihm noch mehr Leichtigkeit gegeben.

Sie spazierten noch ein wenig weiter bis sie bei Alex' Hostel angekommen waren.

«Wir gehen jetzt noch etwas für die nächsten Tage einkaufen.»

«Aber da kann ich euch doch helfen!»

«Nein, schon in Ordnung. Wir müssen ohnehin mit dem Wohnmobil erst einmal einen Supermarkt finden, der einen großen Parkplatz hat, damit wir dort auch parken können. Morgen, vierzehn Uhr, da vorne auf dem Parkplatz», erwiderte Sam.

«Ich werde da sein. Und noch einmal vielen Dank für alles!»

«Tschüüüüss, bis morgen!», rief Faith Alex freudig hinterher.

Was für ein Tag! So was hätte ich nicht in all meinen Träumen planen können. Ich glaube, ich fange an zu verstehen, was es bedeutet, ein Abenteuer zu erleben.

Alex öffnete die alte Tür des Hostels und ging mit einem Lächeln auf den Lippen hinein.

Kapitel 10 – Wurzel in der Unbewusstheit

Mit einem «Hallo» wurde er von derselben jungen Dame an der Rezeption begrüßt, die ihn gestern auch eingecheckt hatte.

«Hey!» Sein Elan, mit dem er antwortete, überraschte ihn selbst total.

Oh Mann, ich kann echt noch nicht glauben, wie dieses Abenteuer sich nun gewendet hat und was ich ab morgen erleben werde. Das ist so großartig!

Alex ging zum Gemeinschaftsraum und traf dort Simon, der sich mit ein paar anderen Gästen unterhielt.

«Aaaaalex, komm her mein Freund! Wo bist du heute gewesen? Und gestern Nacht … Mein Gott, du hast was verpasst!»

«Hey, Simon. Ja, ich habe es schon von den Mädels gehört. Die sind auf meinem Zimmer.»

«Was? Du warst mit denen auf einem Zimmer? Erzähl! Was gibt es für Geschichten?»

«Gar keine! Ich habe es erst heute Morgen bemerkt, als ich aufwachte und die drei gerade ihre Taschen zusammengeräumt haben.»

«Ja, die sind vorhin auch abgereist. Sehr schade. Ich hätte mit ihnen gern noch eine Nacht Party gemacht. Aber es ist, wie es ist! Was hast du heute getrieben? Ich hatte den halben Tag einen Kater, aber jetzt geht's wieder. Sláinte.» Simon hob sein Bier demonstrativ.

«Ich war beim Ross Castle mit zwei anderen, die ich gestern am Flughafen kennengelernt habe!»

«Klingt cool! Komm, setz dich zu uns. Wir machen gerade Geschichtsunterricht.» Simon lachte.

Mit Simon am Tisch saß ein junges Pärchen, das auf Simons letzten Satz ebenfalls lachte.

«Na ja, so würde ich es nicht nennen! Es ist eher eine feurige Diskussion!», erwiderte die Frau.

Alex setzte sich zu den dreien an den Tisch.

«Hey, ich bin Chloe und das ist mein Freund Louis», sprach sie mit französischem Akzent.

«Hallo. Ich bin Alex. Was hattet ihr denn gerade mit Geschichte?»

«Also, Alex ...», fing Simon an, doch Louis unterbrach ihn:

«Nein, lass mich! Wir sprachen darüber, wie es dazu kommen konnte, dass in der Menschheitsgeschichte ganz schlimme Dinge passiert sind, und wie wir das in der Zukunft vermeiden können!»

«Wow, das ist ja mal ein Gesprächsthema für einen Gemeinschaftsraum in einem Hostel in Irland!» Alex überschlug seine Arme, lehnte sich zurück und lachte dabei einmal auf.

«Ja, wir sind der Meinung, dass wir uns immer daran erinnern müssen, was passiert ist, damit sich solche Dinge nicht wiederholen!», bestärkte Chloe ihren Standpunkt.

«Und was sagst du dazu, Simon?»

«Das denke ich nicht!»

«Aber warum?»

«Egal welche Gräueltaten wir aus der Menschheitsgeschichte nehmen. Es ist so ziemlich immer darauf zurückzuführen, dass irgendjemand angefangen hat, Menschen zu manipulieren. Meist mit den zwei sehr starken Emotionen Angst und Ekel. Dann wird durch diese beiden Emotionen ein Bösewicht, oder im Fachjargon ein Feindbild, erschaffen, gegen den die manipulierte Masse dann diese beiden Emotionen projiziert. Aber ...»

«... aber genau deswegen müssen wir uns daran erinnern, damit wir die Dinge nicht noch mal tun!» Cloe gestikulierte intensiv und auch ihre Stimme wurde immer energischer.

«… und diese beiden Emotionen greifen nur, wenn eine Sache vorweg gegeben ist …» Simon machte eine kunstvolle Pause, um die Spannung zu steigern.

«Und was ist diese Sache?», fragte Alex schließlich.

«Danke, dass du fragst!» Simon grinste und fuhr fort: «Unbewusstheit!»

«Unbewusstheit?», sprachen Chloe und Louis fast synchron.

«Genau! Der einzige Grund, warum wir Menschen manipuliert werden können, ist, wenn wir unbewusst sind. Wenn wir in unseren Gedanken so vor uns hin trödeln und nicht wissen, was wir wollen. Dann kommen diese zwei Ängste ganz gelegen, denn diese zeigen dir auf, was du nicht willst. Und somit fängst du an, nicht mehr für etwas zu stehen, weil du, wie gesagt, nicht weißt, was du willst, sondern nur noch gegen etwas bist. Und Menschen, die Angst haben, sind immer am einfachsten zu manipulieren!»

Schon wieder dieses Thema mit den Entscheidungen und dem «wissen, was man will». Dreht sich denn die gesamte Erde nur um dieses Thema?

«Aber …», Chloe stockte, weil sie selbst nicht genau wusste, was sie darauf sagen sollte.

Simon lächelte zufrieden: «Eine sprachlose Französin! Dass ich das einmal erleben darf!» Alle vier lachten.

«In der Unbewusstheit erkennen wir Menschen nicht mehr, was für uns wichtig und richtig ist. Wenn die Menschen bewusst gewesen wären, hätten sie nicht Menschen mit einer anderen Hautfarbe versklavt oder Menschen einer anderen Religion gejagt und getötet. Unbewusstheit lässt uns das Leben durch einen Filter betrachten, der alles schlechter und dunkler macht. Ein bewusster Mensch, der den Moment lebt und wertschätzt, der hat nichts gegen einen anderen Menschen. Die Geschichten der Angst und des Ekels sind eben einfach Geschichten, die nur in den Gedanken der Menschen gedeihen können, die unbewusst diesen Geschichten immer weiter Nährboden geben. So lange, bis sich ab irgendeinem Punkt eine Art Kollektiv bildet, in dem alle so denken. Und dann entsteht der normale menschliche Herdentrieb getreu dem Motto: Wenn so viele es tun, dann kann es nicht verkehrt sein!» Simon lehnte sich zufrieden zurück und nahm genüsslich einen Schluck von seinem Bier.

Alex schaute Simon verwundert an.

Wie kann er nur so viel wissen und so eine Sicht auf die Welt haben? Und dazu trinkt er die ganze Zeit und macht nur Party. Müssen gebildete Menschen nicht auch ein vorbildliches und richtiges Verhalten an den Tag legen? Moment … was sind das für Gedanken?

«Das klingt … auf eine ganz komische Art und Weise sehr logisch. Sag mal, Simon, … kennst du zufällig einen Sam?», fragte Alex ihn neugierig.

«Sam? Einer meiner besten Freunde aus der Schulzeit heißt Sam. Aber sonst kenne ich keinen. Warum?»

«Ach, nur so. Deine Worte haben mich sehr an jemanden erinnert, der Sam heißt.»

«Na hoffentlich sieht er auch so gut aus wie ich. Dann hätten wir noch etwas gemeinsam.» Simon lehnte sich genüsslich zurück.

«Er ist … schon etwas älter. Ich hätte schwören können, dass du ihn kennst.»

«Weißt du, wenn du offen und neugierig durch die Welt läufst, bewusst den Moment erlebst und dein Leben liebst, dann kommen so ziemlich alle Menschen immer zum gleichen Endergebnis», erklärte Simon.

Alex blickte ihn mit großen Augen für einige Sekunden an: «Darüber … werde ich nachdenken!»

Offen und neugierig. Dasselbe hat mein Vater mir auch geraten.

Die vier unterhielten sich noch etwa zwei Stunden über alles Mögliche. Alex bemerkte währenddessen, wie gut es tat, sich einfach so mit Menschen ausgelassen über ganz viele Themen zu unterhalten. Das hatte er schon so lange nicht gemacht, dass er gar nicht mehr wusste, wie sehr es ihm gefehlt hatte.

«So, Freunde, ich werde jetzt ins Bett gehen. Morgen ist ein großer Tag für mich!»

«Was? Schon? Ich dachte, wir ziehen gleich noch um die Pubs?!», sagte Simon.

«Nein, ich kann nicht. Morgen Mittag will ich fit sein. Die zwei, die ich gestern kennengelernt habe und mit denen ich heute am Ross Castle war, sind mit einem Wohnmobil durch Irland unterwegs, und sie haben mich eingeladen, mit ihnen zu reisen – da will ich morgen in Topform sein, und nicht verkatert und nach Alkohol riechen», antwortete Alex.

Simon lächelte zufrieden und sagte mit ruhiger aber freudiger Stimme: «Alles klar! Und es freut mich sehr, dass du weißt, was du willst!»

Alex schaute ihn erschrocken an und ein Lächeln überzog sein Gesicht.

Es stimmt! Ich habe gerade wirklich entschlossen gesagt, was ich will. Und es hat sich gut angefühlt!

Er verabschiedete sich von Chloe, Louis und Simon und bedankte sich besonders bei Simon für die wertvollen Unterhaltungen, die sie geführt hatten.

«Man sieht sich immer zwei mal im Leben, Alex», sagte Simon selbstsicher.

«Das hoffe ich sehr!»

Alex ging die Treppe hoch in sein Zimmer und machte sich fertig zum Schlafen. Als er auf dem Bett lag und wieder verträumt die Decke betrachtete, bemerkte er, dass immer noch ein Lächeln auf seinen Lippen lag. Er konnte diesen Moment ganz bewusst wahrnehmen und jeden Atemzug spüren, den er tat.

Ist das dieses Gefühl, von dem Simon eben sprach? Den Moment bewusst erleben und sein Leben lieben? Es fühlt sich zumindest so an!

Wenige Atemzüge später fielen Alex die Augen zu.

Morgen wartete der nächste große Schritt seines Abenteuers auf ihn.

Kapitel 11 – Die magische Frage

Alex' Wecker klingelte um sieben Uhr dreißig. Er hatte sich den Wecker extra gestellt, damit er in Ruhe frühstücken und sich vorbereiten konnte.

Er duschte, zog sich an und machte sich fertig für die große Reise.

Dann packte er seinen Rucksack und als er ihn aufsetzte, stellte er abermals fest, dass er sein Gewicht immer noch nicht vermisst hatte.

Zum Glück muss ich den Rucksack ja nicht auf meiner bevorstehenden Reise tragen. Das macht das Wohnmobil für mich!

Er ging die Treppe hinunter, ging zum Check-out, um seine Schlüsselkarte abzugeben. An der Rezeption saß wieder die junge Dame.

«Ich sehe ja fast nur dich! Lebst du hier in dem Hostel?» Alex lachte.

«Fast!» Sie lachte ebenfalls. «Ich hatte die letzten Tage Spätschicht und ab heute Frühschicht. Deswegen siehst du mich andauernd. Hat es dir hier bei uns gefallen?»

«Ja, sehr! Es war wirklich ein toller Start in mein Abenteuer!»

«Wohin wird es als Nächstes gehen?»

Alex stutzte, als er erkannte, dass er gar keine Ahnung hatte. *Merkwürdig, das ist mir noch nie passiert, dass ich nicht weiß, was zumindest ungefähr als Nächstes passieren wird. Das gehört wohl zum Leben eines Abenteurers dazu,* dachte er und lächelte stolz.

«Und?»

«Oh, Entschuldigung. Ich hatte gerade überlegt, doch … ich denke, ich gebe mich einfach dem Abenteuer hin und lasse alles auf mich zukommen», sagte er, während er mit jedem Wort dieses Satzes, aufrechter stand und seine Brust immer weiter selbstsicherer nach vorne schob.

«Das klingt wundervoll. Dann wünsche ich dir eine unglaubliche Reise hier in unserem wunderschönen Land und ganz viele unvergessliche Momente!»

«Vielen Dank, die werde ich haben!»

Er drehte sich um und ging aus der Tür.

Auf dem Weg die Straße runter schaute er auf die Uhr. Er hatte noch fünfundzwanzig Minuten Zeit. Deshalb suchte er das kleine Café auf, das nicht weit von dem Hostel entfernt war, und holte drei Kaffee.

Er konnte es immer noch nicht ganz fassen, wie detailliert und schön hier die Häuser waren. Wie viel Liebe zum Detail hier zu sehen war.

Die Vielfalt an Farben und die Schilder. Einfach nur schön! So, als ob sie sich auf einen Wettbewerb vorbereiten würden. Doch Sam meinte, dass es in Irland tendenziell überall so aussehe. Ich bin sehr gespannt.

Alex erkannte bereits nach den ersten Metern, dass es zwar gut gemeint, aber vielleicht nicht die beste Idee gewesen war, die Kaffees jetzt schon zu holen. Drei Becher in der Hand und ein schwerer Rucksack auf dem Rücken waren einfach keine gute Kombination. Er lachte über sich selbst, während er zum vereinbarten Treffpunkt ging.

Als er um die Ecke bog, entdeckte er das Wohnmobil auf dem großen Parkplatz. Sam kam ihm entgegen und half ihm beim Tragen.

«Hey, da bist du ja. Das ist ja nett mit dem Kaffee.»

«Hallo, das ist doch das Mindeste!»

Sie gingen gemeinsam zurück und Sam zeigte ihm, wo er seinen Rucksack verstauen konnte.

Faith war nirgends zu sehen.

«Wo ist denn Faith?»

Sam lachte: «Sie ist in der Mall, um für uns alle diesen Smoothie zu holen, den du gestern in der Hand hattest. Heute gibt es dann wohl nur Flüssignahrung!»

Wenige Augenblicke später kam Faith auch schon mit den Smoothies in einem Papphalter aus der Mall heraus.

«Hey, Faith, schön dich zu sehen. So was hätte ich eben auch gebrauchen können.»

«Was, einen Smoothie? Einer ist doch für dich! Oder denkst du, ich will drei trinken?» Sie lachte bei der Vorstellung, alle drei nur für sich zu holen.

«Nein, so einen Halter. Ich habe gerade Kaffee für uns geholt.»

«Dann kann die Reise ja jetzt losgehen, da wir scheinbar alles an nötigem Proviant haben», sagte Sam.

Faith und Alex stiegen an der großen Seitentür ein, in der er noch vorgestern mit seinem Rucksack stecken geblieben war.

«Wohin geht es denn jetzt, Kapitän?», fragte Faith.

«Ich will euch einen wunderschönen Platz auf einem Pass zeigen. Dort gibt es einen geheimen Ort und von dort aus kann man die schönsten Sonnenuntergänge sehen.»

«Das klingt super!», erwiderte Alex.

Wow ... dieses Gefühl der Freude! Es ist so ... Woher kommt es? Weil Faith in der Nähe ist oder weil mein Abenteuer jetzt so richtig losgeht? Oder beides?

Sie fuhren los und nach einigen Hundert Metern merkte Sam an, dass es für ihn ganz schön spannend sei, ein solches Schiff hier durch die doch sehr engen Straßen zu navigieren.

«Du machst das großartig, Sam!» Faith begann, ihn spielerisch anzufeuern.

Sie fuhren etwa dreißig Minuten, bis Alex eine ihm bekannte Landschaft sah: «Hier waren wir doch schon einmal!»

«Ja, hier zu unserer Rechten ist der Flughafen, wo wir uns kennengelernt haben. Gleich kommen wir nach Tralee, aber da fahren wir auch nur vorbei.»

Alex und Faith waren still im hinteren Teil des Wohnmobils und bewunderten die Natur.

«Onkelchen, du kennst doch das Sprichwort, dass auf der anderen Seite das Gras immer grüner ist, oder?», fragte Faith.

«Ja klar. Was ist damit?»

«Kann es sein, dass das Gras in Irland wirklich grüner ist? Ich habe das Gefühl, es leuchtet förmlich?»

Sam lachte: «Ja, das hier ist wirklich etwas anders als bei uns in Australien, nicht wahr? Weil Irland eine kleinere Insel ist und so nah am Golfstrom liegt, gibt es hier sogar Regionen, wo tropische Pflanzen und auch Palmen wachsen. Das Wetter hier ist sehr wechselhaft, was dafür sorgt, dass die Pflanzen hier immer genug Wasser, aber auch Licht bekommen. Es ist …»

«… wunderschön!» Faith konnte nur noch Bewunderung von sich geben.

«Das ist es!»

Alex lauschte interessiert den geographischen Gegebenheiten Irlands, denn die Frage hatte er sich auch schon gestellt.

Nachdem sie Tralee passiert hatten, kamen sie auf eine sehr lange Straße, von der aus sie zu ihrer Linken die Berge und rechts das Meer sehen konnten. Die Sonne schien und es waren nur wenige Wolken am Himmel.

«Was ein wunderschöner Tag», sagte Alex, während er sich zufrieden noch ein bisschen tiefer in seinen Sitz fallen ließ und abwechselnd am Smoothie und am Kaffee nippte.

«Es wird heute noch besser!», antwortete Sam und lachte dabei selbstsicher.

«Noch besser? Wie kann es denn jetzt noch besser werden?»

«Das ist genau die Frage, die du dir stellen solltest!»

«Wie es jetzt noch besser werden kann?»

«Ja, genau. Diese Frage hat etwas Magisches.»

«Wie meinst du das?»

«Die meisten Menschen begrenzen sich jeden einzelnen Tag, indem sie ihren Geist vor den Möglichkeiten verschließen, die das Leben zu bieten hat. Sie sagen sich Dinge wie: ‚Das war jetzt so gut ... besser geht es nicht!' oder: ‚Bei meinem Glück war das jetzt alles Glück für einen Monat', aber die Schönheit des Lebens hat keine Limitierungen. Wann immer du dich selbst den schönen Dingen verschließt, bekommst du auch genau dies im Außen widergespiegelt. Es geht nicht anders, es ist quasi ein Gesetz!»

«Ein Gesetz ... So wie die Verfassung?»

Sam lachte noch lauter: «Ja, so ähnlich. Nur universell und nicht von Menschen erdacht. Erinnerst du dich an unser Gespräch im Park?»

«Wie könnte ich das vergessen?»

«Gesetze wurden von Menschen erschaffen, sie sind Konstrukte, Systeme und Strukturen. Und diese ...»

«... zerfallen irgendwann.»

«Ganz genau! Man nennt sie Universelle Gesetze, denn sie wirken immer, so wie die Schwerkraft beispielsweise. Sie sind einfach von Anfang an da.»

«Und was ist das genau für ein Gesetz?»

«Das erzähle ich dir die Tage. Dafür ist jetzt noch kein idealer Zeitpunkt.»

«Okay, da bin ich aber gespannt! Und warum soll ich mir jetzt immer die Frage stellen, wie es jetzt noch besser werden kann?»

«Damit sendest du aus, dass du bereit bist, mehr Gutes und

Schönes in deinem Leben zu erfahren», Sam lehnte sich über das Lenkrad, als suchte er etwas … Nach einer kurzen Pause fuhr er fort: «Es ist so wie ein niemals endender Strom an tollen Dingen, weißt du. Probiere es am besten gleich aus.»

«Wann?»

«Jetzt! Schnell!»

«Ok. Wie kann es jetzt noch besser werden?»

In diesem Augenblick setzte Sam den Blinker rechts. Alex und Faith hörten von hinten, dass Sam sehr zufrieden lachte. Durch die Frontscheibe konnten sie sehen, dass sie in eine kleine Straße abbogen, durch die das Wohnmobil gerade so durchpasste.

«Strand!», sagte Faith freudig.

Alex lachte: «Das ist in der Tat noch besser!»

«Sag ich doch!», erwiderte Sam und zwinkerte Alex nach hinten zu.

Sie fuhren die Straße noch ein paar Hundert Meter weiter, bis sie am Strand ankamen, wo bereits einige Autos von Kitesurfern parkten.

Es war ein langer Strand. Zu Beginn war der Boden komplett festgetreten und überall lagen Kieselsteine. Je weiter es Richtung Meer ging, umso sandiger wurde es, bis es schließlich den Anschein machte, dass der Sandstrand einfach seine Form wechselte und in Wasser überging.

Sie hielten und konnten die Surfer bereits aus dem Fenster des Wohnmobils beobachten.

«Das wollte ich schon immer können!», sagte Faith begeistert, während sie die Tür öffnete und hinaussprang.

«Ich auch!» Alex sprang ebenfalls überschwänglich auf.

«Ihr zwei … ihr könnt alles lernen. Allerdings befürchte ich, dass wir das heute nicht mehr schaffen. Dafür erfordert es doch ein wenig mehr Übung und Zeit.» Er machte eine dramatische Pause und setzte wieder an: «Allerdings …»

Sam blickte zu Alex und versuchte, ihn mit seinem Gesichtsausdruck zu animieren, etwas Bestimmtes zu tun.

Was will er? Ich versteh gar nichts. Hat er einen Schlaganfall?

Sam räusperte sich. Alex verstand immer noch nichts.

«Der Satz!»

«Noch mal?»

«Ja! Niemals endender Strom an tollen Dingen … schon vergessen?»

«Okay!» Alex rieb sich die Hände, als wollte er sich für ein Kunststück aufwärmen: «Wie kann es jetzt noch besser werden?» Er hob die Hände nach oben und schickte die Frage wie einen Zauber in den Himmel.

Faith musste so sehr lachen, dass sie in die Hocke ging und sich den Bauch halten musste.

Alex drehte sich um und sah Sam, wie er drei kleine Bier aus dem Kühlschrank in der Hand hielt.

«Das ist besser! Auch wenn ich langsam das Gefühl habe, dass du dieses sogenannte Gesetz bist!», stichelte Alex.

«Hm … in der Tat habe ich bei den letzten beiden Malen nachgeholfen. Aber ich verspreche dir, dass es funktioniert!»

«Das kann ich bestätigen. Es sind schon Tausende Male unglaublich tolle Dinge passiert, nachdem ich meinen Geist mit dieser Frage geöffnet habe», sagte Faith ermutigend, während sie sich von ihrem eigenen Lachen erholte.

«Manchmal hat es ein wenig gedauert, aber das war meist, wenn ich nicht wirklich dran geglaubt habe, dass es besser werden kann. Aber wenn ich einmal einen Lauf hatte, wurde es einfach immer nur besser und besser und besser!»

«Dann will ich euch das einmal glauben!» Alex schmunzelte.

Sam verteilte das Bier, sie stießen an und sagten synchron: «Sláinte.»

Danach blickten sie zu den Wellen, den Surfern, der Sonne, fühlten den Wind vom Meer in ihrem Gesicht und ließen sich das Bier schmecken.

Etwa zehn Minuten später, als alle diesen Moment in Stille genossen, fragte Faith in die Runde: «Beruhigt euch das Meer auch immer so?»

«Ja, geht mir ganz genau so! Aber ich habe keine Ahnung, warum. Vielleicht ist es der Rhythmus der Wellen?» Alex hatte nie über den eigentlichen Grund nachgedacht.

«Onkelchen, du hast doch bestimmt wieder eine schlaue Antwort parat, oder?»

«Ich geb' dir gleich Onkelchen … das hast du vorhin schon gesagt!» Sam lachte.

Doch dann fuhr er fort: «Das Meer spiegelt uns etwas auf eine wundervolle Art wider, sodass wir uns wieder sehr schnell verbunden fühlen.»

«Wie meinst du das denn … Sam?» Faith grinste breit und betonte seinen Namen extra intensiv.

«Das Meer ist immer in Bewegung, ihr jungen Menschen sagt dazu auch Flow. Es steht niemals still. Da es keine feste Form hat, ändert es sich ständig. Es hält an nichts fest und versucht nirgends anzukommen.»

«Und wie können wir das auf uns Menschen übertragen?», fragte Alex

«Nun ja, du weißt doch jetzt, was die meisten unglücklichen Menschen gemein haben?»

Alex dachte kurz nach und erinnerte sich an Sams Worte.

«Sie identifizieren sich mit Formen!», antwortete er stolz.

«Genau! Und kennst du auch den Ausdruck, den so viele Menschen benutzen, dass sie irgendwo ankommen wollen? In einem Haus, in Partnerschaften oder, oder, oder?»

«Ja, das habe ich schon sehr oft gehört. Und was ist damit?»

«Bevor ich dir das erkläre, will ich dich erst noch etwas anderes fragen. Weißt du, woraus grundsätzlich dieses Universum besteht?»

«Aus Energie!», antwortete Alex stolz wie aus der Pistole geschossen, da er endlich einmal mit Wissen aus dem Physikunterricht glänzen konnte.

«Exakt, und weißt du auch, was eine der Grundeigenschaften von Energie ist?»

«Sie … kann nicht zerstört werden, sondern verändert nur ihre Form?»

«Ja, das stimmt auch, aber das ist es nicht, worauf ich hinauswill. Energie ist immer in Bewegung! Je nachdem … manchmal weniger …» Sam drehte sich um und zeigte auf die Berge, die sich hinter ihnen befanden. «… und manchmal mehr.» Dann zeigte er auf das Meer vor ihnen. «Alles ist immer in Bewegung. Auch die Energie in unserem Körper!»

«Ich versteh nicht ganz.» Alex legte seinen Kopf in den Nacken und überlegte für eine Sekunde, da er die Dinge, die er gerade hörte, noch nicht zusammenfügen konnte.

«Wenn du es einmal verstehst, ist es ganz einfach», sagte Faith, während sie Alex anlächelte.

«Hat er dir davon auch schon einmal erzählt?»

«Ja, Sam bringt mir doch das alles seit vielen Jahren bei. Ich dachte früher in der Schule immer, dass ich viel weiß. Doch je mehr ich mich mit … Onkelchen unterhielt, desto mehr erkannte ich, wie wenig ich eigentlich weiß», sagte sie und streckte Sam frech ihre Zunge raus, worüber er nur lachte.

«Und was bedeutet das jetzt genau?»

«Wenn alles in diesem Universum aus Energie besteht und immer in Bewegung ist …» Sam machte eine kurze Pause, damit Alex die Möglichkeit hatte, es wirklich voll und ganz zu verstehen, «… warum streben wir Menschen dann einen Zustand an, der ankommen heißt? Ist das nicht komplett konträr zu dem, was wir sind? Nämlich Energie?»

«Das stimmt. Das ergibt absolut keinen Sinn. Aber ist es denn falsch, wenn man sich ein schönes Haus gekauft hat und darin dann lebt?»

«Absolut nicht! Es geht mehr um den mentalen Prozess dahinter. Menschen, die ankommen wollen, leben ihr Leben mehr wie ein Videospiel …»

«Woher kennst du denn Videospiele?» Faith konnte sich die kleine Stichelei nicht verkneifen.

«Na warte, gleich werfe ich dich da vorne ins Meer!» Er machte ein paar schnelle Schritte auf Faith zu, die lachend laut aufschrie und ein paar Schritte zurückwich.

«Wo war ich? Ach ja, die Videospiele. Viele Menschen hoffen, dass sie sich nie wieder Gedanken darum machen müssen, wenn sie einmal etwas gekauft oder erreicht haben. Sie kaufen sich beispielsweise einen teuren Esszimmertisch und sagen zu sich: «So, das Thema Esszimmertisch ist abgehakt!» und freuen sich für eine kurze Zeit darüber, da sie sich dann keine Gedanken mehr darum machen müssen.»

«Das klingt bis jetzt eigentlich gar nicht so verkehrt.»

«Das stimmt. Aber, genau diese Menschen machen das mit allen Dingen, Beziehungen, Positionen … Und wie wir wissen …»

«… zerfallen alle Formen irgendwann!» Alex bekam gerade das Gefühl einer unbeschreiblichen Klarheit.

«Das würde ja bedeuten, dass sie dadurch anfangen, sich in eine sehr starke Abhängigkeit zu begeben, oder?»

«Könnte man so sagen, ja! Sie betrachten das Leben ab einem Punkt mehr als Bürde, da sie so sehr darauf bedacht sind, all die Formen in ihrem Besitz zu erhalten, dass sie ihren Fokus nicht mehr darauf legen können, ihr Leben wirklich zu leben. Und dieser Grundgedanke würde ja auch aufgehen, wenn wir in unserer Unbewusstheit über all das nicht immer mehr haben wollten.»

«Unbewusstheit? Da hat mir gestern im Hostel erst jemand was darüber erzählt. Er sagte was von Emotionen wie Angst und Ekel und von Unbewusstheit.»

«Schlaues Bürschchen! Durch Unbewusstheit erschaffen wir einen Nährboden für solche Emotionen. Und in diesem Zusammenhang haben viele Menschen ihr Leben lang Angst. Angst, dass die Formen irgendwann zerfallen, an die sie sich so sehr klammern. Und aus diesem Grund wollen sie immer mehr und mehr haben. Mehr Formen, die sie weiter in die Unbewusstheit bringen und betäuben. Der Besitz, den sie haben, besitzt irgendwann sie, ohne dass sie es merken! Wenn die Menschen sich vollends über ihre Unbewusstheit und die damit einhergehende Identifikation mit den Formen einmal bewusst werden würden, dann hätten sie eine neue Chance! Eine Chance, all die Formen zu bekommen oder zu erreichen und sie zu lieben, solange sie da sind, sie dann aber auch mit einem guten Gefühl gehen zu lassen, wenn ihre Zeit vorüber ist.»

Alex nahm einen großen Schluck aus seiner Flasche und sagte mit bedauernder Stimme: «Jetzt, da ich das so höre, kommt mir das so bekannt vor. Ich habe die letzten Jahre immer versucht, irgendwo anzukommen aus Angst, nicht genug zu sein. Denn wenn ich irgendwo angekommen bin, dann war ich ja jemand! Aber, wie du gerade sagtest, es reichte nur für einen kurzen Moment oder wenige Wochen. Im Job, in Beziehungen, das Geld auf meinem Konto. Ich war immer nur darauf bedacht, mehr anzuhäufen und anzukommen, und deswegen sind die letzten Jahre wie betäubt an mir vorbeigeflogen ... Oh Mann.»

Alex schnaufte einmal tief.

«Mach dir doch keinen Kopf, Alex. Wir zwei sind beide Mitte zwanzig. Sei doch froh darüber, dass du es jetzt verstanden hast und nicht erst, wenn du siebzig bist oder älter», sagte Faith, während sie aufmunternd und energisch einen Arm um Alex legte.

«Das stimmt …»

Ein gutes Argument. Doch so ganz muntert mich das jetzt nicht auf.

«Das Schlimmste, was du tun kannst, Alex, ist, bei solchen Erkenntnissen hart zu dir zu sein! Du wusstest es eben nicht besser. Jeder Tag bringt eine neue Möglichkeit und du kannst dann für dich entscheiden, dass du es ab jetzt anders machst, dich mehr in den Flow begibst oder es eben wie eine Welle machst.» Faith zeigte auf das Meer. «Wellen sind auch nicht böse auf sich, wenn sie mal eine kleine Welle waren.»

«Ich verstehe. Oder … zumindest glaube ich es.» Alex lächelte und spürte, wie in seiner Brust das betrübte Gefühl langsam verschwand und sich ein Raum der Leichtigkeit und Freude langsam bemerkbar machte.

«Gib dir Zeit, Alex. Wenn du nicht hart zu dir selbst bist, kann es niemand sonst», sagte Sam mit einer gütigen und beruhigenden Stimme.

Alex nahm noch einen großen Schluck und starrte mit leerem Blick auf das Meer, wo die Kites der Surfer wild hin und her flogen.

Oh Mann, was ein Tag … Und dabei ist er noch nicht einmal vorbei. Ich bin wirklich gespannt, welchen geheimen Platz Sam uns noch zeigen will.

Kapitel 12 – Gedanken im Sonnenuntergang

Sie standen noch eine Weile am Meer und schauten in Stille in die Ferne. Als sie wieder einstiegen, sagte Alex: «Jetzt bin ich aber gespannt, was für einen geheimen Ort du uns noch zeigen willst!»

«Oh ja, da bin ich auch sehr neugierig!»

«Wartet es nur ab. Der Ort ist wirklich magisch!»

Sie fuhren weiter und nach wenigen Minuten erreichten sie einen Punkt, an dem die Straße immer enger und enger wurde.

«Die Straße hatte ich auch etwas größer in Erinnerung. Vor allem mit so einem Wohnmobil müsst ihr mir eventuell etwas helfen.»

«Kein Problem!» Alex sprang auf, setzte sich auf den Beifahrersitz, kurbelte das Fenster herunter und navigierte Sam um die Kurven, damit dieser keine Felsen mitnahm.

Die Straße führte sie immer weiter den Pass hoch. An manchen Stellen musste Sam sich mit entgegenkommenden Autofahrern verständigen, wer wartet und wer fährt. Doch langsam, aber sicher kamen sie ihrem Ziel immer näher!

«Da! Es ist noch ein paar Kurven entfernt, aber ich kann ihn schon sehen!»

«Was?», «Wo?», fragten Faith und Alex beinahe synchron.

«Da vorne, die kleine Bucht am Straßenrand!»

Sie fuhren noch ein paar Hundert Meter und kamen schließlich bei der Bucht an, wo bereits ein paar Autos parkten und einige Menschen hinter dem Parkplatz die Steine hochkletterten.

«Hm … es scheint wohl nicht mehr ganz so geheim zu sein!»

«Was ist denn das Geheimnis?»

«Lass uns erst einmal parken. Das sage ich euch danach.»

Auch wenn die Bucht nicht wirklich groß war, schaffte Sam es mit Alex' Hilfe, das Wohnmobil perfekt einzuparken.

Als Sam den Motor abstellte, sagte er stolz: «Tadaaa!», woraufhin Faith und Alex applaudierten und Sam eine vornehme Verbeugung machte.

«Wenn ihr hinter dem Parkplatz hier die Steine hochklettert, dann kommt ihr zu einem kleinen Gebirgssee, den man von hier unten nicht sehen kann.»

«Ahhh, daher kommt auch hier neben dem Parkplatz der Fluss mit diesem Mini-Wasserfall?»

«Ja, genau!»

«Aber ich würde euch empfehlen, dass wir das Wohnmobil jetzt hier stehen lassen und die paar Hundert Meter bis zur Kuppel zu Fuß weitergehen und uns dort heute den Sonnenuntergang anschauen. Von da oben hat man den perfekten Blick in das Tal auf der einen Seite, das zur Stadt Dingle führt, und auf die Bucht und das Meer auf der anderen Seite. Der See ist morgen noch da, aber bis zum nächsten Sonnenuntergang werden wir wohl nicht hier oben bleiben. Was meint ihr?»

«Das klingt einfach großartig!», sagte Faith mit strahlenden Augen.

Wo nimmt sie immer diese Begeisterung her? Ich meine, ich finde es ja auch cool. Aber so viel Energie wie bei ihr … das erlebe ich selten!

«Ja, das klingt toll.» Alex nickte zustimmend und bemerkte, wie er versuchte, ein für ihn unnatürlich starkes Lächeln zu halten. «Doch zuerst müsste ich noch einmal auf die Toilette.»

«Ich auch, und wie ich Faith kenne … sie auch.»

«Was soll das denn heißen?» Faith lachte, stemmte die Fäuste in ihre Seite und machte eine kurze Pause.

«… aber ja, das stimmt!» Und lachte noch mehr.

«Was ein Luxus, immer eine Toilette dabeizuhaben. Dann gehen wir jetzt noch alle einmal und dann geht's in fünf Minuten los. Sonst verpassen wir den Sonnenuntergang. Denn es sind ja auch noch ein paar Meter bis oben! Und nehmt euch noch eine Jacke oder einen Pullover mit. Sobald die Sonne weg ist, wird es hier oben sehr schnell sehr frisch.»

Während Faith und Sam nacheinander auf die Toilette gingen, versuchte Alex, aus seinem Rucksack einen etwas dickeren Pullover hervorzukramen.

Also für «schnell mal was holen» sind solche Rucksäcke wirklich unpraktisch! Na ja, dafür kann ich alles auf dem Rücken tragen und habe dabei die Hände frei!

Wenige Minuten später standen alle vor dem Wohnmobil, Sam schloss ab und sagte motiviert: «Auf geht's! Aber passt auf! Die Straße ist weiterhin eng und normal nicht für Fußgänger geeignet!»

Alex und Faith nickten und sie machten sich auf den Weg.

Bereits der Weg nach oben war ein Highlight für sich.

«So ein wunderschönes Tal», sagte Faith bereits nach wenigen Metern voller Begeisterung.

Mit den kleinen Seen und dem Schattenspiel der Wolken, die über das Tal flogen, war es ein wirklich wundervoller Anblick. Auf der anderen Seite des Tals erhob sich der nächste Berg.

Allein dieser Anblick könnte ein Gemälde sein!

Selbst Alex, der sonst nie so beeindruckt von Bergen war, konnte nicht in Worte fassen, wie schön er diesen Anblick fand.

Nach etwa dreißig Minuten kamen sie oben am Pass an.

Dieses Mal konnte auch Alex seine Begeisterung nicht verbergen und stand wie Faith mit offenem Mund da. Die Sonne, die am Horizont über dem Meer unterging, die Berge, die Wolken, die sich vereinzelt vor die Sonne schoben und somit das Bild noch beeindruckender machten. Das Tal zur einen Seite, das größtenteils bereits in Schatten gehüllt war, und das Tal auf der Seite des Meeres, das noch die letzten Sonnenstrahlen abbekam.

Sie standen dort, ohne ein Wort zu sagen und blickten in Richtung Sonnenuntergang. Dort oben auf der Kuppel befand sich ein Parkplatz, auf dem noch ein paar Autos parkten.

Auf einmal bemerkte Faith, wie sich Alex' Gesicht zusammenzog und sein Körper sich anspannte.

«Was ist denn los, Alex?»

«Nichts …» Er versuchte, die Welle an Sorgen zu überspielen.

«Ja, das sehe ich.» Faith lachte. «Schon vergessen? Ich bin seit sehr vielen Jahren mit Sam unterwegs. Ich merke sofort, wenn etwas nicht stimmt!» Sie zwinkerte Alex frech zu.

«Na ja, weißt du … Ich hatte schon lange nicht mehr so einen schönen Augenblick wie jetzt gerade. Und dann musste ich an mein Leben zu Hause denken und warum es so lange her ist. Irgendwie bemerke ich seit einigen Tagen, dass ich lediglich dachte, dass es mir gefällt. Aber wenn ich ehrlich bin, ist es einfach nur ein Chaos! Ich kann meinen Job nicht leiden. Ich lebe immer noch zu Hause. Ich habe das Gefühl, dass ich der Einzige aus meinem Freundeskreis bin, der noch keinen Plan hat, was er wirklich tun will. Und irgendwie … na ja, habe ich gerade noch mal daran gedacht, obwohl Sam mich ja schon über die Identifikation mit den Dingen aufgeklärt hat und …»

«… was davon ist jetzt gerade?»

«Wie, jetzt gerade? Jetzt gerade sind diese ganzen Dinge doch in meinem Leben …»

«Wo?»

«Na ja, zu Hause. Da, wo ich lebe!»

«Und wo bist du gerade?»

«Hier auf dem Pass.»

«Also, sind die ganzen Dinge gar nicht in diesem Moment

wirklich da, oder?»

«Ja … doch … irgendwie … oder … Ich glaube, ich verstehe nicht ganz, was du meinst.»

«Das ist das, was die meisten Menschen den lieben langen Tag tun.» Faith lachte und legte ihren Kopf leicht zur Seite.

Ihr langes Haar hing nun größtenteils über ihre linke Schulter und eine Strähne legte sich über ihre Stirn. Die schon leicht rötlichen Sonnenstrahlen schienen ihr ins Gesicht und Alex erwischte sich dabei, wie er für einen Moment alles vergaß.

Wow!

Auch wenn es nur wenige Sekunden waren, kam es ihm vor wie eine Ewigkeit.

«Weißt du, was ich meine?»

«Nicht … nicht ganz, glaube ich.»

«Kein Problem, ich liebe dieses Thema! Wir Menschen sind meistens so unglücklich, weil wir nie dort sind, wo wir gerade sind. Wenn du zum Beispiel einen ganz normalen Arbeitstag nimmst: Dann sind die meisten Menschen morgens beim Aufwachen gedanklich bereits bei ihrem Kaffee in der Küche, während des Kaffees schon bei der Fahrt zur Arbeit, auf der Fahrt schon bei ihrer Arbeitsstelle, und die meisten sind dann den gesamten Arbeitstag bereits gedanklich im Feierabend oder teilweise sogar schon im nächsten Wochenende. Bedeutet, der Körper und die Gedanken sind selten am selben Ort. Und dann wundern sich die Menschen, dass ihr Leben an ihnen vorbeizieht und sie nicht wirklich zum Leben kommen. Aber wenn du mit deiner vollen Aufmerksamkeit genau dort bist, wo du in diesem Augenblick gerade bist, dann wirst du dich sehr, sehr selten unglücklich erleben. Maximal, wenn in diesem Moment gerade etwas Schlimmes passiert. Verstehst du es jetzt?»

Alex starrte Faith etwas ungläubig an.

Das ist viel zu einfach. Meine Probleme sind so groß, die lösen sich nicht einfach auf, wenn ich jetzt mit meinen Gedanken hier bin.

Nach ein paar Sekunden fuhr Faith mit einem Lächeln fort: «Du fragst dich jetzt wahrscheinlich, wie das deine Probleme lösen soll. Und bestimmt kommen dir deine Probleme auch sehr groß vor, richtig?»

Jetzt sah Alex sie mit richtig großen Augen an: «Woher … woher …», stammelte er und konnte vor Staunen seinen Satz nicht beenden.

«Mit der Zeit bekommt man immer mehr Feingefühl dafür, was andere Menschen denken. Zum einen hilft eigenes Reflektieren und zum anderen hilft genaues Hinhören und wirklich den Menschen dabei anzusehen. Hinzu kommt, dass mich Sam vor vielen Jahren ebenfalls in einer ähnlichen Situation auf dasselbe Thema aufmerksam gemacht hat.» Faith machte eine kurze Pause und bevor sie weiterredete, lachte sie noch einmal: «Wir Menschen sind schon eine ganz spezielle Spezies. Wir könnten in so ziemlich jedem Moment unseres Lebens glücklich sein, wählen aber lieber irgendwelche Gedanken, die uns stressen und eine für uns problematische Situation widerspiegeln. Dadurch holen wir diese in den momentanen Augenblick, der oftmals rein gar nichts damit zu tun hat, und sind dadurch unglücklich. Anstatt einfach nur präsent zu sein und die Schönheit in dem Moment wahrzunehmen.»

Alex stand einfach nur staunend vor Faith und konnte nicht fassen, was er da gerade gehört hatte. Vor allem in solch einer Leichtigkeit und Klarheit, wie er es niemals hätte in Worte fassen können. Nach ein paar Sekunden, in denen er das gerade Gehörte sacken ließ, holte er Luft und sagte: «Aber warum fühlt …»

«… es sich so real an in diesem Augenblick?» Faith lachte wieder; sie schien abermals genau zu wissen, was Alex sagen wollte.

«Genau!»

«Weil du dich mit deinen Gedanken identifiziert hast. Erinnerst du dich noch an das Gespräch zwischen dir und Sam im Park? Die Identifikation mit Dingen und Konstrukten? Gedanken sind so ziemlich immer ebenfalls einfach nur Konstrukte. Leider verfallen die meisten Menschen dem Glauben, dass sie ihre Gedanken und Gefühle sind, da diese irgendwie in ihnen sind. Aber die Tatsache, dass du deine Gedanken beobachten kannst, ist der Beweis dafür, dass du nicht deine Gedanken bist. Genauso, wie du nicht der blau-gelbe Vogel bist, der ein paar Meter von uns entfernt sitzt und die ganze Zeit ein fröhliches Lied pfeift.»

«Vogel?» Alex lauschte, ob er ein Pfeifen wahrnehmen konnte. Und wenn ja, woher genau es kam.

Es war ihm bis jetzt noch nicht einmal aufgefallen, dass überhaupt ein Vogel in der Nähe war, geschweige denn, welche Farbe er hatte oder dass er zwitscherte.

Wie kann man nur so unglaublich intelligente Dinge sagen, so schön aussehen und gleichzeitig so aufmerksam sein? Wie macht sie das?

Schließlich entdeckte Alex den Vogel und zeigte auf ihn.

Faith lächelte nur und richtete ihren Blick wieder in Richtung des Sonnenuntergangs. Alex tat es ihr gleich. Atmete ganz ruhig einige Male tief ein und aus und bemerkte, wie sich mit jedem Atemzug ein Gefühl des Glücks und der Zufriedenheit in ihm breitmachte.

«Wow.» Mehr brachte Alex in diesem Augenblick nicht hervor.

«Ja», erwiderte Faith in einem höchst entspannten und ruhigen Zustand. Aus dem Augenwinkel bemerkte Alex, wie Faith immer mal wieder kurz zu ihm herübersah.

In diesem Sonnenuntergang strahlt sie einfach noch schöner als sonst. Aber wenn ich mich jetzt zu ihr drehe, dann kann es irgendwie komisch werden. Ok, ich bleibe einfach cool … einfach cool bleiben, Alex, und so tun, als würdest du ihre Blicke nicht bemerken.

Sam, der ein paar Meter von den beiden entfernt stand und Teile des Gesprächs mitgehört hatte, hatte vor lauter Freude ein paar Tränen in den Augen.

«Was ist los?», fragte Alex, der sich zu Sam umgewandt hatte und nach dem Gespräch mit Faith das erste Mal seit Monaten völlig entspannt schien.

«Ich bin … gerade einfach nur glücklich.»

Alex lächelte sanft und fühlte eine Tiefe in Sams Worten, die er immer noch nicht ganz einordnen konnte. Sobald er wüsste, warum Faith und Sam gemeinsam auf dieser Reise waren, würde er es vermutlich richtig verstehen.

Sie standen dort gemeinsam noch für wenige Minuten, bis die letzten Sonnenstrahlen hinter dem Horizont verschwanden.

Ich glaube, ich habe in meinem gesamten Leben noch nie so viel an einem Tag gelernt wie heute.

«Die Sonne ist weg. Sollen wir wieder runtergehen, bevor es komplett dunkel wird? So ist es noch sicherer am Straßenrand, weil die Autos uns besser sehen.»

«Ja, lass uns gehen», antwortete Alex und zog sich seinen Pullover drüber.

Bergab waren sie um einiges schneller, als sie bergauf gegangen waren. Alex und Faith nahmen zusätzlich ihre Handytaschenlampen, um den Weg noch mehr zu beleuchten und notfalls Autofahrern zu signalisieren, dass sie dort entlanggingen.

Am Wohnmobil angekommen, machte Faith einen kleinen Luftsprung und sagte freudig: «Home sweet home.»

Sam schloss die Türen auf und sie gingen rein.

«Was ein Tag, jetzt bin ich aber ganz schön k. o.», sagte Sam erschöpft, und zu Faith, die gerade Luft holte: «kein Wort über mein Alter, sonst schläfst du draußen», woraufhin Faith laut lachte.

«Ich … ich wollte nur sagen, dass ich jetzt auch müde bin.» Sie streckte ihm die Zunge raus und lachte weiter.

«Alex, wir haben uns das folgendermaßen gedacht: Ich schlafe hinten in dem Bett, Faith in dem Bett über der Fahrerkabine und du bekommst das Bett, das man aus der Sitzecke umbauen kann. Es sind dann zwar jeden Abend und Morgen ein paar Handgriffe, aber so hat jeder seinen eigenen richtigen Schlafplatz.»

«Für mich ist alles fein! Zeigt mir einfach gern, wie es genau funktioniert, dann mache ich das natürlich immer selbstständig.» Während Sam und Alex die Sitzecke umfunktionierten, zog sich Faith im hinteren Teil des Wohnmobils um. Als sie wieder herauskam, trug sie eine Jogginghose, ein zu großes T-Shirt mit einem AC/DC-Logo drauf und band sich gerade die Haare zusammen.

«AC/DC, ja?»

«Thunderstruck!», sagte Faith und machte mit der rechten Hand das Symbol der Rocker.

«Australischer Rock rockt halt eben!» Kurz darauf lachte sie über sich selbst.

Sie kletterte über Alex' Bett in ihr Bett.

Alex ging ebenfalls nach hinten, um sich umzuziehen.

Danach ging Sam nach hinten und sagte zu den beiden: «Gute Nacht! Und quatscht nicht mehr so lange. Morgen haben wir viel vor!»

«Ich bin auch müde, schon vergessen?», antwortete Faith.

«Und ich auch. Den heutigen Tag muss ich erst einmal verarbeiten», sagte Alex und ließ seinen Blick zuerst zu Sam und dann zu Faith gleiten, die ihm beide heute so viel beigebracht hatten, wie es sonst noch niemand zuvor in seinem Leben getan hatte.

Sam schloss die Tür, Alex machte das Licht aus, legte sich in sein Bett und spürte das Lächeln auf seinen Lippen.

Nach etwa einer Minute hörte er ein weiches: «Gute Nacht, Alex.»

Sein Lächeln wurde noch einmal etwas größer: «Schlaf gut, Faith.»

Was für ein Tag! Oh Mann …

Kapitel 13 – Wolken, See und Tee

Was ist das? Was … Woher …

Alex wurde von ein paar Geräuschen wach. Und davon, dass sich sein Bett leicht bewegte.

Es war Faith, die über sein Bett geklettert war und nun voller Tatendrang im Küchenbereich stand.

«Faith?»

«Oh, hey, Alex. Du bist ja wach! Wie cool!»

«Was machst du denn da? Ist es nicht noch voll früh?»

«Ja, so sechs oder halb sieben. Ich mach mir gerade einen Tee. Willst du auch einen?»

«Ist dir kalt?»

«Nein!» Faith lachte. «Ich will mir eine große Tasse Tee machen und …», sie machte eine kurze Pause, «hoch zum See gehen und den Tag begrüßen.»

«Etwa jetzt?»

«Ja, na klar, begrüßen heißt begrüßen, weil es der Anfang ist. In ein paar Stunden ist er ja schon irgendwie da!» Sie lachte ganz leise in den Ärmel ihres Pullovers hinein, den sie sich übergezogen hatte.

«Also, was ist jetzt?»

«Zum Tee oder zum See?»

«Na beides. Du bist morgens echt noch etwas verpeilt, oder?»

«Ja … manchmal. Ähm …»

Jetzt? So früh? Ich will eigentlich noch liegen bleiben … Oder will ich das? Moment mal, bin ich gerade wieder am Zweifeln und stehe mir selbst im Weg? Wenn ich meiner Intuition in den letzten Tagen nicht nachgegangen und einfach mal Ja zu gewissen Situationen gesagt hätte, wäre ich nicht einmal hier in Irland, geschweige denn bei Faith. Mann, ich muss mich zusammenreißen! Ich will doch Abenteuer erleben, oder? Mein Verstand sagt immer Nein … Will ich ein Ja- oder ein Nein-Leben führen?

«Ja, ich nehme auch einen Tee!», sagte er schließlich entschlossen. Sie schlüpften in ihre Schuhe und gingen mit dem Tee hinaus.

«Uiii, das ist aber frisch hier oben um die Zeit», sagte Faith, die sogleich wieder ins Wohnmobil huschte und ihre Jacken holte.

«Cool, danke schön! Ja, ich glaube, es ist echt besser mit Jacke!» Faith lächelte. Sie gingen mit ihren Tees hinter das Wohnmobil, wo man die Steine bis zum See hochklettern konnte.

«Das habe ich mir etwas einfacher vorgestellt!», sagte Faith.

«Ja, das ist definitiv schwerer, als es aussieht, gleichzeitig noch mit dem Tee in der Hand hier hoch zu balancieren.»

Doch sie schafften es beide nach mehreren Anläufen und Faith war ganz stolz, dass sie nur ein klein wenig verkleckert hatte.

Oben angekommen standen beide staunend nebeneinander.

«Wow, ist der groß. Das meint man von da unten gar nicht!»

«Das hätte ich auch niemals gedacht. Und wie schön das hier ist. Richtig verzaubert!» Man konnte Alex' Begeisterung in seiner Stimme heraushören.

Sie drehten sich zum Tal. Auch wenn sie nur etwa vier oder fünf Meter höher waren, war der Blick von hier oben komplett anders!

Alex atmete ganz bewusst die kühle Luft der Berge ein.

Faith tat es ihm gleich und sagte: «Fühlt sich sehr lebendig an, oder?»

«Lebendig ist gar kein Wort dafür!», antwortete Alex überwältigt.

«Und schau mal!» Faith zeigte auf die Felsen, auf denen sie standen.

«Da stehen überall Namen!»

«Ja, ich will auch!», rief Faith wie ein kleines Kind, das sich etwas in den Kopf gesetzt hatte.

«Na gut … Wir haben ja alle drei kurze Namen. Dann ist das nicht so viel Arbeit.»

Sie suchten sich einen Stein und fingen an, ihre Namen einzuritzen. Nach wenigen Minuten jubelte Faith: «Juhuu, jetzt sind wir hier verewigt!»

«Ja», Alex stimmte mit einem leichten Schmunzeln zu, denn er wusste, dass es wahrscheinlich nach ein paar Witterungen bereits nicht mehr zu sehen sein würde.

«Und schau mal da.» Faith zeigte zu den Wolken.

«Was meinst du?»

«Die Wolken!»

«Die Wolken? Was ist damit?»

«Ich mag Wolken! Sehr sogar. Also, wenn ich Sonne möchte, können es gerne ein paar weniger sein. Aber sonst finde ich Wolken echt phänomenal!»

«Warum? Was macht sie denn so phänomenal?» Das letzte Wort betonte Alex ganz besonders, weil er es maßlos übertrieben fand, Wolken diese Eigenschaft zuzuordnen.

«Wie oft hast du im Jahr Geburtstag, Alex?», fragte Faith mit einem Lächeln auf den Lippen.

«Also wenn du eine philosophische Antwort haben willst, dann jeden Tag. Gesellschaftlich betrachtet nur einmal!» Alex war stolz auf seine Antwort, weil er zu wissen glaubte, worauf Faith hinauswollte.

«Ja, wir bleiben einmal bei dem gesellschaftlichen Teil, auch wenn du schon die richtige Richtung eingeschlagen hast. Ist dir einmal aufgefallen, dass die meisten Menschen immer nur von Highlight zu Highlight leben? Von Silvester zu Silvester, von Geburtstag zu Geburtstag, von Urlaub zu Urlaub, von Wochenende zu Wochenende. Sie lenken immer ihre gesamte Aufmerksamkeit auf die Highlights und wundern sich dann, dass schon wieder ein Jahr vergangen ist und sie wieder älter geworden sind. Die meisten Menschen leben vierzig, fünfzig, sechzig, siebzig oder mehr Jahre jedes Jahr gleich und nennen das am Ende ihr Leben!»

«Ja, das ist mir auch schon aufgefallen ... besonders in letzter Zeit.» Alex schnaufte bei den Gedanken an seine letzten Monate und Jahre.

«Wenn sie aber bewusst wären, dann würden sie viel, viel mehr Leben in ihrem Leben haben!

«Wie meinst du das?», fragte Alex neugierig nach, der das gerade Gesagte nicht so richtig verstand.

«Es geht in die Richtung von unserem Gespräch gestern da oben auf der Kuppe. Die meisten Menschen leben wie auf Autopilot, um bei diesem oder jenem Highlight anzukommen. Sie leben ... um irgendwo anzukommen. Danach folgt sofort das nächste Rennen zu einem neuen Highlight.»

«Ja, meinst du das klassische Hamsterrad?»

«Könnte man so sagen. Nur nicht so plump.» Sie lachte.

«Es ist mehr der Punkt, dass die meisten Menschen für sich nie eine eigene Definition für ihr Leben gemacht haben. So leben sie ein Leben, das von anderen festgelegt wurde, ohne jemals zu hinterfragen, ob ihnen diese Vorstellung überhaupt gefällt und zusagt. Sie machen die Qualität ihres Lebens an den Dingen fest, die sie sich kaufen können oder in was für einem Haus sie leben. Doch meine Grunddefinition für mein Leben sieht vor, dass ich die Qualität meines Lebens daran messe, wie glücklich ich bin.» Alex schluckte.

Darüber habe ich auch noch nie nachgedacht! Habe ich eigentlich eine Definition von Leben, die wirklich von mir stammt?

«Viele bemerken es nicht einmal, weil die Konstrukte der Gesellschaft eben so funktionieren, dass es gar nicht nötig ist, diese zu hinterfragen. Aber wir schweifen etwas ab!» Faith schüttelte kurz ihren Kopf, als richtete sie sich wieder klar aus auf das, was sie sagen wollte.

«Der Grund, warum ich die Wolken so liebe, ist, dass sie mich immer wieder daran erinnern, dass nicht nur ein Highlight etwas Besonderes ist, weil es nie wieder kommt. Wie der zwanzigste, dreißigste oder vierzigste Geburtstag oder ein Jahreswechsel, sondern weil jeder Moment niemals so wiederkommt. Zumindest nicht auf der Oberfläche der Formen.»

«Auf der Oberfläche?»

«Das … lass dir mal irgendwann von Sam erklären!» Sie lachte.

«Okay! Das werde ich definitiv!»

Faith fuhr fort: «Ich versuche, stets bewusst zu leben. Aber das klappt natürlich nicht immer. Ich werde natürlich auch hier und da abgelenkt oder verliere meinen Fokus, hin zu irgendwelchen Konstrukten. Und dann sehe ich die Wolken und werde mir bewusst, dass es diese Wolkenkonstellation, zusammen mit allen Wolken auf der Welt, wahrscheinlich so noch nie gegeben hat. Es ist wie ein Gemälde, das in wenigen Momenten wieder verschwindet. Und wenn diese Schönheit an mir vorbeizieht, freue ich mich und bin gleichzeitig wieder phänomenal begeistert. Und mein Fokus ist dadurch wieder auf das eigentliche Highlight, den jetzigen Augenblick gerichtet. Ich weiß, es ist etwas komisch, aber …»

«Es ergibt absolut Sinn für mich! Das ist so unglaublich cool! Dadurch habe ich quasi die ganze Zeit etwas, was mich daran erinnert, diesen jetzigen Moment als Highlight zu sehen!» Alex stand mit offenem Mund da und blickte zum Himmel. Er konnte gerade nicht glauben, dass er schon wieder so eine tolle Erkenntnis durch Faith gemacht hatte.

«Wenn du länger so dastehst, dann regnet es noch rein!» Faith lachte und Alex stimmte einen Augenblick später mit ein.

«Faith, ich danke dir. Das ist wirklich phänomenal!»

«Frag schon!»

«Was fragen?»

«Na, die Frage!», sagte sie mit Nachdruck.

«Welche Fra… Ohhh.» Alex räusperte sich und fragte: «Wie kann es jetzt noch besser werden?»

Faith lachte wieder: «Ich bin nicht Sam, der jetzt ein leckeres Bier parat hat, also erwarte nicht, dass ich dir irgendwas gebe!» Einige Sekunden lang standen sie regungslos und sahen sich an. Sein Herz pochte wieder so stark wie in dem Moment, als er sie das erste Mal getroffen hatte.

Dann richtete Faith ihren Blick zur Seite und sagte: «Lass uns zum See gehen!»

Alex, der mit ihren Worten aus seiner kleinen Trance gerissen wurde, willigte ein: «Ja … klar!»

Sie balancierten den Weg weiter am Rand des Wassers entlang. Erst ging es noch ein wenig die Felsen hoch, dann wieder herunter.

Sie kamen an einer Stelle des Sees an, wo das Ufer sehr flach war und nahtlos ins Wasser überging. Faith bückte sich und streckte ihre Hand hinein.

«Ach du Scheiße, ist das kalt!», quietschte sie.

«Na ja, es ist bestimmt kühl, immerhin schien jetzt viele Stunden keine Sonne und wir sind in den Bergen, aber …» Alex ging ebenfalls zum Rand und hielt die Finger hinein: «Verdammt … das ist echt arschkalt!»

«Sag ich doch!» Faith lachte.

Alex ging wieder ein paar Schritte zurück, sodass er etwa drei Meter hinter Faith stand. Er betrachtete die riesigen Felswand, die einen Halbkreis ergab und den See inklusive Parkplatz umrandete.

Wie klein und unbedeutend man sich immer im Angesicht von Bergen fühlt.

«Alex?»

Er drehte sich zu Faith, die immer noch mit dem Rücken zu ihm stand und nur ihren Kopf zur Seite gedreht hatte.

«Ja?»

«Wann hast du das letzte Mal was Verrücktes getan?»

«Also ich bin binnen eines Tages hierher nach Irland geflogen!», sagte er stolz und lachte verlegen.

«Sehr gut! Wie fühlst du dich auf diesem Abenteuer?»

«Es ist mit das Beste, was mir jemals passiert ist. Ich kann es noch gar nicht in Worte fassen! Warum fragst du?»

«Ich wollte nur sichergehen, ob du dir weiterhin über dein Abenteuer bewusst bist.»

«Was meinst du da…?»

Alex verstummte mitten im Satz, als Faith mit einer gekonnten Bewegung ihre Jacke, ihren Pullover und ihr Shirt auszog. Ihre Schuhe und danach die Jogginghose, die sie ebenfalls trug, lagen wenige Momente später ebenfalls auf einem kleinen Kleiderhaufen neben ihr.

Auch wenn Alex nur ihren Rücken sah, merkte er, wie sein Herz jetzt bis zu seinem Hals schlug!

Was für ein Körper …

Sie wendete wieder ihren Kopf leicht zur Seite und sagte: «Kommst du?», womit sie Alex aus seinen Gedanken holte.

Dann klemmte sie beide Daumen seitlich in den Bund ihrer Panty und zog sie mit einem Schwung herunter. Anschließend atmete sie einmal tief durch und setzte den linken Fuß hinein. Dann den rechten Fuß.

Ihr Atem wurde schneller. Sie ging mit jedem Atemzug einen großen Schritt weiter, bis sie schließlich bis zur Hüfte, dann bis zum Bauch und bis zu ihren Brüsten im Wasser war und schließlich schwamm.

Das hat sie jetzt nicht getan?! Ich …

Die Sekunden, die Alex gerade damit verbrachte, zuzusehen, wie Faith sich auszog und in den See ging, kamen ihm vor wie Stunden.

Er war so präsent, er hätte sogar die Anzahl seiner Herzschläge sagen können, wenn diese jetzt gerade wichtig für ihn gewesen wären.

«Alex … was ist? Komm schon!» Faith forderte ihn erneut heraus. Er atmete einmal tief durch, blieb noch einen Augenblick in Faiths Bann und ballte schließlich die Fäuste, um sie gleich darauf wieder zu öffnen und die Anspannung komplett loszulassen.

Ahhhhh … Scheiß drauf! Dieser Moment ist einzigartig!

Alex zog sich in Sekundenschnelle die Schuhe und Hose aus, seine Jacke und seinen Schlafpullover, und stand nur noch in Boxershorts da. Noch einmal atmete er tief durch und forderte Faith wortlos auf, sich umzudrehen.

Mit einem Schwung landete auch seine Boxershorts auf seinem Kleiderberg und er ging mit großen, energischen Schritten hinein, so als ob er damit einen Rückzug verhindern wollte.

Ist das kalt … ist das kalt … ist das kalt …

Nach nur wenigen Augenblicken schwamm er ebenfalls und hatte Faith beinahe eingeholt.

Im gedämmten Licht konnte er verschwommen Faiths Brüste unter der Wasseroberfläche sehen, was ihm ein wenig unangenehm war, da er bei Frauen sonst der schüchterne Typ war. Er spürte, wie Nervosität in ihm aufkam. Angestrengt bemühte er sich deshalb, sich stattdessen auf ihre Augen zu konzentrieren, was ihm aber nur verkrampft gelang.

«Fokus!» Faith lachte, da sie seine Anspannung erkannt hatte.

«Natürlich!», erwiderte er schnell und blickte kurz, ein wenig verlegen, in eine andere Richtung.

Gleich darauf fanden sich ihre Augen und mit einem Mal war die gesamte Kälte des Wassers vergessen.

Jeder Herzschlag und jeder Atemzug vergingen in Zeitlupe und der Moment schien erneut unendlich.

Faith schwamm auf Alex zu, kam näher und noch etwas näher, bis sie nur noch einen halben Meter von ihm entfernt war.

Sie löste nicht eine Sekunde ihren Blick.

Oh Mann ... cool bleiben, Alex. Alles cool ...

Nachdem Faith sich ihm noch ein paar weitere Zentimeter genähert hatte, legte sie ihre Hände auf seine Schultern, stieß sich mit Schwung hoch und drückte Alex unter Wasser.

Bevor Alex wieder auftauchen konnte, floh sie Richtung Ufer und lachte.

«Na warte!», rief er, als er wieder Luft bekam, und lachte ebenfalls, während er die Verfolgung aufnahm.

Faith quietschte auf, als er sie eingeholt hatte, und schrie schnell: «Frieden?» Sie legte ihren Welpenblick auf.

«Entweder auch einmal tunken, oder das nächste Getränk geht auf dich!»

«Getränk! Sonst sind meine Haare komplett nass!»

«Deal!»

Beide schwammen zurück. Bevor sie am Ufer ankamen, räusperte Faith sich kurz in Alex' Richtung.

Alex verstand. «Oh klar ...» Er drehte sich um und Faith verließ den See, trocknete sich mit ihrem Shirt ab, zog sich wieder an und schloss den Reißverschluss ihrer Jacke.

Danach schwamm Alex zum Ufer.

Als er bereits stehen konnte und ihm das Wasser nur noch bis zur Hüfte ging, räusperte er sich ebenfalls lautstark.

«Ist ja gut!», sagte Faith widerwillig und streckte ihm die Zunge raus, bevor sie sich umdrehte.

Sie hielt ihm ihr T-Shirt hin, während sie sich mit der anderen Hand zusätzlich die Augen zuhielt.

«Auch wenn es schon nass ist, vielleicht hilft es ein bisschen.»

«Danke», antwortete er mit leicht zittriger Stimme, da ihm nun richtig kalt war.

Nachdem auch Alex wieder vollständig bekleidet war, nahmen sie erst einmal einen großen Schluck Tee.

«Kalter Tee ist gar nicht mal so lecker!», sagte er.

«Na ja, etwas lauwarm ist er ja noch!»

«Lass uns besser wieder zum Wohnmobil gehen, bevor wir krank werden!» Kaum hatte er die Worte ausgesprochen, bemerkte Alex, dass seine rationale Seite wieder in den Vordergrund getreten war.

«Warum sollten wir krank werden?», fragte Faith.

«Na ja, weil wir noch nass sind und es kalt ist.»

«Und?»

«Viele Menschen werden bei so was schnell krank!»

«Ich nicht!», sagte sie mit einem Lächeln. «Aber ja, mir ist auch kühl, also gerne wieder Abmarsch zum Wohnmobil.»

Sie gingen wieder die kleine Anhöhe hinauf bis zu den Felsen, in die sie eben noch ihre Namen eingeritzt hatten.

Mittlerweile waren die ersten Sonnenstrahlen im Tal angekommen, die über die Bergspitze hineinschienen.

«Wunderschön, nicht wahr?», sagte Faith in einem Ton der absoluten Zufriedenheit, als sie ins Tal blickte.

Alex stand etwas links hinter Faith und lenkte seinen Blick vom Tal auf Faith, bevor er antwortete: «Ja, wunderschön!»

Sie verbrachten noch ein paar Sekunden mit dieser Aussicht, kletterten dann die Felsen hinunter und gingen ins Wohnmobil. Sam, der mittlerweile auch wach war, drehte sich zur Tür, als die beiden hineinkamen.

«Wo wart ihr denn?», fragte er neugierig. «Ich hatte eben einen kurzen Schrei gehört, warst du das Faith?»

«Ja, ich hatte … mich nur erschrocken», antwortete sie und lachte.

«Wart ihr am See?»

Erst jetzt bemerkte er Alex' nasse Haare. «Ach so, ihr wart nicht nur am See, sondern auch schwimmen?»

«Jap …», sagte Faith nach einer kurzen Pause.

«Und wo sind eure Handtücher?»

«War … spontan!»

«Dann hattet ihr auch keine …» Sam beendete den Satz nicht und sah rüber zu Alex, der verlegen nur daneben stand.

«Nope …», sagte Faith. «Aber … wir sind ja eine Lady und ein Gentleman der alten Schule.» Sie zwinkerte Sam zu.

Für einen Moment herrschte Stille, dann fing Sam lauthals zu lachen an.

«Na dann … Ich kann euch doch bestimmt für einen Tee begeistern, oder?»

«Oh ja! Unserer war eben schon kalt!»

«Sehr gerne! Vielen Dank!» Alex war etwas verwundert, wie leicht Sam die Tatsache hinnahm, dass sie beide keine Badesachen hatten.

Sam kochte Tee und als er Alex einen Becher hinstellte, sagte dieser nur: «Wie kann es jetzt noch besser werden?»

«Du lernst schnell!» Sam zwinkerte ihm zu.

Alex seufzte zufrieden.

«Ich kann euch sagen, wie es noch besser wird. Heute besichtigen wir Dingle! Diese kleine Stadt wird euch gefallen und heute sind wir an einem … etwas größeren Teich!» Sam schmunzelte.

So langsam liebe ich diese Frage!

Kapitel 14 – Das Gesetz der Anziehung

Nachdem sie ihren Tee ausgetrunken und sich trockene Kleidung anzogen hatten, begaben sich alle auf ihre Plätze, um die Reise fortzusetzen. Sam auf dem Fahrersitz, Faith auf dem Beifahrersitz und Alex auf der Sitzbank, die in der Nacht sein Bett gewesen war und die er mit wenigen Handgriffen wieder umgebaut hatte.

Sie fuhren vorsichtig die geschlängelte Straße entlang, die sie gestern noch zu Fuß hochgegangen waren.

«Zu Fuß war es zwar körperlich anstrengender, aber einfacher in der Art ... dort konnte ich auch mal etwas schwanken!», sagte Sam.

«Wenn du wieder Hilfe brauchst, dann sag es, Sam!» antwortete Alex hilfsbereit von hinten.

«Ach was, die paar Meter schaffe ich noch so!»

Sie näherten sich der Kuppe, auf der sie am Vorabend im Sonnenuntergang gestanden waren. Und als sie diese überwunden hatten, war die Sicht frei auf das Tal auf der anderen Seite.

«Wow!» Alex staunte.

«Wie schön Irland einfach ist!» Faith teilte seine Begeisterung und wusste genau, was er alles mit diesem einen Wort meinte.

«Was für ein grandioser Start in diese neue Woche!», rief Alex begeistert aus.

Plötzlich spannte Faith ihren gesamten Körper an. Nach ein paar Momenten der Stille, brach Sam das Unbehagen, das seit Alex' letztem Satz in der Luft lag: «Wer von euch hat schon einmal einen Delfin gesehen?»

Faith betrachtete Sam und sagte in einem noch leicht trotzigen Ton: «Wir sind aus Australien. Schon vergessen? Im Meer sieht man sie immer wieder!»

«Ich ... bis jetzt nur im TV», gestand Alex ein und blickte beschämt nach unten.

Mit sechsundzwanzig habe ich noch nicht einmal einen blöden Delfin gesehen!

«Alex, heute ist dein Glückstag! Und Faith, das weiß ich doch, aber hast du schon einmal einen irischen Delfin gesehen?»

Diese Vorstellung munterte Faith ein klein wenig auf: «Und was ist an ihm so irisch? Schwimmt er irischen Riverdance und trinkt Guinness?»

«Na gut, es ist nur ein Delfin, aber er lebt hier in Irland. Um genau zu sein, hier in der Bucht von Dingle, seit Jahrzehnten!»

«Freiwillig?», fragte Alex

«Ja! Die Bucht ist frei, er kann kommen und gehen, wann er will, oder mit anderen Delfinen irgendwohin schwimmen. Aber er hat sich entschlossen hierzubleiben. Und ich meine, wenn ihr euch hier umschaut, ist es nicht wunderschön?»

«Ja, auf dem Land!» Faith konnte es nicht lassen und verbesserte ihn, obwohl sie wusste, was er damit sagen wollte.

«Warte ab, er wird dich begeistern!»

Wow, ein echter Delfin! Das ist ja so was von cool! Das ist mal was anderes, als immer nur die Hunde oder Vögel im Park zu beobachten.

Sie fuhren weiter die enge Straße hinunter, bis sie schließlich in Dingle ankamen. Auch wenn die Straßen hier nicht sonderlich größer waren, verfügte Sam doch über ausreichend Geschick und hatte sich mittlerweile an die Größe des Wohnmobils gewöhnt.

Sie parkten am Rand der kleinen Stadt und entschieden sich, zu Fuß am Wasser entlang bis ins Zentrum zu gehen, was zudem nicht sonderlich weit war.

Schon auf dem Weg fielen Alex auch hier wieder die bunten Häuser, all die zahlreichen Details und Verzierungen auf.

«Ich finde es genau wie in Killarney einfach …»

«… wunderschön?» Faith lächelte ihn an und Alex' gesamte Körperhaltung entspannte sich.

Sie redet wieder mit mir. Puh. Ich dachte schon, dass ich eben etwas Falsches gesagt habe!

«Ja, ich bewundere das einfach so sehr an der irischen Kultur!»

Sie kamen zum Zentrum, wo auch ein Supermarkt zu finden war.

«Oh, den kenne ich noch gar nicht! Hier halten wir später noch kurz, bevor wir weiterfahren, und füllen noch ein wenig unsere Vorräte auf!»

Sie suchten nach einem Café, in dem sie gemeinsam frühstücken konnten. In der Nähe des Supermarktes wurden sie fündig und nachdem sie es betreten hatten, staunte Alex auch hier über all die Details und Accessoires, die einfach jede Ecke zu einem Hingucker machten.

Sie setzten sich und studierten die Karte.

«Ich nehme zwei belegte Brötchen und einen Kaffee!», sagte Alex zur Bedienung, die sie außerordentlich freundlich begrüßte.

«Ich nehme das Gleiche. Allerdings bei mir bitte nur ein Brötchen.»

«Der Kaffee – Americano oder Irish?», fragte die Bedienung die beiden.

Faith und Alex sahen sich verwundert an, da sie noch nie von einem Irischen Kaffee gehört hatten.

«Na ja, wir sind ja in Irland … also probieren wir den Irischen», sagte Faith und Alex nickte.

Die Bedienung lächelte verschmitzt, genauso wie Sam.

«Und Sie?»

«Ich nehme auch zwei belegte Brötchen, aber gerne einen

Kaffee Americano.»

«Sehr gerne!»

«Warum habt ihr beide gerade so gelächelt?», fragte Alex verwundert.

«Ach … nur so.»

Da ist doch irgendwas faul!

Sie unterhielten sich einige Minuten, bis die Bedienung mit ihren Bestellungen wieder zu ihnen kam.

«Hier der Kaffee mit den zwei Brötchen», sagte die Bedienung und stellte Sam sein Frühstück hin.

«Und hiiiiier für euch zwei, eure Brötchen und die Irischen Kaffees.»

«Wow, schau mal. Da sind ja Sahne und Streusel oben drauf! Wie cool ist das denn?», rief Faith begeistert aus.

«Ja, die sehen so aus, als ob sie mit genauso viel Liebe gemacht sind, wie die Häuser hier.» Alex stimmte Faith mit großen Augen auf seinen Kaffee zu.

Doch irgendwie traue ich der ganzen Sache noch nicht.

Sie nahmen ein paar Bissen von ihren Brötchen. Danach stießen Alex und Faith mit ihren lecker aussehenden Kaffees an und nahmen einen kleinen Schluck.

Ihre Augen wurden groß, beide setzten mit etwas Schwung die Tassen wieder ab und atmeten einmal tief durch.

«Wow … ist das …» Alex hustete.

«… Whiskey, ja!», sagte Sam lachend. «Irischer Kaffee wird traditionell mit einem Schuss Whiskey und einem Klecks Creme oder Sahne und etwas braunem Zucker serviert.»

«Also spätestens jetzt bin ich wach!» Faith lachte.

Sie rief die Bedienung noch einmal zu sich und sagte mit einem Zwinkern: «Sehr lecker! Aber ich glaube, wir brauchen jetzt noch jeder ein Wasser!»

«Das freut mich, und Wasser kommt natürlich sofort!»

Sie aßen ihr Frühstück zu Ende und machten sich auf den Weg zum Hafen.

Dort angekommen, gingen sie in einen der Touristenläden hinein, in dem sie eine Bootsfahrt durch die Bucht buchen konnten.

«Drei Erwachsene, bitte», sagte Sam. «Außer sie geht noch als Kind durch.» Er zeigte auf Faith und streckte ihr die Zunge raus. Sie lachte, hob ihre Fäuste und tat so, als wollte sie sich auf einen Kampf einlassen.

«Los, Alex, halte mich zurück … halte mich zurück!»

Alle lachten, inklusive der Dame hinter dem Schalter.

«In einer halben Stunde geht die nächste Bootstour, bei der noch Plätze frei sind. Passt Ihnen das?»

«Was meint ihr?» Sam drehte sich zu den beiden um.

«Ja, also für mich schon!»

«Für mich auch.»

Es ist irgendwie ein komisches Gefühl, gefragt zu werden. So, als wäre meine Meinung ebenfalls wichtig. Ich meine … sie haben mich eingeladen. Und ich hatte nur für mich geplant, einfach alles mitzumachen, was und wann sie es sagen. Doch das fühlt sich … gut an.

Sam bezahlte die Tickets, sie verließen den Laden und setzten sich auf eine Bank. Während sie den kleinen Wellen, die im Hafen gegen die Steinmauern stießen, zusahen, erinnerte Alex sich an das erste Mal, als sie am Strand gewesen waren und ebenfalls die Wellen beobachtet hatten.

«Das war erst gestern!», sagte Faith

«Was?»

«Na, als wir am Strand waren!»

«Ähm, ja … stimmt. Ich habe lustigerweise gerade darüber nachgedacht.»

«Ich weiß!»

«Wie meinst du das?»

Sam lehnte sich ein wenig nach vorn und sagte geheimnisvoll: «Das erkläre ich dir später, dafür ist jetzt noch nicht der Zeitpunkt!»

«Hm.» Alex wollte es am liebsten jetzt wissen, akzeptierte aber Sams Entscheidung.

Nach wenigen Minuten stützte sich Alex nach vorne auf seine Knie: «Ich … ich wollte mich noch bedanken, dass ihr mich einfach so aufgenommen habt. Ich meine, wir kannten uns kaum und jetzt bin ich mit euch auf einem Abenteuer unterwegs. Ich kann gar nicht …»

«Die Energie hat einfach gestimmt!», antwortete Sam.

«Die Energie?»

«Ja, die Energie. Wir hatten doch gestern noch das Thema, dass alles in diesem Universum aus Energie besteht. Erinnerst du dich?»

«Na klar!»

«Und es gibt ein weiteres universelles Gesetz, das das Fundamentalste von allen ist.» Sam machte wieder eine kleine Pause, damit Alex die Tragweite dessen, was er nun hören würde, noch mehr wahrnehmen konnte.

«… Das Gesetz der Anziehung!»

«Das Gesetz der Anziehung? Was zieht es denn an?»

«Alles!»

«Alles? Also … so wirklich alles, alles?»

«Ja, alles besteht aus Energie. Energie, die immer in Bewegung ist. Und das Gesetz der Anziehung besagt, dass sich Energie, die auf gleicher Frequenz schwingt, gegenseitig anzieht. Als ich dich am Flughafen sah und mit dir sprach, geschah dies, weil das Gesetz der Anziehung dafür gesorgt hat. Und meine Menschenkenntnis hat dafür gesorgt, dass ich schnell einschätzen konnte, dich zumindest nach Killarney mitzunehmen und … ich hatte dort bereits die Vermutung, dass sich unsere Wege erneut treffen werden.»

«Ist es so was wie ‚Gleich und gleich gesellt sich gern'?»

«Ganz genau! Vielleicht ist dir auch schon einmal passiert, dass du morgens aufwachst, noch im Bett liegst und du sofort anfängst, an Probleme und schwierige Situationen zu denken? Diese Gedanken sorgen dafür, dass du dich schon schlecht fühlst, obwohl du noch keinen Fuß auf den Boden gesetzt hast. Obwohl diese Probleme und Situationen in diesem Augenblick überhaupt gar keine Auswirkung auf dich haben. Das ist im Grunde genauso wie das, was Faith dir gestern Abend beim Sonnenuntergang erzählt hat.

Doch dies sorgt dann meist dafür, dass der Tag immer schlimmer und schlimmer wird. Du stolperst die Treppe herunter, dann ist die Kaffeemaschine kaputt, du verpasst deinen Bus oder das Auto springt nicht an. Dann schimpft der Chef mit dir und mit jeder Sache, die dir widerfährt, sinkt deine Energie weiter und du ziehst immer mehr unschöne Dinge an.»

«Das klingt … genau … wie mein Leben im letzten Jahr!»

«So geht es den meisten, Alex!» Faith versuchte, Alex liebevoll zu ermutigen.

«Ja, die meisten Menschen sind so unbewusst, dass sie sich immer wieder ins Unbewusste führen lassen und sich dort immer mehr mit ihren negativen Gedanken identifizieren. Und Gedanken werden Realität! Denn deine Gedanken verursachen ein Gefühl in dir, das eine Frequenz hat, eine Kraft, wenn man es so will. Mit der Zeit nimmst du mit deinem ganzen Körper diese Frequenz ein und das Gesetz der Anziehung sorgt dafür, dass du dann mit Dingen zusammenkommst, die mit dieser Frequenz ein Match sind. Eigentlich recht simpel, oder?» Alex war wieder einmal total baff darüber, was er gerade hörte.

«Aber … wenn das stimmt: Warum sind mir dann in der Vergangenheit schon so viele blöde Dinge widerfahren? Da habe ich sicherlich nicht dran gedacht. Ich hatte beispielsweise letztes Jahr einen kleinen Autounfall. Es war nur ein Blechschaden, aber ich habe doch nicht an einen Unfall gedacht.»

«Das ist eben genau das Ding mit der Unbewusstheit. Das Gesetz der Anziehung ist nicht wie eine Mutter, die sagt: ‚Och, Alex, dir geht es gerade echt schlecht, ich gebe dir etwas, dass es dir wieder besser geht.' Sondern das Gesetz sagt: ‚Och, Alex, dir geht es gerade echt schlecht, hier, ich gebe dir noch mehr Schlechtes.' Aber es sagt auf der anderen Seite auch: ‚Och, Alex, dir geht es gerade echt gut, hier, ich gebe dir noch mehr Gutes.' Verstehst du? Es ist wie ein Spiegel. Wenn du lächelst, lächelt der Spiegel zurück. Wenn du wütend in den Spiegel schaust, blickt jemand wütend zurück. Das Gesetz der Anziehung wertet niemals, es gibt dir lediglich das, was du als Frequenz aussendest.»

«Das ist dann aber nicht so wirklich fair und unterstützend vom Universum, oder? Denn dann haben die, die ohnehin ein schon schwieriges Leben haben, es viel schwieriger, da herauszukommen. Oder verstehe ich was falsch?», fragte Alex interessiert nach.

«Sehr gut mitgedacht, Alex! Ich möchte dir eine Gegenfrage stellen: Was kann noch fairer und noch unterstützender sein, als dir die absolute und volle Kontrolle darüber zu geben, was dir durch das Gesetz der Anziehung im Außen widerfährt? Dir die Macht zu geben, durch deinen Fokus eine andere Frequenz einzunehmen und neue Dinge zu erfahren? Ich gehe sogar noch eins weiter … Es kann nicht noch fairer und unterstützender sein! Wenn das Gesetz der Anziehung wie eine Mutter wäre und dir immer etwas Gutes geben würde, wenn du eine niedrige Schwingung aussendest, dann würdest du nie deine eigene Macht erfahren und wärst immer abhängig. Und du willst doch nicht abhängig sein, oder?»

«Auf gar keinen Fall!» Alex schlug die Beine übereinander und stützte sich auf seinem Bein ab. «Aber ich glaube, dass ich das noch nicht so ganz akzeptieren kann ... oder will. Das würde ja bedeuten, dass ich die absolute Verantwortung übernehmen muss. Also auch für die Dinge, die mir widerfahren sind, oder?»

«Absolut! Und ich verstehe auch, warum du es noch nicht ganz für dich akzeptieren kannst. Willst du wissen, warum?»

«Unbedingt!»

«Du setzt Verantwortung immer noch mit Schuld gleich. Das tun die meisten Menschen. Wenn es um das Thema Verantwortung geht, verbinden es fast alle immer mit dem Gedanken, wer die Schuld an etwas trägt. Aber Verantwortung zu übernehmen, hat nichts mit Schuld zu tun. Schuld tritt erst ein, wenn du das Geschehene bewertest, weil dein Ego sich damit brüstet, was falsch ist. Wahre Verantwortung bedeutet hingegen, das zu sehen, was ist, und JA zum gegenwärtigen Augenblick zu sagen ... egal in welcher Form sich dieser dir zeigt. Denn wenn du das tust, hast du danach die Freiheit, zu wählen, wohin du deinen Fokus lenken willst. Denn wenn du deinen Fokus aus einer Freiheit heraus ausrichtest, erschaffst du wundervoll Neues. Wenn du ihn aber in einem Widerstand gegen die Ereignisse ausrichtest, entscheidest du dich niemals wirklich von dir aus, sondern immer nur aus dem Trotz deines Egos.»

«Okay, ... das ...» Alex fand keine Worte, um den Satz zu beenden.

«Auch ich habe lange gebraucht, das zu begreifen, seit ich das erste Mal davon gehört habe», sagte Faith ermutigend. «Und ich glaube immer noch, nicht alles ganz verstanden zu haben.» Sam lachte: «Es hat auch mich einige Jahre gekostet, bis ich es wahrlich verstanden habe. Denn es gibt immer einen Unterschied zwischen kennen und können. Kennst du es in der Theorie, oder kannst du es aktiv anwenden und leben. Das ist hier besonders schwierig, da es eben nicht ganz so messbar ist wie ein Tanzschritt, den du von einem auf den nächsten Moment lernen und umsetzen kannst.»

«Ich … ich glaube, das wird bei mir auch noch eine Weile dauern! Vielleicht liegt es auch am Whiskey!» Alex lachte herzlich.

Faith legte ihren Kopf zur Seite und boxte ihn leicht gegen die Schulter. «Das ist das erste Mal, dass ich dich so lachen sehe. Steht dir!»

«Oh … ähm … Dankeschön!», erwiderte Alex verlegen.

Ein Blick auf die Uhr verriet den dreien, dass ihr Schiff in fünfzehn Minuten ablegen würde.

«Lasst uns zum Pier gehen, dann bekommen wir gute Plätze!»

Kapitel 15 – Geschichten der Vergangenheit

«Alle einsteigen, es geht in wenigen Minuten los!», ertönte es vom kleinen Kutter.

Die drei gingen gemeinsam mit den anderen Passagieren zum Boot. Sams Blick streifte flüchtig den Kapitän, als sie an diesem vorbeigingen. Er stutzte, ging noch ein paar Schritte, blieb schließlich stehen und drehte sich langsam um. Für einige Sekunden musterten sie sich gegenseitig nachdenklich, bis der Kapitän schließlich große Augen bekam und vorsichtig fragte: «Sam? Bist du das?!»

«Michael? Oh Mann, wie lange ist das her?»

Die beiden fielen in eine kräftige, lange Umarmung und strahlten bis über beide Ohren.

«Was machst du denn hier? Und seit wann bist du hier in Dingle und machst die Touren?»

«Seit einigen Jahren. Ich habe mich einfach hier in diese kleine Stadt verliebt und wie du weißt, habe ich Boote schon immer geliebt. Also habe ich einfach beides kombiniert. Ich müsste zwar nicht mehr arbeiten, tu es aber einfach aus Freude.»

«Oh, das ist wundervoll!»

«Wann geht es denn los?», fragte eine ältere Dame, die bereits Platz genommen hatte.

«Genau jetzt!», erwiderte Michael mit einem freundlichen Lächeln.

«Okay, setzt euch einfach hin, wir sprechen gleich direkt weiter!»

«Sehr gerne!», sagte Sam, dem die pure Freude im Gesicht anzusehen war.

Sie nahmen ebenfalls ihre Plätze ein und genossen die frische Seeluft.

«Wer war das?», fragte Faith neugierig.

«Michael? Der gehört zu meinen ältesten Freunden. Wir waren schon damals in der Schule immer gemeinsam unterwegs und bis unsere Familie nach Australien auswanderte, hatten wir beinahe täglich Kontakt. Dann ist es leider etwas abgeschwächt. Aber wir haben uns immer wieder Briefe geschickt und später E-Mails alle paar Monate.»

«Also … dann heißt das auch …?» Faith verstummte.

«Ja», sagte Sam in einem gefassten Ton.

Faith spannte wieder ihren gesamten Körper an, genauso wie am Morgen im Wohnmobil, und es entstand erneut dieses unangenehme Schweigen.

Alex wollte diese Stille brechen und sagte das Erstbeste, was ihm in den Sinn kam: «Mein Chef heißt auch Michael und der ist echt nicht nett!»

Auf Faiths Gesicht zeigte sich ein verwirrter Ausdruck, als hätte dieser Satz sie gerade aus einer kleinen Trance herausgeholt.

Sam wiederum schien froh zu sein, dass Alex zumindest versuchte hatte, das Thema so schnell zu wechseln, und nahm dankend diese Möglichkeit an: «Das ist interessant, nicht wahr?»

«Was meinst du?», fragte Alex.

«Wie hast du dich eben gefühlt, als du Michaels Namen gehört hast?»

«Na ja … um ehrlich zu sein, war etwas Unbehagen da, obwohl ich ihn ja überhaupt nicht kenne!»

«Sehr gut reflektiert. Willst du wissen, warum?»

«Na ja, ich kann es mir denken. Der Name erinnert mich einfach an meinen Chef!»

«Ja auch, aber es ist noch viel mehr!»

«Ach ja? Dann freue ich mich über die nächste deiner Weisheiten!» Alex lächelte und lehnte sich neugierig nach vorn.

«Weisheit würde ich es nicht nennen. Eher Erkenntnisse, die ich im Laufe meines Lebens und durch das Studieren von vielen alten Schriften und Büchern machen durfte. Sagt dir der Name Alan Watts etwas?»

«Nein, nicht so wirklich!»

«Er war ein Philosoph aus dem letzten Jahrhundert. Sehr weise und sehr humorvoll. Von ihm habe ich ein paar Aussagen mitnehmen dürfen, die bei mir sehr viel verändert haben. Unter anderem die Aussage: ‚Du kannst nicht von dem Wort Wasser nass werden.'»

«Und was bedeutet das?»

«Das bedeutet, dass es nie die Dinge sind, die in dir eine Emotion auslösen, sondern es ist die Geschichte, die du dir zu diesen Wörtern erzählst. Geschichten, mit denen du eine gewisse Emotion in Verbindung bringst.»

«Ähnlich wie die Konstrukte?»

«Ja, so ähnlich! Die meisten Menschen sind nicht bewusst im Hier und Jetzt und betrachten die Dinge nicht aus der Sicht des Jetzt, sondern sie ziehen sich ihre Brille der Vergangenheit auf und bewerten die gerade erlebten Eindrücke durch Erlebnisse von irgendwann einmal. Wenn du also den Namen Michael hörst, dann ist es nicht der Fakt, dass mein alter Freund genau wie dein Chef heißt und du deswegen ein komisches Gefühl hast, sondern es ist die Geschichte, die du dir zu dem Namen erzählst.»

«Hm, hast du noch ein anderes Beispiel?», fragte Alex, während er sich am Kopf kratzte und noch nicht ganz verstand, was Sam ihm damit sagen wollte.

«Na klar. Warst du schon mal an einem Punkt in deinem Leben, an dem dir das Geld ausgegangen ist? Oder du kurz davor warst, Geld ausgeben zu müssen, und du wusstest, dass du danach kaum noch etwas auf dem Konto haben wirst?»

«Da ich seit Längerem viel spare, ist es schon etwas her, aber ja, natürlich kenne ich das noch!»

«In diesem Augenblick ist der Fakt ganz einfach der, dass sich auf deinem Konto wenig oder kein Geld befindet. Das ist der Fakt! Die Geschichte, die dafür sorgt, dass du dich sorgst und dass es dir schlecht geht, ist, dass du all die Dinge aufzählst, die eventuell bald passieren, da du jetzt kein Geld mehr hast!»

«Das verstehe ich, aber ist es nicht sinnvoll, sich schon im Vorfeld darüber Gedanken zu machen?»

«Weswegen?»

«Na … um etwas dagegen zu tun!»

«Was tust du denn, wenn du dir ausmalst, was demnächst eventuell alles Schlimmes passieren könnte?»

«Ich bereite mich vor?!»

«Auf was?»

«Auf die Dinge, die eventuell passieren!»

«Weißt du noch, was wir eben auf der Bank besprochen haben? Das, worauf du deine Aufmerksamkeit lenkst und die Energie annimmst, wird immer mehr. Das Gesetz der Anziehung bringt dir immer mehr von dem, was du in deinen Fokus nimmst!»

«Also bekomme ich in dem Fall mehr finanzielle Probleme?»

«Schau dich doch einmal in der Welt um. Wie viele Menschen kennst du, die finanziell wirklich stabil und sicher aufgestellt sind?»

«Na ja, ich kenn jetzt nicht so viele Details, aber ich glaube, nicht so viele!»

«Ganz genau. Und welches Verhalten haben die meisten von denen?»

«Stimmt! Sie sorgen sich sehr viel um Geld und eventuelle Probleme!»

«Exakt! Wir Menschen glauben immer, dass wir Probleme wegschieben können, wenn wir unseren Fokus darauflegen. Doch in Wirklichkeit leben wir in einem inkludierenden, also einem einschließenden, Universum. Das bedeutet, dort, wo du deinen Fokus hinwendest, das wird mehr. Die meisten Menschen verhalten sich aber so, als würden sie in einem exkludierenden Universum leben. Sie glauben, dass sie etwas umso weiter wegschieben, je mehr sie sich darüber beschweren und es bekämpfen. Sagt dir Mutter Theresa etwas?»

«Ja, natürlich!», sagte Alex selbstbewusst.

«Sie hatte einmal gesagt, dass sie niemals auf eine Anti-Kriegs-Demo gehen werde, aber dass man sie sehr gern auf eine Friedensdemo einladen könne! Wenn du dich also von diesen Abhängigkeiten lösen möchtest, dann achte darauf, welche Geschichte du mit einem Wort verbindest, sobald du dich bei diesem Wort schlecht fühlst. Denn durch diese Geschichte entsteht dann immer sehr viel mehr von dem, was du eigentlich gar nicht willst, wenn du es dir nicht bewusst machst. Ähnlich ist es zum Beispiel mit den Worten Steuern, Disziplin, Arbeit, Beziehungen. Viele erzählen sich sehr starke negative Geschichten zu diesen Wörtern, anstatt einfach zu erkennen, was sie faktisch sind, um dann ihren Fokus dafür zu verwenden, was sie wirklich wollen! Denn dann kann das Gesetz der Anziehung genau mehr davon liefern. Im Grunde …»

«… ganz einfach!» Alex streifte sich mit beiden Händen durchs Haar und blickte bewundernd und klar in den Himmel.

Ich kann nicht von dem Wort Wasser nass werden. Es ist immer nur die Geschichte, die ich mir zu den Fakten erzähle und die mich herunterzieht. Das ist wirklich spannend, das werde ich ab jetzt genauer beobachten!

«Danke, Sam! Ich habe gerade wieder so viel gelernt!»

«Sehr gerne!» Sam lächelte glücklich und auch Faith schien

sich wieder entspannt zu haben.

Dann stand Sam auf, rief über die Schulter: «Ich will mit Michael noch ein paar Worte wechseln», und ging zu diesem, der am Steuer das Schiff entspannt und freudig durch die Bucht lenkte.

Der Anblick war einfach atemberaubend. Die Steinfelsen, die in verschiedenen Farbnuancen zu sehen waren. Ein kleiner Leuchtturm und überall Möwen. Die Sonne schien und eine frische Brise kam aus der Richtung des Meeres.

Durch die Lautsprecher ertönte eine Stimme: «In wenigen Minuten haben wir die Möglichkeit, den Delfin zu sehen, wenn er sich heute zeigt.»

Viele Passagiere standen auf, um an die Reling zu gehen, in der Hoffnung, ihn sichten zu können.

Faith und Alex hingegen blieben noch sitzen und genossen die Sonnenstrahlen auf ihren Gesichtern, bis sie Michael laut lachen hörten.

«Die erzählen sich bestimmt gerade Geschichten aus alten Zeiten. Schön zu sehen, wie Freundschaften über so lange Zeit erhalten bleiben», sagte Alex.

«Ja … das ist wirklich schön!»

Alex bemerkte, wie er gerade eine absolute Stille in sich wahrnehmen konnte.

So, als hätte jemand all die Geräusche und den Lärm abgeschaltet und er befände sich nun in einem Zustand der gefühlten Schwerelosigkeit. Er konnte auf einmal wieder alles ganz klar um sich herum wahrnehmen. Wie vor wenigen Tagen, als er auf dem Weg nach Hause im Auto saß. Die Luft roch noch salziger, der Wind war noch klarer, die Sonne schien noch wärmer und das Gefühl der Zufriedenheit in seinem Herzen wurde immer größer.

Sam und Michael schwelgten währenddessen in Erinnerungen von früher. «Aber jetzt sag mal, Sam, was machst du denn jetzt gerade hier?»

«Ich wollte Faith, der jungen Dame, mit der ich hier bin, zeigen, wo ich aufgewachsen bin und … wo ihre Wurzeln liegen.»

Michaels Blick schweifte rüber zu Faith. Seine Augen wurden groß.

«Also … ist das …?»

«Ja!», antwortete Sam.

«Ich habe es gehört. Es tut mir sehr leid!»

«Danke, mein Freund. Deswegen bin ich genau zu diesem Zeitpunkt hier in Irland! Ich dachte mir, dass es ihr vielleicht hilft, zu erleben, wo ihre Familie herkommt.»

«Ich verstehe. Wenn ich in der Zeit, in der du hier bist, etwas für dich tun kann, dann lass es mich wissen!» Michael legte die Hand auf Sams Schulter.

«Danke, mein Freund! Es ist wirklich schön, dich wiederzusehen!», antwortete Sam und erwiderte die Geste.

«Das finde ich auch!»

«Da ist er!», rief ein kleiner Junge, der mit auf dem Boot unterwegs war und die ganze Zeit das Meer nicht aus den Augen gelassen hatte.

«Meine Damen und Herren, auf der rechten Seite können Sie den Delfin sehen, wie er ab und zu an die Oberfläche kommt», hörte man Michael aus den Lautsprechern.

Plötzlich herrschte reges Treiben auf dem Boot und überall wurden wie wild Fotos geschossen oder es war ein «Da!» oder ein «Wow! Wie groß er ist!» zu hören.

Sam stand mittlerweile wieder bei Faith und Alex, doch er schaute einfach nur verträumt aufs Meer.

«Ich werde auch mal ein Bild oder ein kurzes Video machen gehen», sagte Alex in die Runde.

«Ich auch. Auch wenn ich Delfine schon in Hülle und Fülle

gesehen habe … dieser hier ist ja irisch.» Faith schmunzelte.

Alex drehte sich noch einmal zu Sam um, der unverändert dastand, und fragte: «Willst du nicht auch ein Bild oder ein Video machen?»

«Nein, danke, der Moment ist perfekt für mich!»

Was diese Antwort in der Tiefe bedeutete, sollte Alex erst viel später erfahren.

Nach etwa einer halben Stunde waren sie zurück im Hafen. Sam und Michael tauschten noch einmal ein paar Worte aus.

«Vielleicht sehen wir uns noch einmal, bevor ihr wieder abreist?»

«Gut möglich. Gibst du mir deine aktuelle Handynummer? Dann muss ich dir keine E-Mail schreiben, sondern kann dich direkt kontaktieren, wenn sich noch eine Möglichkeit ergibt.»

«Das würde mich sehr freuen!», sagte Michael mit einem glücklichen Lächeln auf den Lippen und gab Sam sein Mobiltelefon, damit er seine Nummer eintippen konnte.

Die drei standen nun wieder am Ufer in der Nähe der Bank, auf der sie vorhin noch gesessen hatten.

«Dann lasst uns mal zurück zum Wohnmobil gehen.»

Sie flanierten durch die schönen Straßen und bewunderten, was es hier noch alles zu entdecken gab.

Kurz nachdem sie losgefahren waren, rief Alex plötzlich: «Supermarkt!»

«Ach ja, das wollten wir ja auch noch erledigen. Danke für die Erinnerung. Über das Gespräch mit Michael habe ich das ganz vergessen.»

«Worüber hast du eigentlich mit Michael geredet, als ihr da am Steuer standet?», fragte Faith.

«Och, nur ein paar Geschichten von früher ausgetauscht und uns gefreut, dass wir uns hier wiedergefunden haben.»

«Ah, ok …», sagte Faith mit einem ungläubigen Unterton, da ihr Michaels überraschter Blick aufgefallen war.

Nachdem sie im Supermarkt das Nötigste für die nächsten zwei Tage eingekauft hatten, sagte Sam laut: «Auf zum nächsten Abenteuer!»

«Na, da bin ich aber gespannt. Bis jetzt waren es immer tolle Überraschungen!» Alex konnte es gar nicht fassen, auf was für einem unbeschreiblichen Abenteuer er sich befand.

«Für heute Nacht habe ich einen sehr schönen Platz ausgesucht.» Dieses Mal setzte sich Alex vorne auf den Beifahrersitz.

«Bereit, wenn Sie es sind, Kapitän.» Er salutierte in Richtung Sam, wie er es bei Faith gesehen hatte, und grinste.

«Die Einstellung gefällt mir. Aber es wird keine allzu lange Fahrt!» Alex schaute über die Schulter zurück zu Faith.

Was ist denn mit ihr los? Seitdem wir vorhin im Hafen waren, wirkt sie auf mich wieder so schlapp und niedergeschlagen. Hat sie sich doch heute Morgen beim Baden im See erkältet? Oder ist es dasselbe Thema, was sich jetzt schon seit meinem ersten Gefühl am Samstag durchzieht? Nur … ich will sie nicht nerven, denn es scheint ein sehr persönliches Thema zu sein!

Als sie wieder auf der freien Bundesstraße waren, die sie weg vom Wasser führte, erkannte Alex erneut, warum man Irland mit grünen Wiesen verband.

«Ich habe es jetzt schon öfter erwähnt … aber ich finde es einfach nur krass, wie sehr das Grün hier leuchtet. Es wirkt so herrlich leicht und fröhlich!»

«Ja, ich liebe es auch», entgegnete Sam.

Einige Kilometer später erreichten sie eine Tankstelle.

«Ich werde dann einmal volltanken», sagte Sam.

«Alles klar, gib dann Bescheid, was du bezahlt hast. Die Tankfüllung würde ich gern übernehmen», erwiderte Alex.

Sam schmunzelte nur und stieg aus.

Als er zurückkam, hakte Alex sofort nach: «Und, wie viel hat es gekostet?»

«Oh, das habe ich gerade wieder vergessen. Aber es steht auf dem Kassenbon. Ich schaue nachher nach, wenn wir da sind.» Er schaltete das Radio an, rief: «Und weiter geht's!», und drehte die Musik auf.

Es ertönte ein Song von AC/DC und Alex erinnerte sich daran, dass Faith gestern zum Schlafen ebenfalls ein AC/DC-T-Shirt anhatte.

Doch diese brachte nur ein genötigtes «Yeah!» in einer Energie hervor, die nicht nach einem echten Yeah klang.

Sie fuhren weiter, wurden ständig in den Kurven nach links und rechts in die Sitze gedrückt, bogen um eine große Kurve in einer Bergspalte – und da war es wieder, das Meer.

Von der leichten Erhöhung aus hatten sie einen wunderschönen Ausblick auf das ruhige Wasser, die Wolken und die Sonne, die sich im Meer spiegelten, bis hin zum anderen Ufer, wo sich Berge erhoben.

Alex wollte wieder mit einem «Wow» sein Staunen zeigen, doch entschied sich, dieses Mal einfach nur dazusitzen und in Ruhe diesen Anblick zu genießen.

Sie gelangten zu einer langen, geraden Passage, weshalb sie plötzlich in der Ferne etwas sehen konnten.

«Ist das … Ja, das ist es, oder? Das ist aber ein langer …» Dieses Mal konnte Alex sein Staunen nicht unterdrücken.

«Sandstraaaaand!», rief Faith von hinten, die scheinbar wieder zu ihrer Freude gekommen war.

«Und wisst ihr was? Genau da werden wir den heutigen Abend verbringen. Ich glaube, wir haben uns doch eine Pause am Strand verdient, oder?» Sam zwinkerte Alex zu.

«Ja, absolut!» Alex stimmte mit extra aufgesetzter Stimme

zu. «Können wir ein Feuer machen und grillen?»

«Ich denke schon. Ich habe auf jeden Fall genau dafür eben im Supermarkt die paar Sachen noch eingekauft.»

Sam folgte der Straße, bis sie irgendwann rechts abbogen. Der Strand wirkte unglaublich groß! Und direkt am Eingang stand ein Restaurant mit alten Holzbänken, die einluden, draußen in der Sonne zu sitzen. Vereinzelt sahen sie verschiedene Beachflags und Fahnen, die im Wind wehten und die den Kitesurfern gleichzeitig ein Indiz waren, wie der Wind gerade stand. Das Schilf am Rand sorgte für einen angenehmen Kontrast und wie die Halme sich im Wind bewegten, machte den Anblick vollkommen.

«So, da sind wir», sagte Sam freudig. «Lasst uns hier etwas essen und danach einen Spaziergang auf dem Sand machen. Was sagt ihr?»

«Ja, ich glaube, das würde mir jetzt auch guttun», antwortete Faith.

Warum denn guttun? Ist ihr vielleicht einfach nur der Irische Kaffee von heute Morgen nicht bekommen? Na ja, vielleicht sagt sie es mir noch.

Und ich muss mich noch bei meinem Vater melden, der fragt sich bestimmt auch, wie es mir geht.

Kapitel 16 – Gespräche am Strand

Als sie parkten, sagte Faith: «Ich brauche gerade einmal ein paar Minuten für mich, bevor wir gleich essen. Ist das okay für euch?»

«Ja, das trifft sich gut. Ich möchte ohnehin meinen Vater anrufen und ihm ein Update geben.»

«Alles klar, dann gehe ich schon einmal zu dem Restaurant und organisiere uns einen Tisch», sagte Sam.

Faith legte sich auf ihr Bett, nahm sich die Kopfhörer und startete ihre Lieblingsplaylist. Sam machte sich auf den Weg zu dem Restaurant und Alex stieg ebenfalls aus und wählte die Nummer seines Vaters.

«Alex, schön, dass du anrufst, ich hab eben noch an dich gedacht!» Nach ein paar Sekunden fuhr sein Vater fort: «Eigentlich habe ich die ganzen letzten Tage sehr viel an dich gedacht und hoffe, du hast eine abenteuerliche und wundervolle Zeit.»

«Mir geht es wunderbar!»

«Wo bist du gerade?»

Alex schaute sich um, ob er irgendwo den Namen des Ortes lesen konnte.

«Inch Beach! Hier ist ein superlanger Sandstrand mit Surfern und allem, was dazu gehört. Sehr cool!»

«Wow, das klingt super! Und wie bist du dahin gekommen?»

Mist! Ich habe ja noch gar nicht erzählt, dass ich eigentlich mit zwei Fremden einfach so in ihrem Wohnmobil durch ein fremdes Land fahre. Dabei fühlt es sich gar nicht fremd an. Eher so … als ob wir gute Freunde sind, die sich nach langer Zeit wiedersehen. Wie ist das eigentlich so schnell passiert, dass ich derart vertraut mit den beiden wurde? Aber das findet er wahrscheinlich nicht verantwortungsvoll … Soll ich es …

«Alex?», unterbrach sein Vater seine Gedanken.

«Ja … also … das ist 'ne verrückte Geschichte … ich …»

«Ja?»

Alex seufzte: «Okay, also ich habe am Flughafen eine junge Frau in meinem Alter und ihren Onkel kennengelernt, die mit einem Wohnmobil unterwegs sind. Sie haben mich mit in die nächste Stadt genommen, und mit denen habe ich mich angefreundet. So ist es gekommen, dass ich jetzt mit ihnen durchs Land reise und somit viel sehe. Ich weiß, was du jetzt sagen wirst, aber …»

«Was werde ich denn sagen?»

«Na, dass es verantwortungslos ist, weil ich die zwei ja gar nicht kenne, und ich hätte mich früher melden können und ich soll bloß aufpassen und all solche Dinge.»

«Wie kommst du denn darauf?»

«Ich …»

«Alex, deine Mutter und ich haben früher so viele Dinge getan und erlebt, die heute verboten sind! Per Anhalter zu fahren bei einem Abenteuer ist immer riskant, aber so haben wir uns meistens fortbewegt. Ja, wir haben sogar einmal eine Nacht in einem Gefängnis verbracht … Aber die Geschichte erzähle ich dir irgendwann einmal. Und bei meinen Eltern, also deinen Großeltern, habe ich mich manchmal zwei Wochen nicht gemeldet, weil ich so beschäftigt war, die Welt zu erkunden.»

«Waaaas? Ihr zwei?! Und … Gefängnis? Warum weiß ich nichts davon?»

«Es ergab sich nie die Gelegenheit, über die Zeit zu sprechen. Und irgendwann warst du so mit deinem Job und deiner Karriere beschäftigt, dass ich dich damit nicht von deinem Fokus abbringen wollte.»

«Wow! Ich weiß gerade nicht, was ich sagen soll!»

«Alex, weißt du was? Ich vertraue dir und deiner Einschätzung der Lage, denn das hast du bestimmt von mir geerbt …»

Er lachte. «Und deswegen will ich jetzt auf deiner Reise erst wieder von dir hören, wenn du entweder in Schwierigkeiten steckst oder wenn du mir eine Uhrzeit nennen kannst, wann ich dich wieder am Flughafen abholen soll. Ansonsten bleibst du bei dir, bist offen und …»

«… neugierig für das Abenteuer wie ein Kind.» Das Lächeln auf Alex' Lippen wurde breiter.

«Ganz genau!» Nach ein paar Sekunden der Stille sagte Alex: «Danke schön für …»

«Selbstverständlich, Alex! Ich bin unglaublich stolz auf dich! Und jetzt erleb weiter dein Abenteuer, ich freue mich auf die Geschichten!»

«Ich … werde dir jede einzelne erzählen, vielleicht bei einem Bier zwischen Vater und Sohn?»

«Wenn du nur ansatzweise so viele Geschichten hast wie ich, brauchen wir eine ganze Kiste!» Sein Vater lachte.

«Ich freue mich drauf!»

«Ich mich auch! Viel Spaß, Alex.»

Nachdem er aufgelegt hatte, blickte Alex sich um. Sah das Meer und die Berge, den Sand, die Menschen. Er roch die frische Meeresluft und hörte ein paar Möwen, wie deren Rufe durch die Lüfte erklangen.

Wie kann es jetzt noch besser werden?

«Und? Was sagt dein Vater?», hörte er Sam ihn fragen, der gerade vom Restaurant zurückkam.

«Er freut sich auf all meine Geschichten und ist stolz auf mich!», antwortete Alex mit glücklichen und freudigen Augen.

«Da hat er allen Grund zu!» Sam legte seine Hand auf Alex' Oberarm und lächelte liebevoll.

Danach klopfte er an die Tür zum Wohnmobil, öffnete sie und gab Faith Bescheid, dass sie jetzt essen gehen konnten.

Alex hörte von draußen nur ein gedämpftes, aber freundliches: «Alles klar, ich komme.»

Sam und Alex warteten noch zwei Minuten und genossen die Sonne, bis Faith heraus kam.

Sie wirkte immer noch nicht ganz in ihrer Kraft, trug aber ein Lächeln auf den Lippen. Doch sie wussten alle, dass es nicht ihr sonst so natürliches und fröhliches Lächeln war.

Im Restaurant angekommen, setzten sie sich draußen auf eine der Bänke und bestellten etwas von der Karte.

«Vielleicht noch einen Irischen Kaffee?», fragte Sam und grinste.

«Auf keinen Fall. Der war zwar lecker, aber wenn ich jetzt noch mal Hochprozentiges zu mir nehme, ist der Tag vorbei!», antwortete Faith.

«Jaaaaa … nein, für mich auch nicht.» Die drei brachen in lautes Lachen aus.

Einfach nur dort zu sitzen und nichts vorzuhaben oder tun zu müssen, tat allen drei sehr gut.

Als sie mit dem Essen fertig waren, bestellte Sam sich noch einen Espresso.

Und als die Bedienung ihm das Getränk brachte, fragte Faith schmunzelnd: «Na? Gleich ein Rennen hier am Strand? Willst dich ein bisschen puschen, was?» Dann wendete sie sich zur Bedienung und fragte: «Wie lang ist der Strand?»

«Ungefähr fünf Kilometer», entgegnete diese freundlich.

«Na, Sam, wie schaut's aus?»

«Pass auf, dich häng ich dreimal ab.» Sam schnitt eine Grimasse, zog seine Schultern zurück und streckte die Brust raus.

«Vielleicht muss es ja kein Rennen sein, aber wie wäre es mit einem Spaziergang?», fragte Alex.

«Okay, Faith, einigen wir uns vorab auf unentschieden?» Sam setzte seinen unschuldigsten Blick auf, als täte er Faith damit einen Gefallen. Wieder lachten sie alle lauthals los und machten sich auf den Weg. Lange Zeit sagte niemand ein Wort. Mit der Sonne im Gesicht, Meeresrauschen im Ohr, frischer Seeluft in der Lunge und dem Kontrastprogramm von Bergen und Wasser, genossen sie einfach nur den Augenblick.

«Ich komme aus einer Vorstadt und habe auch schon immer dort gelebt. Aber wenn ich mir vorstelle, ich hätte so einen Strand und das Meer direkt in meiner Nähe gehabt, dann wäre meine gesamte Jugend anders gewesen!»

«Das ist das Schöne an Australien. Wir leben zwar nicht direkt am Meer, aber bei einer Fahrt von einer Stunde, was bei uns nicht viel ist, sind wir auch da. Es ist quasi nur ein paar Känguru-Sprünge entfernt», antwortete Faith und tat für einen kurzen Augenblick so, als spränge sie wie ein Känguru, und lachte dabei.

«Ja, wir waren früher oft hier. Haben auch manchmal eine Nacht im Auto verbracht und sind am nächsten Morgen noch mal in die Wellen gesprungen. Damals waren hier auch noch keine Kitesurfer. Zumindest nicht, als wir da waren. Michael, den ihr vorhin kennengelernt habt, war auch oft mit uns hier. Es war richtig schön!»

«Wow, das klingt echt wundervoll! Wo kommst du denn ursprünglich her?», fragte Alex neugierig.

«Das zeige ich euch noch auf der Reise», antwortete Sam vorfreudig.

Faith blickte, nachdem Sam wieder von früher erzählt hatte, traurig zu Boden und ging ein paar Schritte schneller.

Als Sam bemerkte, dass Alex gerade etwas zu ihr sagen wollte, legte er seine Hand auf dessen Schulter und schüttelte liebevoll den Kopf.

Wenige Augenblicke später war Faith bereits einige Meter von den beiden entfernt.

«Lass sie ruhig», flüsterte Sam liebevoll.

«Was ist denn mit ihr? In den letzten Tagen wirkte sie oft von jetzt auf gleich so traurig.»

«Nun ja, diese Woche hier ist … etwas schwer für sie. Aber ich will da auch nichts weiter drüber sagen. Wenn sie mit dir darüber sprechen will, wird sie es tun.»

«Ja, diesen Gedanken hatte ich auch schon! Ich habe sie auch noch nicht wirklich an ihrem Handy gesehen, dass sie mit Freundinnen oder so schreibt. Wenn es mir nicht gut geht, dann melde ich mich immer bei Freunden wie Jessica oder Steven.»

Sam lächelte weiterhin ruhig und sanft. «Weißt du … Faith hat nicht wirklich viele Freunde.»

«Wie? Warum das denn? Sie wirkt auf mich wie jemand, mit dem man unbedingt Zeit verbringen will.»

«Ist mir auch schon aufgefallen!» Sam schmunzelte und Alex' Blick ging verlegen zum Boden.

Sam fuhr fort: «Das hat wahrscheinlich auch mit mir zu tun. Dadurch, dass ich mit ihr immer viel über sehr tiefgründige Themen spreche, wie dir vielleicht auch schon aufgefallen ist, wurden die Gespräche mit vielen anderen in ihrem Alter und als sie noch jünger war … wie soll ich sagen …»

«Langweilig?»

«Auch das, ja, aber nicht auf eine abwertende Art. Faith merkte einfach, dass die meisten Themen, über die die anderen jungen Frauen redeten, sie nicht interessierten. Und so kam es, dass Faith nur ein paar Freunde hat, die sich ebenfalls mit Themen wie Persönlichkeitsentwicklung und dem Gesetz der Anziehung beschäftigen. Man kann es etwa so sehen, dass, wenn du einmal hinter den Vorhang geschaut hast, das, was vorher als Schauspiel auf der Bühne passiert ist, für dich enttarnt wurde und es dich von da an schneller langweilt.»

«Das klingt irgendwie nicht so toll. Ist sie denn nicht manchmal einsam?», fragte Alex betroffen, der dieses Gefühl ebenfalls von früher kannte.

«Nein, es ist für sie vollkommen okay. Sie weiß genau, was sie will! Und hat dadurch eine Entscheidung für sich getroffen. Unschön wäre es, wenn sie immer hin und her schwanken und sich dann selbst fertig machen würde! Aber sie ist komplett fein mit dem Fakt und erzählt sich keine dramatische Geschichte dazu. Eigentlich bist nur du derjenige hier, der es gerade traurig findet, da du es durch die Perspektive deiner Realität siehst.»

Alex fühlte sich ertappt, gestand sich den Wahrheitsgehalt von Sams Worten jedoch ein.

«Kopf hoch, es gibt gar keinen Grund, Trübsal zu blasen! Es ist einfach nur deine Realität.» Nach einer kurzen Pause erklärte er: «Der Grund hinter den emotionalen Schwankungen liegt darin, dass sie jetzt gerade nicht ganz weiß, was sie will!»

«In welchem Bereich?», fragte Alex erstaunt.

«Wie sie sich fühlen will!»

«Wie meinst du das?»

«Es geht bei uns Menschen im Grunde immer nur darum, wie wir uns fühlen. Alles, was wir tun, tun wir immer nur, weil wir davon ausgehen, dass wir uns danach besser fühlen, wenn wir dies oder jenes getan haben. Das ist im Grunde der einzige wirkliche Grund hinter jeder einzelnen Handlung!»

«Wow, wenn ich so darüber nachdenke, stimmt das wirklich!»

«Du willst nicht das Auto, sondern du willst das Gefühl von Prestige oder der Geschwindigkeit bei einem teuren Sportwagen. Oder das Gefühl der Sicherheit bei einem soliden Familienauto. Du bist ja auch nicht wegen Irland hierhergereist, sondern wegen des Gefühls des Abenteuers! Doch der größte

Fehler, den die meisten Menschen machen, ist: Sie gehen mit der Einstellung durchs Leben, dass sie erst etwas haben müssen, bevor sie sich so fühlen können, wie sie sich fühlen wollen. Sie sind also ständig in einer abhängigen Wenn-Dann-Realität. Dabei erkennen die wenigsten, dass wir uns, mit etwas Übung, nahezu immer so fühlen können, wie wir uns entscheiden, uns zu fühlen. Denn unsere Gefühle folgen bekanntlich immer unseren Gedanken. Und Faith weiß gerade nicht, wie sie sich fühlen will, und lässt sich deswegen von den Gedanken an diese Woche in einen kleinen Strudel ziehen.»

«Willst du damit sagen, dass …»

«Ja, dass wir zu jedem Zeitpunkt, solange wir in der Bewusstheit und dem Gewahrsein des Moments sind, wählen können, wie wir uns fühlen!»

«Das ist gerade zu groß für mich, das kann ich noch nicht ganz greifen!» Alex legte überfordert den Kopf in den Nacken und pustete kräftig in die Luft.

«Macht nichts, die wenigsten Menschen kommen komplett dahinter. Wichtig ist erst einmal nur, dass du weißt, was du wirklich willst, und dass du dich dann darauf fokussieren solltest, wie du dich fühlen willst. Die meisten Menschen dagegen halten nur nach äußeren Umständen Ausschau, die ihre Entscheidung untermauern. Damit machen sie sich jedoch immer nur weiter abhängig! Ich bin mächtig stolz auf Faith, denn sie schafft es fast jedes Mal, sich selbst wieder sehr schnell ins Bewusstsein und in die Klarheit zu bringen.»

«Ja, das ist mir auch schon aufgefallen! Sie ist in einem Moment nicht gut drauf und in wenigen Augenblicken scheint es wieder anders zu sein. Nicht immer komplett das Gegenteil, aber ich konnte schon oft eine starke Veränderung in einem kurzen Zeitraum bemerken.»

«Genau das ist es, was kleine Babys uns vormachen und was

wir von ihnen lernen können.»

«Emotionen zu verändern?»

«Genau! Sie schreien in einem Augenblick und lachen im nächsten. Sie leben ihre Emotion aus, weil sie sich keine Geschichte um diese Emotion erzählen. Wenn wir beispielsweise traurig sind, dann haben wir Menschen sehr oft schambehaftete Gedanken, weil wir glauben, dass wir dadurch schwach sind. Somit fangen wir an, uns selbst zu verurteilen, und fahren die Spirale hinunter. Doch je mehr wir erkennen, und Faith ist schon wirklich gut darin, dass Emotionen nur ein Werkzeug von uns sind, mit dem wir uns ausdrücken können, dann ergibt es keinen Sinn, sich weiterhin Geschichten über sie zu erzählen. Verstehst du, was ich meine?»

«Ich glaube, mein Kopf platzt gleich, aber gleichzeitig will ich noch mehr wissen!»

Sam lachte: «Ja, genau so ging es Faith früher auch!»

«Das Problem ist, dass die meisten Menschen glauben, bestimmten Emotionen unterlegen zu sein und diese immer und immer wieder durchleben zu müssen. Du kennst bestimmt Menschen, die fast immer lethargisch und traurig daherkommen, oder?»

«Du meinst, alle auf meiner Arbeit, ja?» Alex verzog das Gesicht. Sam betrachtete ihn kurz, als versuchte er, etwas in Alex zu sehen.

«Wenn das auf deiner Arbeit so ist, dann werde dir darüber klar, was du wirklich willst! So ein Umfeld passt nicht zu dir, oder?»

«Nein … nur …»

«Was ist es, was du wirklich willst, Alex? Du brauchst es weiterhin nicht jetzt beantworten, nur gib dir selbst das Geschenk der Klarheit!», sagte Sam mit einer absoluten Ruhe, dass Alex allein durch seine Worte verstand, was Klarheit bedeutete!

Sie schwiegen einen Moment und gingen ihren Gedanken nach, bevor Sam das Gespräch wiederaufnahm: «Aber zurück zu den lethargischen und traurigen Menschen. Sie durchleben gefühlt immer und immer wieder dieselben Szenarien, weil sie ständig an denselben Gedanken festhalten. Denn sie sind so sehr mit den Gedankenkonstrukten identifiziert, dass ihre gesamte Persönlichkeit und oft sogar schon ihr Körper als energetisches Feld genau darauf programmiert ist und dies somit immer wieder aussendet. Dadurch erfahren diese Menschen natürlich immer wieder dasselbe im Außen und sagen dann so was wie: ‚Ich stecke seit Monaten oder Jahren in dieser Situation fest!‘, doch in Wahrheit stecken sie nicht fest, denn wie wir ja wissen, steht Energie niemals still, also kann sie auch nirgends feststecken. Sie erschaffen sich einfach nur immer und immer wieder die gleiche Realität und die gleichen Umstände, ohne es bewusst zu bemerken. Denn das Gesetz der Anziehung gibt ihnen lediglich genau das, was sie aussenden, nicht mehr und nicht weniger. Ergibt das für dich Sinn?»

Alex starrte wieder in die Weite mit großen Augen und offenem Mund, als brauchte sein Kopf ein wenig Abkühlung von dem ganzen Wissen!

«Mir wird gerade so viel klar, Sam. Das Gespräch gerade hat so viel in meiner Sichtweise auf bestimmte Dinge verändert. Warum wird so etwas nicht an Schulen beigebracht?

Sam lachte: «Das kann ich dir nicht genau sagen, aber wenn jeder Mensch so leben würde, dann würde die Gesellschaft nicht so funktionieren, wie sie funktioniert. Und das Konstrukt der Gesellschaft will natürlich am Leben bleiben!»

«Wie darf ich das verstehen? Es würde doch dadurch den Menschen besser gehen und sie wären glücklicher?!»

«Das stimmt. Aber stell dir einmal vor, wie Milliarden Menschen plötzlich nicht mehr das Verlangen haben, irgendwelche Dinge zu kaufen aus dem Glauben heraus, dass sie danach vollkommener oder glücklicher sind, nur um kurze Zeit später zu erkennen, dass es nichts Langfristiges ist. Sondern diese Menschen sind einfach viel glücklicher, ohne neue Dinge zu kaufen. Die Wirtschaft, wie wir sie kennen, würde zusammenbrechen. Ich sage nicht, dass niemand mehr etwas kaufen würde, aber es wäre sehr viel weniger. Denn wenn Menschen anfangen, sich die Frage zu stellen: ‚Was ist es, was ich wirklich will?‘, dann …»

«… bemerken sie, dass sie in Wirklichkeit viel weniger wollen, als sie bisher glaubten. Und dadurch erkennen sie, dass sie bei ganz vielen Dingen nur dachten, dass sie sie wirklich wollen, aufgrund der Geschichten, Gedanken und Ideen anderer!»

«Ganz genau!» Sam lächelte, als er erkannte, dass Alex ihn verstand.

«Das darf jetzt wieder ein wenig sacken!»

«Gib dir die Zeit. Es ist ja kein Wettstreit!»

Sie richteten ihre Aufmerksamkeit wieder nach vorn und sahen, wie ein freudiges Lächeln auf sie zukam.

«Na ihr zwei? Überträgt sich Sams Lahmheit jetzt auch auf dich, Alex?»

«Na warte!» Sam rannte lachend zu Faith und versuchte, sie zu fangen.

Alex tat es ihm gleich und wenige Momente später hatten sie sie gefangen, fielen gemeinsam in den Sand und piksten Faith spielerisch in die Seite.

Diese hatte wieder dieses unbeschwerte, kindliche und fröhliche Lachen in ihrem Gesicht.

«Ich ergebe mich! Ich ergebe mich!», schrie sie.

Alle drei wälzten sich lachend am Boden. Als sie sich beruhigt hatten, lagen sie schweratmend da und schauten in den blauen Himmel, wo vereinzelt Wolken durch ihr Blickfeld zogen.

Ein einzigartiger Moment, dachte Alex und bemerkte, ein tief erleichtertes Lächeln auf seinen Lippen.

«Ich nehme an, ihr habt es euch schon gedacht, aber ich habe noch eine kleine Überraschung für später für euch!»

«Ich liebe Überraschungen!», rief Faith, noch immer lachend.

«Wie kann es jetzt noch besser werden?», fragte Alex zufrieden.

Sie blieben noch eine Weile nebeneinander still liegen und gingen dann wieder zurück in Richtung ihres Wohnmobils.

Kapitel 17 – Abrakadabra

Sie verbrachten noch zwei Stunden jeder für sich. Während Sam ein Nachmittagsschläfchen hielt und Faith in ihrem Bett Musik hörte und etwas in ein Buch schrieb, saß Alex vor dem Wohnmobil in einem Campingstuhl und blickte auf das Meer und in den Himmel.

So sehr ich es liebe, mich mit Sam und Faith zu unterhalten, ein wenig Ruhe ist auch unglaublich schön. Dieses Abenteuer ist echt so wunderbar ausgewogen. Ich glaube, ich hätte niemals im Vorfeld so viel planen können, wie ich durch diesen Weg erst entdeckt habe! Und wer weiß, was noch alles kommen wird! Was für eine unglaubliche Erfahrung, einfach mal für solch ein Abenteuer loszugehen!

Die Tür des Wohnmobils ging auf und Sam kam heraus. Seine Augen waren noch ganz klein und er musste sie erst einmal zusammenpressen und mit seiner Hand sein Gesicht beschatten, da die Sonne ihn noch blendete.

«Hast du hier draußen für uns Wache gehalten?»

«Kann man so sagen. Ich musste ein paar Räuber verscheuchen, aber sonst war es ganz ruhig», sagte Alex schmunzelnd.

«Sehr lobenswert. Ich werde dich zum Ritter des Wohnmobils ernennen!»

Alex lachte: «Ich wollte schon immer einen Adelstitel! Allerdings einen edleren als vielleicht den für ein Wohnmobil, aber für den Anfang reicht es!»

«Na ja, du weißt ja. Mach klar, was du …»

«… wirklich willst!» Alex zwinkerte ihm zu.

«Wo ist denn Faith?», fragte Sam.

«Sie liegt im Bett und hört Musik.»

«Ach echt? Ich bin nach meinem Mittagsschläfchen oft etwas durcheinander. Dann bin ich doch glatt gerade an ihr vorbeigelaufen. Ich hol sie mal.»

Die Sonne war mittlerweile schon auf dem Weg, am Horizont zu verschwinden.

«In etwa einer Stunde geht die Sonne unter und ich habe euch ja gesagt, dass ich noch eine Überraschung habe.»

Sam ging zum hinteren Teil des Wohnmobils, wo sich eine große quadratische Klappe befand. Er schloss sie auf und beugte sich hinein, sodass er fast komplett darin verschwand.

Alex hörte sehr gedämpft Sams Stimme: «Alex, ich glaube, du musst mir eben helfen. Es ist etwas schwerer und ich schaffe es nicht, es hinauszuziehen. Und Faith, wehe du lachst und sagst jetzt irgendwas.»

Faith lächelte und sagte: «Nee, nee, ich wollte dich nur anfeuern. Aber wenn du nicht willst … dann feuere ich Alex an. Go, Alex, du schaffst das!», und hüpfte dabei wild herum und wedelte mit imaginären Pompons wie eine Cheerleaderin.

Gemeinsam zogen Alex und Sam einen großen Sack aus der Garage des Wohnmobils.

«Ist das …?», fragte Faith.

Sam nickte. «Ja, Feuerholz für ein schönes Lagerfeuer heute Abend!»

«Oh, yes! Da habe ich richtig Lust drauf!»

Sie bereiteten alles vor, stellten die Stühle hin, bauten den Grill für ihr Abendessen auf und machten eine Kuhle im Sand, in der das Feuer später windgeschützt brennen konnte.

Als sie fertig waren, verbrachten sie die letzten Minuten noch damit, einfach die Sonne zu beobachten, wie sie langsam am Horizont verschwand.

«Dann lasst uns mal Feuer machen, bevor es kühl wird», sagte Sam entschlossen.

«Hast du auch dafür irgendeinen Zauberspruch, sodass das Feuer angeht?», fragte Alex verschmitzt.

«Selbstverständlich. Aber der ist noch geheim. Bis dahin würde ich einfach Grillanzünder nehmen, oder ist dir das zu unspektakulär?»

«Nein, das ist vollkommen okay für mich!» Alex lachte.

Sie zündeten das Lagerfeuer an und die tanzenden Flammen hypnotisierten alle drei in einen wohligen Trancezustand.

Nachdem es heruntergebrannt und heiß genug war, legten sie ihr Essen auf den Grill.

«Ich hole mal meine Bluetooth-Box, dann können wir noch ein bisschen entspannte Musik hören. Ich nehme an, keiner von euch hat zufällig eine Gitarre dabei und kann *Wonderwall* spielen, oder?»

«Zufällig nicht! Die ist mir leider gestern beim Rockkonzert kaputtgegangen.» Alex tat so, als ob er eine imaginäre Gitarre auf dem Boden zerschlägt.

«Hört, hört, wer findet denn hier gerade seinen Humor? Gefällt mir!», antwortete Faith anerkennend.

Dann stand sie auf, holte die Box und ließ leise im Hintergrund die Musik laufen.

«Möchtet ihr auch ein Bier?», fragte Sam, woraufhin beide nickten.

Mit dem Getränk in der Hand saßen sie für eine Weile einfach so am Feuer, hörten der Musik und dem Knistern des brennenden Holzes zu und blickten in den Himmel, wo vereinzelt Sterne zu sehen waren.

«Ich finde es einfach immer wieder verblüffend, wie viele Sterne und Planeten es gibt.» Faith klang sehr verträumt.

«Ja, das Gefühl kenne ich! Es wirkt auf mich immer sehr beruhigend, den ganzen Raum und die Weite zu den Sternen wahrzunehmen.» Sams Stimme klang völlig entspannt.

«Also ich bin ja schon immer davon fasziniert, wie die Sonne einfach alles ermöglicht. Ich meine, da ist ein Stern, irgendwo im Universum, und der brennt. Und Millionen Kilometer weiter sorgt dieser Stern dafür, dass Leben entsteht und dass solche Situationen wie diese hier erst entstehen können.»

«Weißt du, was wir von der Sonne lernen können?», fragte Faith Alex.

«Dass es gut ist, heiß zu sein?» Alex lachte.

«Das … auch! Aber ich meine noch etwas anderes. Wenn du dir überlegst, wie lange es laut den Hochrechnungen die Sonne gibt. Und wie lange die Sonne der Erde ihre Wärme bereits geschenkt hat, sodass hier überhaupt Leben entstanden ist. In all der Zeit hat die Sonne niemals zur Erde etwas gesagt wie: ‚Du schuldest mir etwas'. Sie ist einfach da und scheint. Das ist wie Liebe. Bedingungslose Liebe entsteht auch von innen heraus und ist nicht an äußere Umstände geknüpft.»

«Wow, so habe ich das noch nie gesehen!»

«Ja, es hat mich auch damals sehr bewegt, als ich es in einem Buch gelesen habe!»

«Aber kann man Liebe wirklich immer aufrechterhalten?»

Sam schaute ihn an: «Warum sollte man nicht?»

«Na ja, man sagt ja oft, dass Eltern ihre Kinder bedingungslos lieben. Oder dass das auch viele Paare tun. Aber was ist, wenn wir einen Extremfall nehmen und das Kind mit dem Feuer spielt und das ganze Haus abbrennt, oder einer von beiden in einer Partnerschaft fremdgeht und den anderen betrügt? Ich weiß, dass sind krasse Beispiele, aber ist es dann auch noch möglich?»

«Warum sollte es denn Einfluss auf die Liebe haben?»

«Weil man es richtig scheiße findet, was er oder sie gemacht hat!»

«Und?»

«Was meinst du damit?»

«Ich glaube, du hast noch nicht ganz den Unterschied zwischen mögen und lieben erkannt.»

«Welchen Unterschied denn?»

«Jemanden mögen bezieht sich auf die Person selbst, auf ihre Persönlichkeit sowie ihre Taten und Gedanken. Du musst nicht mögen, was jemand tut und denkt, du kannst diesen Menschen aber trotzdem lieben!»

«Meinst du …»

«Genau das! Lieben bezieht sich nicht auf die Person oder ihr Konstrukt der Persönlichkeit. Liebe bezieht sich auf den Kern des Seins eines Menschen. Den Teil, den jeder von uns in sich hat. Den Teil der Seele oder Higher Self oder wie auch immer du es benennen möchtest.

Du musst und sollst auch nicht alles gutheißen, was andere Menschen tun. Aber du kannst, wenn du bei dir in der Liebe bist, andere Menschen ebenfalls mit Liebe betrachten, unabhängig von den Dingen, die sie tun.

Es heißt in vielen alten Schriften, dass Liebe die höchste Frequenz ist. Doch mit dieser Liebe ist nicht das ‚Ich-liebe-Dich' gemeint, das eine Person zu einer anderen sagt, sondern die Frequenz, die allumfassend durch jeden und zu jedem Zeitpunkt fließt.

Man könnte sagen, wir selbst in unserer Essenz sind Liebe. Bedingungslose Liebe. Doch wir versuchen immer und immer wieder, diese Liebe mit äußeren Wenn-Dann-Faktoren zu beschränken und zu beeinflussen.

Du musst also nicht jeden und alles mögen. Aber du kannst trotzdem jeden und alles lieben. Denn die Liebe geht bis weit hinter die Fassade der äußeren Erscheinung.»

«Das ist unbeschreiblich … schön!» Alex konnte nur noch über diese Erkenntnis staunen. «Nicht wahr?»

Alex' Blick fiel für einen kurzen Moment auf Faith, die es aus dem Augenwinkel bemerkte. Doch sie schaute weiter auf den Mond, das Meer und die Sterne und lächelte für einen Moment noch mehr als sonst.

Ich muss nicht jeden mögen, kann aber trotzdem jeden lieben. Was ist das für eine machtvolle Aussage! Das muss ich meinem Vater sagen, wenn ich wieder nach Hause komme. Das wird er lieben! Ich bin sowieso gespannt, wie viel er von alldem, was ich hier erlebt habe, wirklich versteht und ob ich es ihm überhaupt erklären kann. Oh Mann, das wird spannend!

Sie saßen noch für eine Weile in Stille zusammen und jeder genoss die Gesellschaft der anderen.

Dann lehnte sich Sam nach vorne und sagte: «Ich geh jetzt schlafen. Wie ist es mit euch?»

«Ich bleibe noch ein paar Minuten», sagte Faith.

«Ich … auch.»

«Alles klar, dann macht bitte genügend Sand über das Feuer, damit es aus geht oder holt etwas Wasser aus dem Meer.»

«Natürlich!», erwiderte Alex. «Ach so … Sam?»

«Ja?»

«Gibt es wirklich so was wie einen Zauberspruch oder hast du das nur so aus Spaß gesagt? Ich will nur sichergehen. Denn ich habe in den letzten Tagen so viel gelernt, da traue ich euch mittlerweile alles zu!» Er lachte.

Sam schmunzelte: «Na ja, einen direkten Zauberspruch, womit ich Feuer entzünden kann, wie man es in einigen Filmen sieht, habe ich jetzt nicht parat. Aber ich kann dir trotzdem eine Art Zauberwort sagen. Willst du es wissen?»

«Aber so was von!», antwortete Alex blitzschnell und lehnte sich gespannt nach vorn.

«Es ist ein sehr altes Wort und wird meistens dafür verwendet, um kleine Kinder zu bespaßen.»

«Und welches Wort ist es?»

«Das Wort lautet: Abrakadabra!»

In diesem Augenblick ertönte aus Faiths Lautsprecher eine laute Stimme mit einem Lachen. Sie machte extra in dieser Sekunde das Lied *Crazy Train* von Ozzy Osbourne an.

Sam und Alex sahen sie mit hochgezogenen Augenbrauen an. «Was ist? Ich wollte die Stimmung etwas damit untermalen!» Sie lachte.

Danach machte sie das Lied wieder sehr leise, sodass man es nur ganz schwach im Hintergrund hören konnte.

«Wo war ich?», sagte Sam und dachte kurz nach.

«Abraaakadabraaaaa», sagte Faith mit einer verstellten Stimme, sodass es geheimnisvoll klang.

«Stimmt! Danke. Das Wort Abrakadabra kommt aus dem Aramäischen. Es ist nicht ganz hundertprozentig sicher, was es in der Übersetzung bedeutet. Aber die meisten Stimmen einigen sich immer darauf, dass es bedeutet: ‚Ich erschaffe durch meine Worte'. Bedeutet, dass deine Worte, die du aussprichst, Realität werden!»

«Das ist echt cool! Das werde ich mir auf jeden Fall merken! Aus irgendeinem Grund kommt mir das Wort auch bekannt vor. So, als hätte ich es erst kürzlich noch gehört. Ich kann dir aber nicht mehr sagen, wo genau.»

Faith mischte sich ein und erhob warnend ihren Zeigefinger. «Es gibt da nur eine Sache, die du beachten darfst!»

«Die da wäre? Muss ich es richtig betonen, weil sonst etwas Schlimmes passiert?» Alex lachte.

«Fast! Wenn du das, was du willst, für dich allein laut aussprichst, ist alles super! Wenn du über Dinge redest und andere Menschen hören dir währenddessen zu, dann stell sicher, dass diese Menschen ebenfalls auf der gleichen Frequenz oder höher unterwegs sind, als du es bist!»

«Wie meinst du das genau?»

«Wenn du zum Beispiel einen Freundeskreis hast, in dem die meisten keine Abenteuer erleben und sich kein Leben in Fülle und Freude erschaffen wollen, dann wirst du in solch einer Runde auf viel Gegenwehr stoßen. Sie können es nicht verstehen, warum du nicht den normalen Weg gehen willst wie alle anderen. Es übersteigt einfach zu diesem Zeitpunkt ihre Realität! Sprich deswegen die Dinge im Idealfall nur in Runden aus, von denen du weißt, dass diese Menschen Verständnis dafür haben oder dich sogar unterstützen! Sonst hast du schon sehr bald keine Freude mehr an deinen Träumen. Ich weiß, wovon ich rede!», sagte Faith in einem leicht traurigen Ton.

«Das … ist ein sehr guter Ratschlag. Danke, Faith!»

Sie holte einmal tief Luft, lächelte und sagte: «Sehr gern!»

Sam verabschiedete sich und ging ins Bett, während Faith und Alex noch eine Viertelstunde in ihren Campingstühlen saßen und diesen wunderschönen Nachthimmel genossen.

Danach holte Alex etwas Wasser aus dem Meer und Faith benutzte den Sand, um das Feuer zu löschen.

Sie packten die Campingstühle wieder in die Garage des Wohnmobils, räumten alles auf, machten sich bettfertig und gingen dann ebenfalls schlafen.

«Gute Nacht, Faith.»

«Gute Nacht.

«Ach, Faith?»

«Ja?»

«Ich danke dir für … alles bis jetzt! Du bist unglaublich! Und zusammen mit Sam … das tut einfach so gut, mit euch zu reisen. Vielen Dank!»

Für ein paar Sekunden hörte Alex nichts und dann kam von Faith: «Du hast es dir manifestiert, klopf dir einmal selbst auf die Schulter. Aber auch vielen Dank an dich, Alex! Es macht auch enorm viel Freude, dich dabeizuhaben. Schlaf gut.» Alex hörte das Lächeln auf ihren Lippen.

Kapitel 18 – Herr Thompson

Alex wurde von einem lauten Geräusch wach und öffnete die Augen. Er sah Sam, wie er in der Küche des Wohnmobils den Espressokocher befüllte, um Kaffee zu machen.

«Guten Morgen, ihr Schlafmützen!», rief er fröhlich.

Sam sah unglaublich frisch und erholt aus. Seine orangefarbene Softshelljacke stellte einen Kontrast zu seinen weißen Haaren dar. Er wirkte absolut in sich zufrieden, glücklich und schien komplett im Hier und Jetzt zu sein.

«Guten … Morgen», antwortete Alex nach einer kurzen Pause. «Ich fühle mich … irgendwie …»

«K. o.?»

«Ja. Als ob ich gestern ganz viel Sport gemacht hätte und mein Körper und Verstand einfach noch mehr Ruhe brauchen.»

«Das ist normal.»

«Wie meinst du das? Wegen der Seeluft?»

«Nein, wenn Menschen an einem Tag oft viele neue Erkenntnisse haben und viel Neues dazu lernen, dann sind sie am nächsten Tag sehr müde und fühlen sich ausgelaugt. Das hatte ich auch schon sehr oft in meinem Leben. Besonders, als ich damals im Alter von zwanzig bis dreißig große Entwicklungssprünge hatte, weil ich viel Zeit bei unserem Nachbarn Herr Thompson verbracht habe.»

«Hat er dir die ganzen Dinge beigebracht?», fragte Alex neugierig. Alex bemerkte, wie Faith sich etwas aus ihrem Bett herausdrehte, und hörte ein warmes und freundliches: «Guten Morgen, ihr zwei.» Sie lehnte sich auf ihre Bettkante, um ebenfalls gespannt zuzuhören.

Sam fuhr fort: «Das kann man so sagen. Herr Thompson hatte eine sagenhafte Fähigkeit, er konnte Geschichten erzählen wie kein anderer. Ich habe über die Jahre Hunderte Geschichten von ihm gehört. Seine Geschichten hatten immer eine tiefere Bedeutung, die ich teilweise erst Jahre später verstand. Doch er konnte sie so lebendig erzählen, dass ich mich heute noch an sie erinnern kann! Er war bei allen Menschen in der Straße und in der Gemeinde beliebt. Er lachte immer und war stets für einen da, wenn es einem schlecht ging. Er strahlte ständig pure Freude und Liebe aus. Als er starb, waren so viele Menschen auf seiner Beerdigung, dass viele draußen stehen mussten, da die Kirche überfüllt war … und lass dir sagen, es war eine echt große Kirche! Wenn ich mich so an die Zeit zurückerinnere, kann ich immer noch seine Präsenz spüren. Er war einfach unglaublich! Und von ihm lernte ich damals sehr viel von dem, was ich heute weiß und lebe.»

«Wow, das bedeutet es also, etwas Wertvolles zu hinterlassen», sagte Alex bewundernd.

Einige Momente später pfiff es aus dem Espressokocher: «Wer will Kaffee?», trällerte Sam munter.

«Ich würde dafür töten!», sagte Faith in einem dankbaren Ton.

«Das braucht es gar nicht, ein einfaches ‚Ja, ich, bitte' reicht vollkommen.» Sam lachte.

Alle drei zogen sich an und machten sich fertig für den neuen Tag. An diesem Morgen hatte Alex den Eindruck, als leuchteten die Farben des Mobiliars noch stärker und als wären die Konturen des Holzes noch schärfer. Erneut schien sich der Schleier verzogen zu haben, sodass er Dinge noch klarer sehen konnte. Dieses Gefühl, das er in den letzten Tagen mehrmals erlebt hatte, wurde mit jedem Mal intensiver.

Sam und Faith sahen Alex dabei zu, wie er in einer sehr konzentrierten Achtsamkeit alles beobachtete. Sie nickten sich einmal still zu und lächelten, als wüssten sie beide, was Alex gerade erlebte.

Alex drehte sich zu Sam und Faith: «Wisst ihr, wie sich …»

«Klarheit anfühlt?», vervollständigte Sam.

Alex schwieg und lächelte, da er erkannte, dass es hier keine Worte brauchte, um es zu beschreiben. Worte würden diesen Moment lediglich ruinieren.

Während sie die letzten Schlucke aus ihren Bechern tranken, fragte Faith: «Wo geht es denn heute hin?»

«Wir fahren jetzt erst mal so zwei bis drei Stunden ganz gemütlich und kommen dann nach Cork! Früher war ich selbst nicht ganz so oft dort, wie in anderen Städten. Aber das, was ich noch in Erinnerung habe, ist sehr schön.»

«Auf nach Cork!», antwortete Alex daraufhin entschlossen. «Faith, wäre es okay, wenn du bis Cork der Co-Pilot bist? Ich hätte gern ein wenig Zeit für mich mit meiner Musik, um die Dinge der letzten Tage zu sortieren.»

Sam saß schon auf dem Fahrersitz und Faith grinste Alex verschmitzt an. Sie ging ein paar Schritte zu ihm, lehnte sich nach vorn und flüsterte ihm ins Ohr: «Meinst du damit die ganzen Gespräche oder den See?»

Hat … hat sie gerade mit mir geflirtet?

«Ähm …» Alex kratzte sich am Hinterkopf und sein Blick ging abwechselnd rechts und links an Faith vorbei. Faith lachte kurz auf und setzte sich auf den Beifahrersitz.

Er atmete einmal tief durch, immer noch ungläubig über das, was er gerade gehört hatte. Danach ließ er sich auf die Bank nieder und öffnete seine Playlist auf dem Handy. Er steckte sich die Kopfhörer ins Ohr und drückte auf Play.

Die gesamte Fahrt über hörte er die absoluten Klassiker von Elton John, The Who, Cat Stevens, AC/DC, The Rolling Stones und viele mehr.

Es war die perfekte Fahrt. Sein Gefühl der Klarheit war immer noch präsent und die größten Hits der Geschichte klangen in seinen Ohren, während er aus dem Fenster in die leuchtend grüne Natur schaute. Dazu saß nur wenige Meter von ihm entfernt Faith, die ihm jedes Mal den Atem raubte, sobald er sie sah.

Er schmunzelte die gesamte Fahrt über und dachte sich ständig nur: *Wie kann es jetzt noch besser werden?*

Nach etwa zwei Stunden und vierzig Minuten kamen sie in Cork an. Zumindest etwas außerhalb, wo sie mit dem großen Wohnmobil parken konnten.

Als sie ihren finalen Parkplatz gefunden hatten, drehte Sam sich zu Faith und Alex und fragte munter: «Seid ihr bereit, Cork zu entdecken?»

Alex nahm seine Kopfhörer heraus und nickte lächelnd.

Faith sprang stürmisch auf: «Worauf warten wir noch?»

Als Alex sein Handy einpackte, bemerkte er, dass es hier gar keinen Empfang gab.

Na ja, nicht so wild. Wenn mich jemand erreichen will, dann wird er es auch noch mal versuchen.

«Ich würde sagen, wir schlendern so ein bisschen durch die Straßen, schauen, wo es uns gefällt, und frühstücken irgendwo etwas. Wie klingt das für euch?», fragte Sam.

«Großartig!», antworteten Faith und Alex synchron und lachten.

«Dann sind wir uns ja einig.»

Kapitel 19 – Die Energie des Geldes

Nachdem sie einige Straßen durchquert hatten und auch an einigen Parks, Kathedralen und verzierten Häusern vorbeigekommen waren, erreichten sie eine Straße mit sehr vielen Cafés.

«Hier ist es schön, was sagt ihr?», fragte Faith in die Runde.

«Ja», Alex legte eine Hand auf seinen Magen, «und ich habe auch echt Hunger!»

Sie flanierten weiter und betrachteten währenddessen ein paar der Cafés, da sie bei der Auswahl natürlich ein besonders schönes erwischen wollten.

Plötzlich blieben sie vor einem stehen, das nicht nur Frühstück, sondern auch Brunch anbot.

«Was haltet ihr hiervon? Nicht nur etwas frühstücken, sondern mal die ganze Bandbreite eines irischen Brunch erleben?»

Alex und Faith stimmten zu und so setzten sie sich hinein.

Überall war das Café mit dunklem Holz ausgestattet, in dem alte, irische Symbole eingraviert waren.

Es roch nach Brot, Eiern und Kaffee und aus den Lautsprechern ertönte leise entspannte Musik, die die Atmosphäre noch einmal auflockerte.

Eine Bedienung kam zu ihnen an den Tisch. Ihr roter Lippenstift stach sehr hervor und wurde durch ihr herzliches Lächeln so richtig in Szene gesetzt.

«Herzlich willkommen, mein Name ist Betty, was kann ich euch heute Gutes tun?», sie schlug verspielt wie Mary Poppins ihre Hacken zusammen.

«Dasselbe wollte ich dich auch gerade fragen, Betty. Bei so einer netten Begrüßung hast du jetzt schon was für uns getan, du bist großartig», sagte Sam und lächelte freundlich zurück.

«Oh, vielen Dank!» Sie streifte sich einmal durchs Haar.

«Wir drei würden gerne brunchen. Kannst du uns die Karten bringen, damit wir uns einen Überblick verschaffen können?»

«Natürlich. Soll ich schon etwas zu trinken mitbringen?»

«Ich hätte gern einen Pfefferminztee.» Sam blickte Faith und Alex an. «Wollt ihr auch welchen?» Als diese nickten, wandte er sich wieder der Bedienung zu. «Dann bring uns bitte eine große Kanne.»

«Kommt sofort!» Betty lächelte und ging mit einem eleganten Schwung Richtung Theke.

«Ist es nicht schön, anderen Menschen mit seinen Worten etwas Gutes zu tun? Auch wenn es nur ein Kompliment ist. Aber ich habe selbst schon so oft am eigenen Leib gespürt, wie sehr ein Kompliment meinen Tag verändert hat.»

«Und es ist nicht, weil du flirten wolltest, Onkelchen?», fragte Faith und stupste ihn in die Seite. Sam grummelte spielerisch.

«Nee, Quatsch, ich weiß genau, was du meinst.»

Alex überlegte und sagte nachdenklich: «Hm, ich habe auch schon öfter Komplimente bekommen, aber bei mir kommen sie meistens nicht so stark an, deswegen vergebe ich selbst auch nicht so viele.»

Sam kratzte sich am Kinn. «Es kann daran liegen, dass du sie einfach nicht gänzlich annimmst oder dass die Komplimente nicht von Herzen kommen. Ist dir schon einmal aufgefallen, dass die Menschen oft etwas sagen, es aber nicht so meinen?»

«Ja, klar, immer wieder!»

«Sie könnten sich so viele unnötige Worte sparen, wenn sie das, was sie sagen wollen, aus ganzem Herzen heraus sagen würden. Ein einfaches Dankeschön, das auf der Frequenz der Liebe, Dankbarkeit und Wertschätzung ausgesprochen wird, ist machtvoller als eine ganze Dankesrede, die lediglich die Oberfläche ankratzt!»

«Ja, das verstehe ich. Und was meinst du mit ‚annehmen'?»

«Na ja, du denkst Dinge, die dafür sorgen, dass du dich anders einordnest», antwortete Faith.

«Wo einordne? Wie in einer Schublade?»

«Ja … so kann man es sagen. Wenn du den Gedanken aufrechterhältst, dass zum Beispiel deine Arbeit nur zweitklassig und nicht wertvoll ist, ist deine Identifikation mit diesem Gedanken ab einem gewissen Zeitpunkt sehr tief in dir. Wenn dann von außen ein Kompliment kommt, dann erreicht es dich nicht, da du auf einer sehr niedrigen Frequenz schwingst in Bezug auf deine Tätigkeit. So, wie du bei deinem Radio nicht die Musik hören kannst, die auf 104 FM gesendet wird, während dein Sender auf 95 FM gestellt ist.»

«Ach so … ja, doch, das verstehe ich.»

«Du hörst zwar das Kompliment, aber du kannst es nicht fühlen. Du kannst es nur rational verstehen, aber es bewirkt in dir nichts! Das ist das Problem von vielen. Sie hoffen durch ein Fremdwertgefühl, dass ihr Selbstwertgefühl steigt. Doch das kann nicht funktionieren! Maximal für einen kurzen Moment. Denn die eigenen Gedanken bestimmen deine Frequenz, aber das weißt du ja jetzt schon!»

«Das stimmt. Das ergibt wirklich Sinn, wenn man es so einfach betrachtet.»

«Warum sollte man es denn unnötig schwer betrachten?» Sams Lachen ertönte für einen Augenblick im gesamten Café.

Da kam Betty schon an den Tisch und brachte den Tee und die Karten.

«Hier, bitte», sagte Betty zu Sam.

«Ich danke dir vielmals!», antwortete Sam in seiner ruhigen und sanften Art.

Betty atmete einmal tief durch und sagte anschließend mit einem leichten Lächeln: «Ich buche euch drei dann den Brunch.

Auf der Karte seht ihr, was es alles gibt. Fühlt euch frei, dort vorn an der Theke das zu holen, was ihr essen wollt.»

Alle drei bedankten sich und gingen zum Buffet.

Als sie mit vollen Tellern wieder auf ihre Plätze zurückkehrten, war inzwischen auch der Tee fertig gezogen und sie begannen zu essen.

«Oh mein Gott, ist das gut!», sagte Faith mit halbvollem Mund.

«Hammer!», nuschelt Alex, der fast keine Luft mehr bekam, weil er so schnell aß.

Sam lachte: «Brunch ist eher wie ein gemütlicher Marathon, kein Sprint! Lasst euch Zeit!»

Alex und Faith hielten inne und lachten, als sie sich vorstellten, welches Bild sie abgeben mussten, wie sie nahezu schon in ihrem Essen hingen.

Nach ein paar weiteren Minuten nahm Alex noch einmal die Karte zur Hand und stellte fest, dass der Brunch pro Person vierunddreißig Euro kostete. Er schluckte!

Uff, das ist aber heftig. Ich meine, ich habe ja Ersparnisse. Aber vierunddreißig Euro für ein Frühstück und ein bisschen Essen zusätzlich … So viel gebe ich normal nicht aus, sondern geh viel bedachter mit meinem Geld um. Oh Mann …

Sam, der ahnte, was in Alex vorging, kaute zu Ende, putzte sich mit der Serviette den Mund ab und verkündete: «Oh, ich habe noch gar nicht erwähnt, dass ich euch hierzu einlade, oder?»

«Oh, wow, danke schön!», jubelte Faith.

«Ähm …», brachte Alex nur hervor.

Das konnte er nicht wissen, dass ich jetzt gerade darüber nachgedacht habe … oder?

«Danke, aber das kann ich nicht annehmen. Du hast mir schon so viel gegeben mit Essen, Trinken und dass ich bei euch mitreisen darf.»

«Warum?»

«Warum was?»

«Warum du es nicht annehmen kannst?»

Alex stockte. Er hatte diesen Satz schon so oft gesagt, sich aber nie darüber Gedanken gemacht, was er wirklich bedeutete oder warum man ihn so salopp aussprach.

«Ich … ich kann es dir nicht sagen!»

«Glaubst du, du bist weniger wert als vierunddreißig Euro?»

«Natürlich nicht!»

«Warum sagst du aber dann auf diese Art, dass du es trotzdem glaubst?»

«Auch das kann ich dir nicht sagen … Ich glaube, ich will niemandem so viel wegnehmen oder jemandem auf der Tasche liegen.»

«Wenn du das tun würdest, dann hätte ich dich um einen Selbstkostenbeitrag bei der Reise gebeten, oder? Weißt du, was du gerade tust?»

«Was denn?» Alex riss erschrocken die Augen auf.

«Du denkst für andere! Du hast doch genug mit deinen eigenen Gedanken zu tun, oder nicht?» Sam lachte.

«Wow, das … das stimmt!» Alex machte eine kurze Pause. «… Aber … und bitte versteh mich nicht falsch, aber ich habe ja auch etwas gespart über die Jahre und ich weiß, dass es oft im Alter nicht so eine hohe Rente gibt und …» Alex senkte seinen Blick schüchtern nach unten, weil er dachte, dass Sam dies jetzt persönlich nehmen könnte.

Sam und Faith schwiegen vielsagend für ein paar Sekunden, die ihm wie eine Ewigkeit vorkamen. Seine Gedanken rasten.

Oh Mann, was habe ich gerade gesagt? Warum denke ich nicht vorher nach, bevor ich was sage? Ich bin aber auch ein Esel! Jetzt ist er bestimmt sauer. So was fragt man ja auch nicht oder spricht es an. Ist dies das Ende der gemeinsamen Reise? Werde ich Faith wiedersehen, wenn sich unsere Wege jetzt trennen?

Plötzlich brachen Faith und Sam in schallendes Gelächter aus. Völlig entgeistert starrte Alex die beiden an. Er verstand die Welt nicht mehr.

Wieso lachen sie jetzt? Lachen sie mich aus?

Er hatte mit jeder Reaktion gerechnet, aber nicht damit!

«Merkst du gerade, was du schon wieder tust?» Sam lachte und lachte.

«Ich …»

«Jaaaa, du denkst schon wieder so viel. Du hast gerade in den paar Sekunden so viel gedacht, dass wir deine Gedanken fast hören konnten. So verkrampft hast du dagesessen!»

«Ach ja? Das war mir nicht aufgefallen!» Als er sich dieser Tatsache bewusst wurde, stimmte er in das Lachen ein.

Als sie sich alle wieder etwas beruhigt hatten, nahm Sam das Gespräch wieder auf: «Und zu deiner Frage …»

«Sam braucht sich um Geld keine Sorgen zu machen. Genauso wenig wie ich!» Faith lehnte sich nach vorn und ergänzte Sams Satz.

«Wie? Warum denn das? Also, ich meine, das freut mich unglaublich für euch … aber verratet ihr mir auch, warum? Habt ihr im australischen Lotto gewonnen?», fragte Alex, dessen Körperhaltung schon deutlich entspannter war als noch vor wenigen Momenten.

«Na ja, nicht ganz. Abgesehen davon, dass ich weiß, wie das Gesetz der Anziehung funktioniert und ich mir dadurch immer alles erschaffen kann, habe ich einige Patente in meinem Leben entwickelt und an große Firmen verkauft. Dazu kommt, dass ich im Laufe der Zeit siebzehn Eigentumswohnungen erworben habe, die ich vermiete, und gleichzeitig besitze ich bei sehr erfolgreichen Firmen Aktien. Und für Faith habe ich schon vor vielen Jahren Ähnliches in die Wege geleitet, was sie ebenfalls finanziell absichert und es auch in Zukunft immer tun wird.»

Alex saß mit offenem Mund am Tisch und konnte nicht glauben, was er gerade gehört hatte.

«Wie … wie kann das sein?»

«Was meinst du damit?», fragte Sam.

«Du … ihr … seid immer so entspannt, glücklich und freundlich. Ich habe irgendwie ein anderes Bild von Menschen, die finanziell gut aufgestellt sind! Meistens sind in Filmen oder in Liedern die, die viel Geld haben, irgendwie hinterhältig oder gemein zu anderen. Aber wenn das hier ein Film oder ein Buch wäre, dann wärt ihr die Guten.»

«Merkst du es selbst?»

«Was meinst du?»

«Dass die Menschen von klein auf zu einem bestimmten Bild erzogen werden? Durch Bücher, Filme, Musik und Geschichten wird immer gelehrt, dass die mit viel Geld die Bösen sind und die mit wenig Geld die Guten. Dass die, die viel Geld haben, unglücklich sind, und die mit wenig Geld glücklicher. Soll ich dir was verraten?»

«Auf jeden Fall!» Alex lehnte sich gespannt nach vorn.

«Ich kenne richtig, richtig viele Menschen. Und in dieser Menge an Menschen ist alles dabei: Ich kenne finanziell arme Menschen, die glücklich sind, und ich kenne finanziell arme Menschen, die unglücklich sind. Ich kenne glückliche reiche Menschen und ich kenne unglückliche reiche Menschen. Du kennst doch bestimmt den Spruch, dass Geld allein nicht glücklich macht, oder?»

«Ja, klar kenn ich den. Den hat mein Lehrer in der Schule früher auch immer gesagt!»

«Na siehst du! Was mir aber in all meinen Lebensjahren aufgefallen ist: Ich habe noch nie ein Schriftstück, eine Ton- oder Videoaufnahme gesehen, in der das Geld behauptet hat, dass es existiert, um glücklich zu machen!

Die Aussage, dass diese Möglichkeit überhaupt entsteht, ist ein gesamtes menschliches Konstrukt und wird von denen aufrechterhalten, die meist kein oder wenig Geld haben.

Das, was Geld macht, ist, dass viele Dinge einfacher werden, da unsere Gesellschaft auf dem System des Geldes erbaut ist. Aber dass Dinge einfacher werden, bedeutet nicht, dass du glücklicher oder unglücklicher wirst. Kurzfristig mag es einen Unterschied machen, aber nicht für das wahre Glück, wonach du dich tief in dir sehnst.

Denn Geld ist nichts anderes als eine Art Energie.

Wenn du auf einer hohen Energie schwingst, dann bist du automatisch glücklicher und bringst gleichzeitig einen hohen Mehrwert für andere. Und Menschen haben es sich im Laufe der Zeit angewöhnt, Mehrwert mit Geld auszugleichen. Du musst natürlich, wie bei den Komplimenten, offen sein, sonst kann das Geld nicht zu dir kommen. Aber Geld ist nichts weiter, als eine vermenschlichte Interpretation von Energie.»

«Ich habe gerade so viele Erkenntnisse!», sagte Alex, während er immer noch mit offenem Mund dasaß. «Ich habe immer versucht, Geld zu sparen und nicht zu viel auszugeben! Und es hat sich immer schwer angefühlt.»

«Das passiert vielen! Geld zu sparen, ist nichts Schlechtes, aber es ist für dein Glück nicht so wichtig, was du tust, sondern eher, wie du es tust! Also mit welchem Gefühl dahinter. Weißt du noch, dass Energie immer in Bewegung ist?»

«Ja klar!»

«Es wird total anstrengend, wenn du versuchst, Energie dauerhaft zu lenken! Wenn du dich aber stattdessen daran gewöhnst, dass Geld kommen und auch gehen darf, und dies mit einem guten Gefühl tust, wirst du Geld mit einer ungewöhnlichen Leichtigkeit in dein Leben ziehen!»

«Also soll ich Geld auch ausgeben?»

«Natürlich nicht mehr, als du hast! Aber versuch mal, nur einzuatmen. Wir leben zum Beispiel davon, dass wir immer ein- und ausatmen. Wenn du krampfhaft versuchst Geld festzuhalten … auf welcher Frequenz bist du dann unterwegs?»

«Dass ich …», Alex überlegte einen Augenblick, «… Angst habe, es zu verlieren?»

«Ganz genau! Und wie du dir vorstellen kannst, ist das keine hohe Frequenz, sondern eine sehr niedrige, die genau dies durch das Gesetz der Anziehung wieder anzieht. Mehr Angst, mehr Kosten, mehr Schwere im Bereich deiner Finanzen. Willst du eine lustige Übung kennenlernen, um dich mehr an diesen Fluss des Geldes zu gewöhnen?»

«Ich will es ihm erklären!», rief Faith voller Eifer und richtete sich auf ihrem Stuhl kerzengerade auf.

«Ja, klar. Gerne!» Alex machte mit seinen Händen eine einladende Geste.

«Wenn du gehst, dann sagst du dir innerlich bei jedem Schritt etwas selbst. Du solltest es dir nur im Kopf sagen, da du sonst ab einer gewissen Schrittzahl nicht mehr hinterherkommst. Also, wenn du mit einem Schritt anfängst, sagst du zu dir selbst: Money in. Beim nächsten Schritt, dann mit dem anderen Fuß, sagst du dasselbe: Money in. Und beim dritten Schritt sagst du: Money out. Es erscheint im ersten Moment wie ein blödes Spiel, aber es hat mir damals sehr geholfen, mich daran zu gewöhnen, dass es vollkommen okay ist, wenn Geld geht, aber auch, wenn immer mehr Geld reinkommt, als rausgeht.»

«Ja, Faith liebte dieses Spiel, als ich es ihr damals gezeigt hatte! Sie hat es die ersten Wochen nahezu überall gespielt, wohin sie ging. Und sei es nur von der Couch in die Küche.»

«Das werde ich definitiv ausprobieren! Das hört sich nach einer lustigen Übung an. Aber, was bringen mir denn diese Worte?», fragte Alex neugierig nach.

«Sie werden dir helfen, dich darauf zu programmieren, dass du gelassener mit dem Thema Geld bist, dass du dir entspannt deinen Wohlstand aufbauen kannst und dir nicht so schnell Gedanken machst, wenn dich jemand zum Brunchen einlädt.» Sam zwinkerte Alex zu.

«Uhhh, du lernst ja doch noch Humor von mir! Der war gut!», schrie Faith durch das Café, sodass sie sich sofort den Mund zuhielt, als ihr bewusst wurde, wie laut sie gerade wirklich war.

Alex lehnte sich zurück und starrte auf seinen Teller, auf dem immer noch sein restliches Essen lag.

Sam konnte in seinen Augen ablesen, wie schnell er mittlerweile solche neuen Gedankengänge vertiefte und verstand, und dass er immer schneller die alte Identifikation mit bestimmten Gedankengängen erkannte und sie fix durch neue ersetzen konnte.

Plötzlich forderte Alex Sam aufgeregt auf: «Erzähl uns noch einmal von der Überraschung, von der du uns eben erzählt hast!»

Sam setzte sich spielerisch ganz gerade hin und schmunzelte, da er bereits ahnte, worauf Alex hinauswollte. «Habe ich euch eigentlich schon von der Überraschung erzählt, dass ich euch zum Brunch einlade?»

Faith verstand ebenfalls und spielte mit: «Juhuu, vielen Dank!»

«Wow, das ist sehr nett von dir Sam. Vielen Dank!», sagte Alex in einem gefassten Tonfall.

Für einen weiteren Moment war es totenstill, dann konnte

Faith nicht mehr an sich halten und lachte laut los: «Du kannst es ruhig mit echter Freude sagen und nicht, als hättest du einen Stock im … na ja, du weißt schon!»

«Ey, lass mich. Ich habe das noch nicht so oft gemacht, das erfordert noch meine Konzentration!»

Sie lachten alle drei und aßen danach gemütlich weiter.

Aus dem Radio ertönte Bruce Springsteen und vereinzelte Sonnenstrahlen verirrten sich durch die Fenster auf den Platz, an dem sie saßen.

Alex lehnte sich zurück und sagte entschlossen zu Sam und Faith: «Ich weiß jetzt, was ich zumindest in diesem Lebensbereich wirklich will!»

«Und das wäre?»

«Ich will mit Leichtigkeit und derselben Lockerheit, wie ihr sie beide habt, Geld in mein Leben ziehen!»

«Das ist eine gute Entscheidung, darauf ein Prost!»

Sie nahmen ihre Teetassen, stießen an und sagten gleichzeitig: «Sláinte!»

Kapitel 20 – Eine logische Konsequenz

Noch etwa fünfzehn Minuten genossen sie die Musik, den angenehmen Geruch der Backwaren, des Kaffees und die sanften Sonnenstrahlen, die die Muster auf dem Holz besonders hervorhoben.

«Ich bin komplett voll und kann für die nächsten Stunden nichts mehr essen», ächzte Sam. «Sollen wir weiter?»

«Ja, lass uns Cork entdecken!» Faith klatschte freudig in die Hände.

«Hier ganz in der Nähe gibt es, soweit ich mich erinnern kann, noch eine Burg namens Black Castle, sollen wir dorthin wandern?»

Faith und Alex nickten und somit machten sie sich auf den Weg. Sam spazierte mit seinen Händen hinter seinem Rücken hinter Faith und Alex und erfreute sich daran, dass die beiden es schafften, Cork mit einer wundervollen Präsenz im Hier und Jetzt wahrzunehmen. Andauernd zeigten sie auf die ein oder andere Sache und staunten über nahezu alles, was sie sahen.

Alex atmete einmal tief durch und strahlte bis über beide Ohren vor lauter Zufriedenheit.

«Hey, wisst ihr was?», fragte Alex.

«Was?» Faith riss schnell und gespannt die Augen auf, da sie ahnte, was jetzt kommen würde.

«Wie kann es …»

«… jetzt noch besser werden?» Faith und Alex vollendeten den Satz gleichzeitig und grinsten sich an. Sam lachte und freute sich über die Leichtigkeit der beiden.

Als sie zum Ende der Straße kamen, klingelte Alex' Handy, worüber er erschrak.

«Huch, ich war mir sicher, dass ich vorhin noch keinen

Empfang hatte!»

Er holte das Handy aus der Tasche. Auf dem Display erschien: *Michael, Chef.*

«Es ist … mein Chef. Warum ruft er mich im Urlaub an?»

«Vielleicht will er dir Geld geben!» Faith lachte. Alex war besorgt; er konnte sich alles vorstellen, nur nicht das! Er swipte auf seinem Handy nach rechts und nahm das Gespräch an.

«Hey, Alex», erklang es am anderen Ende der Leitung.

«Hallo …», antwortete Alex zögerlich.

«Wo bist du gerade?»

«Ich … ich bin in Irland. Spontan hingeflogen für ein Abenteuer.»

«Cool, ich hoffe, du hast eine gute Zeit. Du, Alex …» Michael stockte.

«… ich habe seit letztem Freitag nachgedacht und will dir einfach etwas mitgeben. Ich will dir nicht deinen Urlaub vermiesen, aber ich glaube, du hast gerade jetzt eine sehr gute Möglichkeit, darüber nachzudenken …»

«Und … das wäre?», fragte Alex weiterhin zaghaft und spürte das Grummeln der Angst im Bauch vor dem, was er jetzt hören würde.

«Ich glaube, du solltest dir Gedanken machen, ob du weiterhin bei uns arbeiten willst. Ich persönlich, auch wenn ich dich als Mensch sehr schätze, sehe dich nicht mehr bei uns in der Firma. Zumindest nicht so, wie es in den letzten Wochen und Monaten war. Ich weiß nicht, ob du es auch bemerkt hast, aber ich glaube, du solltest dir einmal Gedanken darüber machen. Gib mir gerne Bescheid, wenn du wieder zurück bist, wie du dich entschieden hast.»

Alex war sprachlos und wusste nicht, was er sagen sollte. Er wurde bleich und sein Gesicht sprach Bände, seine Hände waren schweißnass und er fühlte, wie seine Knie anfingen zu schlottern. Er stand wie angewurzelt an der Ecke der Straße, mit offenem Mund und dem Handy in der Hand. Faith und Sam, die ihn nicht aus den Augen gelassen hatten, sahen ihm seine Sorge und Angst an.

«Alex, bist du noch da?», hörte er Michael sagen.

«Ich … bin noch da. Ja. Ich weiß gerade nicht, was ich sagen soll.»

«Du musst dazu jetzt nichts sagen. Gib mir einfach Bescheid, wenn du wieder da bist! Ich muss jetzt hier auch weitermachen. Mach's gut, Alex, bis nächste Woche.»

Alex stand noch einige Sekunden regungslos da. Faith und Sam direkt neben ihm.

«Was ist los?», fragte Faith besorgt.

«Mein Chef hat mir gerade gesagt, dass ich nicht mehr in die Firma passe und ich mir Gedanken darüber machen soll, ob ich mich noch weiterhin dort sehe.»

«Ach sooo, ich dachte schon, es wäre etwas Schlimmes», antwortete Faith mit ihrer gewohnten Leichtigkeit.

«Es ist schlimm! Meine ganze Sicherheit beruht auf meinem Job! Wie soll ich denn jetzt Geld verdienen – und ich wollte doch daheim ausziehen. Das kann ich dann alles vergessen. Oh Mann … Dabei war der Tag bis jetzt doch so schön!»

Sam unterbrach ihn: «Sollen wir weiter, in Richtung Burg? Situationen lassen sich besser lösen, wenn man in Bewegung ist. Sonst fühlt man sich so schnell in ihnen gefangen!»

«Ja … okay!» Alex stimmte abwesend zu, noch immer in seine besorgten Gedanken vertieft. «Aber, was mache ich denn jetzt? Wie löse ich das Problem?»

«Welches Problem?», fragte Faith.

«Wie, welches Problem? Na das, was da gerade passiert ist!», entgegnete Alex schnippisch. Faith neigte ihren Kopf zur Seite, legte ihre rechte Hand auf seine linke Schulter und sagte in einer absoluten Klarheit und Ruhe: «Atmen! Es ist kein Problem, sondern nur eine Situation. Nicht mehr und nicht weniger. Wenn du die Situation als Problem deklarierst, machst du es dir ungleich schwieriger! Wir Menschen bringen mit Problemen immer schwere Umstände in Verbindung und manifestieren uns dadurch eben genau das weiter. Außerdem hast du dir das Telefonat heute manifestiert, also warum beschwerst du dich denn?» Sie lächelte, sodass Alex das Gefühl bekam, dass sie den totalen Durchblick hatte und er nicht mit dem Gesicht direkt vor einer Mauer stand.

«Faith hat recht!»

«Wie meint ihr das denn?»

«Würdest du sagen, dass du heute und die letzten Tage auf einer hohen und schönen Frequenz unterwegs warst?», fragte Sam.

«Es waren bis jetzt mit die besten Tage meines Lebens. Ich fühle mich so richtig lebendig und so klar. Wenn ich ehrlich sein soll, kann ich euch gar nicht sagen, wann ich mich jemals so gefühlt habe. Oder ob überhaupt!»

«Und welches Gefühl hattest du immer auf deiner Arbeitsstelle?»

«Na ja, es ging mir meistens …» Alex machte eine Pause, als er erkannte, worauf Faith und Sam hinauswollten.

«… nicht sehr gut. Ich fühlte mich eingesperrt und hatte kaum Freude bei dem, was ich tat.»

«Ganz genau. Und es hatte energetisch auch gepasst. Doch jetzt hast du bewusst eine deutlich höhere Frequenz eingenommen. Und du hast vorhin selbst gesagt, dass du für dich eine Entscheidung für Leichtigkeit und Freude getroffen hast, oder nicht?»

«Ja, absolut …» Alex' Stimme klang schon etwas munterer, da er wieder eine gewisse Klarheit erlangte.

«Es wäre kein Match mehr mit deiner Frequenz und der, wie sie auf deiner Arbeitsstelle ist. Ergibt das für dich Sinn?»

«Wenn du es so erklärst: Total! Aber ist es nicht etwas Schlimmes, wenn man seine Arbeitsstelle verliert?»

«Sagt wer?»

«Nun ja … die Gesellschaft eben.»

«Ist der Großteil der Gesellschaft glücklich?»

«Ich glaube, eher nicht. Auf Social Media ja, aber im echten Leben, denke ich, eher weniger!»

«Ich behaupte, dass die meisten Menschen sehr gezwungen durch ihr Leben laufen, weil sie die Dinge in ihrem Leben daran festmachen, was andere für gut und für schlecht halten, anstatt dass sie beginnen, ihre eigenen Einschätzungen festzulegen!»

«Also ist es nicht schlecht?», fragte Alex verwundert noch einmal nach, um sicherzugehen.

«Es ist, was immer du daraus machst. Sagst du, dass es schlecht ist, dann ist es schlecht. Sagst du, dass es eine Chance ist, dann ist es eine Chance. Sagst du, dass es die logische Konsequenz deiner Energie ist, dann ist es genau das! Weißt du, universell gesehen, gibt es kein Gut und Böse, kein Richtig und Falsch oder Gut und Schlecht. Es gibt nur die Ursache und die Reaktion des Gesetzes der Anziehung auf unsere Frequenz.

Und weil wir immer das erfahren, was wir für wahr halten, hat jeder Mensch zu jedem Zeitpunkt immer recht. Denn jeder spricht zu jedem Zeitpunkt aus der Brille seiner eigenen Realität. Also liegt es ganz an dir, ob es schlecht oder gut ist. Ob es eine Möglichkeit oder eine Depression ist.

Du wirst sowieso immer recht behalten. Seitdem ich das für mich erkannt habe, habe ich vor vielen Jahren für mich entschieden, dass ich einfach an das glaube, was ich will, da ich sowieso immer …»

«… recht behalten werde!» Alex fasste sich nachdenklich ans Kinn. «Kann ich euch noch etwas fragen?»

«Natürlich, wir sind doch ein Team!», sagte Faith und boxte ihm leicht auf die Schulter.

Alex lächelte. Er mochte dieses Gefühl der Leichtigkeit und Freiheit, das die beiden ausstrahlten.

«Ihr redet immer von dieser Leichtigkeit und das finde ich unglaublich toll. Nur, was ist denn mit der Sicherheit? Wie zum Beispiel … der Sicherheit des Einkommens, die ich durch den Job hatte? Sollte ich mir darum keine Sorgen machen?»

«Darf ich?», Faith grinste über beide Ohren Sam an, der nickte.

«Kannst du dich noch daran erinnern, als wir das erste Mal am Meer waren? Als wir über die Wellen sprachen und dass Energie immer in Bewegung ist?»

«Ja klar, das weiß ich noch.»

«Was ist denn Sicherheit? Was will uns eine ‚Sicherheit' geben? Und was ist sie in diesem Universum, wo immer alles in Bewegung ist?»

«Na ja, mit einer Sicherheit sind wir sicher.»

«Das ist … deine Definition von Sicherheit, ja? Das ist knuffig.» Faith lachte laut los und nahm Alex in den Arm.

«Soll ich dir sagen, was Sicherheit ist? Eine Illusion! Natürlich kann man hier und da Versicherungen abschließen, die eine gewisse Sicherheit versprechen und auch einhalten, wenn es mal so ist. Aber Sicherheit ist bei den meisten Menschen ein Gedankenkonstrukt, das sie um sich herum bauen, sich damit einengen und es nicht einmal bemerken!

Viele Menschen heiraten zum Beispiel, weil sie die Sicherheit haben wollen, dass ihr Lebenspartner sie nicht mehr verlässt! Sie wollen in der Beziehung ankommen.

Doch der Lebensbereich, indem du versuchst anzukommen, fängt in diesem Moment an, auseinanderzufallen! Wir sind nicht dafür da, um in mentalen Konstrukten der Sicherheit anzukommen.

Wir sind hier für das Leben selbst! Wenn du das Spiel des Lebens nicht liebst, wirst du immer versuchen, durch vermeintliche Sicherheiten zu entfliehen, und am Ende merken, dass du fast dein gesamtes Leben immer aus einer Angst heraus gehandelt hast.

Aber wenn du erkennst, dass du immer recht behalten wirst, warum dann nicht einfach einen Weg der Freude wählen. Einen Weg, von dem du weißt, dass du immer neue Jobs und Geld in dein Leben ziehen kannst. Einen Weg, der dir so viel Freude macht, weil du immer weiterwächst, dass du gar kein Interesse daran hast, irgendwo anzukommen ... weil es einfach so schön auf dem Weg ist.» Faith breitete die Arme aus, schaute in den Himmel und drehte sich bei den letzten Worten im Kreis. Dann fuhr sie fort: «Also hat es auch gar keinen Sinn, sich Sorgen zu machen. Außer du möchtest mehr davon!

Und ja, das kann anfangs chaotisch wirken. Aber wie könnte dich das Leben sonst überraschen und dir tolle Geschenke machen, wenn du alles zwanghaft versuchst, im Vorfeld abzusichern und zu planen?»

«Wow ... ich bin bis jetzt immer den Menschen gefolgt, die genau das Gegenteil gesagt haben. Die, die hart gearbeitet und alles immer geplant haben, damit auch alles nach ihren Wünschen aufgeht!»

«Ja klar, das funktioniert ebenfalls! Aber hast du diesen Menschen mal wirklich ins Gesicht geschaut?»

«Was meinst du?»

«Hast du gesehen, wie hart ihre Gesichtszüge sind?»

Alex erschien ein Bild des Gesichtes seines Chefs vor seinen Augen.

«Oh Mann, mein Chef hat auch so harte Gesichtszüge. So als ob alles anstrengend ist!»

«Genau davon rede ich! Menschen, die versuchen alles zu kontrollieren, vergessen zu leben, weil sie so sehr darauf verkrampft sind, dass alles in ihrem Leben funktioniert und zu einem Ziel kommt! Was bei den meisten deswegen passiert, ist, dass sie zwar ihr Ziel erreichen, aber andere Lebensbereiche total darunter leiden. Sie rechtfertigen es meist damit, dass es eben einen Preis hat! Aber ich glaube daran, dass man sich nicht entscheiden muss, wenn man alles haben kann!» Faith grinste in Alex' Richtung.

«Faith … ich liebe deine Art, die Dinge zu sehen!»

«Das habe ich von Sam, aber auch ein bisschen von mir!» Sie blinzelte zu Sam, der die ganze Zeit das Gespräch aufmerksam verfolgt hatte und unglaublich stolz auf Faith war.

«Aber bedeutet das dann, dass man zum Beispiel auch nicht heiraten sollte?», fragte Alex, der diesen Gedanken noch nicht ganz verstanden hat.

«Doch, natürlich kannst du heiraten. Aber wusstest du, dass statistisch gesehen heute jede zweite Ehe geschieden wird?»

«Davon habe ich schon einmal gelesen, ja!»

«Woran mag das liegen?»

«Dass man sich nicht mehr liebt?»

«Ja, das ist der Grund an der Oberfläche! Aber die meisten Menschen gehen in eine Ehe mit dem Gedanken der Sicherheit und des Ankommens. Sie denken, dass sie nun endlich jemanden an ihrer Seite haben, der sie glücklich macht. Jemanden, bei dem sie sich fallen lassen können und der ihre Sorgen löst! Das funktioniert vielleicht in den ersten Monaten oder zwei, drei Jahren ganz gut, wenn man noch die rosarote Brille aufhat. Aber später grenzt es nahezu an einen ausgewachsenen Egoismus! Im Grunde sagen die Menschen: ‚Los, sei nicht so egoistisch! Du sorgst ständig nur dafür, dass du glücklich bist. Sorge lieber dafür, dass ich glücklich bin! Du, Egoist.'

Aber jeder Mensch ist zu jedem Zeitpunkt für seine eigene Realität verantwortlich und somit auch für sein Glück! Wenn du das einmal verstanden hast und erkennst, dass Sicherheit und Ankommen mehr oder weniger Illusionen sind, die hauptsächlich durch Film und Musik weiter am Leben erhalten bleiben, dann erlangst du Freiheit von diesem Konstrukt!»

«Und was bringt es mir dann genau?»

Faith lächelte: «Dann kannst du zum Beispiel in eine Ehe gehen, weil du es aus der Fülle heraus willst und nicht, weil ein Teil in dir glaubt, es zu brauchen! Du wirst nicht abhängig und brauchst niemanden aus Mangel.

Sondern dann kommen zwei Menschen in einer Ehe zusammen, die beide unabhängig voneinander glücklich sind und die deswegen eine glückliche Ehe führen können. Ich denke, das schönste Ehegelübde, das man sich sagen kann, ist: ‚Ich wünsche mir für unsere Ehe, dass wir beide uns niemals brauchen, sondern uns aus einer Freiheit heraus immer wollen!'»

«Ich … glaube, ich brauch gerade noch mal einen Moment, um das zu verarbeiten.» Alex sah Faith für einen Moment in die Augen und fragte sich, wie es wohl wäre, mit ihr zusammen zu sein.

Faith zeigte auf einen Kiosk und unterbrach die Stille: «Ich hole mir eine Zitronenlimonade. Nach all dem Reden habe ich Durst. Wollt ihr auch?»

Sam und Alex nickten.

«Beide Zitrone?», fragte Faith nach.

«Ja, gerne», antwortete Sam.

Alex dachte kurz nach, grinste und sagte: «Überrasch mich!»

«Jetzt verstehen wir uns!» Faith lachte.

Kapitel 21 – The whole point of the dancing is the dance

Sie gingen weiter in Richtung Burg, bogen in die letzte Straße ein und konnten bereits das Wasser sehen, an dem diese lag.

Als sie dort angekommen waren, blickte Alex sich um.

«Das … das ist die Burg?», fragte er ungläubig und stemmte beide Hände in die Seite.

«Ja, das ist sie», antwortete Sam.

«Das ist … ein wenig enttäuschend, muss ich sagen, da hat sich der Weg ja fast gar nicht gelohnt.»

Na klar, die Burg hat viele kleine Türme. Doch die sind eher putzig, als dass ich dieser Burg den gewaltigen Namen BLACK CASTLE geben würde. Bei dem Namen erwarte ich doch irgendwie etwas Großes und Gigantisches. Und nicht so etwas, das aussieht wie die kleine Schwester einer richtigen Burg. Der Innenhof ist gemütlich und man kann sich auf ein paar Bänke setzen und etwas im Café kaufen. Es ist ganz nett … doch eben nicht das, was ich mir …

«Was meinst du damit?», unterbrach Sam seine Gedanken.

«Nun ja, wir sind jetzt sehr lange gelaufen und irgendwie …»

«Irgendwie hast du dir gedacht, dass das Ziel anders aussieht, als dieses hier?»

«Ja, genau. Irgendwie, dass der lange Weg hierher auch gerechtfertigt ist.»

«Also sagst du, dass der Weg sich nicht gelohnt hat?»

«Das will ich so nicht sagen. Aber … Es ist nur …»

«Es ist nur, dass deiner Auffassung nach das Ziel nicht befriedigend ist, obwohl du so viel in dessen Erreichung investiert hast?»

«So könnte man es sagen.» Alex' Blick ging zu seinen Füßen, die einen Kieselstein von rechts nach links schoben.

«Kopf hoch. Die Thematik haben ebenfalls die meisten!»

«Was meinst du damit?»

«Denk mal an das Gespräch von vor einer halben Stunde … über die Sicherheit, das Ankommen und das Vergessen des Weges.» Alex riss seine Augen auf, als er bemerkte, dass er gerade genau das tat, was viele machten: die Zufriedenheit nur am Ziel festzumachen und nicht auf den Weg zu achten.

Sam lachte: «Du brauchst gar nichts mehr sagen, ich sehe deinem Gesicht bereits an, dass du es selbst erkannt hast.»

Alex spürte, wie er rot wurde und sich Hitze im Gesicht ausbreitete: «Ich … ich wollte mit meinem Verhalten gerade nicht sagen, dass ich nichts aus unseren Gesprächen in dem Café und auf dem Weg heute mitgenommen habe oder dafür nicht dankbar bin. Obwohl ich heute so viel gelernt habe, habe ich einfach vergessen, wie wichtig der Weg ist. So unglaublich wichtig, besonders, wenn ich es mit dem Ziel vergleiche, was hingegen gar keine Relevanz hat!»

«Weißt du, was du gerade wirklich erkannt hast?», fragte Faith, die sich nun auch in die Unterhaltung einbrachte.

«Ähm … wenn du so fragst, wahrscheinlich nicht. Denn ich fühle mich nicht viel schlauer als vorher.» Alex grinste verlegen.

«Wenn Menschen zurückschauen, dann bemerken sie, dass die schönen Momente natürlich in Erinnerung bleiben, aber der Grund, warum ihnen ihr Leben erfüllt oder leer erscheint, liegt nicht an den Zielen, sondern an dem Weg dazwischen.

Die Ziele geben einem Menschen nur kurzzeitig Freude, solange sie ihren Fokus darauf richten. Du hast zum Beispiel gesagt, dass du einiges gespart hast, richtig? Wie fühlst du dich mit dem ganzen Geld auf dem Konto?»

«Ich … wenn ich jetzt dran denke, dann gut … obwohl es natürlich noch mehr sein könnte …»

«Ha, da siehst du es! Du fühlst dich nur gut über deine erreichten Ziele, wenn du aktiv an sie denkst! Und selbst dann fangen die meisten Menschen an, diese mit den Errungenschaften anderer zu vergleichen, und mindern somit ihre Freude darüber!

Aber das, was ihnen zu jedem Zeitpunkt wirklich Freude und Leichtigkeit bereitet, ist die Person, zu der sie auf dem Weg geworden sind. Die erreichten Ziele sind nur eine logische Konsequenz der persönlichen Entwicklung!»

«Das stimmt! Ich habe mich definitiv seit heute Morgen durch unsere Gespräche in einigen Denkweisen verändert. Und diese Burg ist zwar nicht das Ziel, das ich mir anfangs vorgestellt habe, allerdings war der Weg so wertvoll, dass auch eine große Burg nur das i-Tüpfelchen gewesen wäre!»

Sam schmunzelte zufrieden: «Wenn du diese Erkenntnis wirklich verinnerlichst, dann wird es alles verändern! Kannst du dich noch an den Namen Alan Watts erinnern?»

«Ja natürlich. Der gesagt hat, dass man nicht von dem Wort Wasser nass werden kann.»

Sam lachte: «Genau. Von ihm stammt ein weiterer Satz, den du dir merken solltest. Er sagte einmal in einem Vortrag Folgendes, was diese gesamte Erkenntnis auf den Punkt bringt: ‚The whole point of the dancing is the dance.'»

«Tanzen?» fragte Alex erschrocken.

«Das ist doch nur eine Metapher!» Wieder lachte Sam. «Es geht nicht darum, dass du anfangen musst zu tanzen. Es geht darum, dass du nicht tanzt, um am Ende irgendwo auf der Tanzfläche zu stehen, wenn das Lied vorüber ist. Das ist zwar das, was die meisten dir verkaufen wollen, nämlich, dass du am Ende des Liedes in der perfekten Pose dort stehst, um deine fünfzehn Sekunden Applaus zu bekommen. Aber es sind die Menschen, die das Tanzen genießen, egal wo sie auf der Tanzfläche stehen, die ihren Fokus auf das Glück haben.»

«Das würde ja bedeuten, dass ich gar keine Ziele haben sollte, oder?»

«Nicht ganz! Du sollst natürlich Ziele haben! Denn alles dreht sich immer um Expansion. Aber wenn du Ziele nicht brauchst, um glücklich zu sein, hast du die Freiheit, Ziele einfach zu wollen. Genauso wie das Thema eben mit der Ehe. Es gibt, wie du vorhin schon von Faith gehört hast, einen unglaublich großen Unterschied zwischen brauchen und wollen!»

«Das ist unfassbar gut! Ich merke gerade, dass ich in meinem Leben immer die Ziele fokussiert habe und sehr oft sehr angespannt war, als ich merkte, dass es gerade nicht in Richtung meines Ziels geht. Und das war immer unglaublich erdrückend!»

«So ergeht es den meisten Menschen, aber gleichzeitig glauben sie, dass es so sein muss.»

«Vielen Dank! Ich werde, glaube ich, ganz viel in meinem Leben überdenken müssen!»

«Sei gütig mit dir! Du hast fast dein gesamtes Leben ein Ziel-Konstrukt für deine innere Motivation aufgebaut. Das zu erkennen, kann anfangs sehr niederschmetternd sein.»

«Das merke ich …»

Faith lachte, stieß ihn aufmunternd im Gehen gegen seine Schulter und zwinkerte ihm einmal zu. «Kopf hoch!»

Sie liefen gemütlich den Weg zurück in die Innenstadt von Cork. Alex sah sich die meiste Zeit um und versuchte, den Weg in jedem Augenblick zu genießen.

Wow, wie sehr die Farben leuchten. Wie super grün das Gras ist. Wie schön die Vögel zwitschern. Welche wundervollen Formen die Wolken haben. War all das vorher auch schon so? Oder hat sich nur mein Blick auf dem Weg verändert? Ist es normal immer so intensiv? Oh Mann, das ist ja besser als Kino. Ich frage mich, wie lange dieser Zustand anhält.

Faith stupste Sam an und nickte in Richtung Alex, als wollte sie sagen: Er kann es wieder sehen!

Sam lächelte. Sie gingen weiter, bis sie sich irgendwann auf einer Bank niederließen.

«Wie lange hält es an?» Alex musste nicht erklären, was er damit meinte, denn ihm war klar, dass Sam und Faith es genau wussten.

«Solange du die Bewusstheit aufrechterhalten kannst! Doch aus der Erfahrung heraus ist es etwas, was du trainieren und immer wieder neu aufbauen darfst. Genauso, wie Sport machen oder Geld verdienen.» Faith lachte und zwinkerte ihm bei den zwei Metaphern zu.

Sie saßen in einer Fußgängerzone mit Bäumen, Bänken, einer kleinen Statue und wunderschön verzierten Häusern. Einige Hundert Meter weiter spielte ein Straßenmusiker, den sie bis zu ihrer Bank hören konnten.

Es war ein herrlicher Tag! Die Fußgängerzone war gefüllt mit Menschen und es herrschte ein wildes Treiben.

Auf der nächsten Bank saßen eine Frau in einem gelben Kleid und mit großem Hut und ein kleines Mädchen, das eine Latzhose und zwei rote Schleifen im Haar trug. Sie blickte immer wieder rüber zu Faith und vergaß dabei, an ihrem Eis zu lecken.

«Hannah, konzentrier dich!», sagte die Mutter in einem liebevollen, aber leicht vorwurfsvollen Ton und wischte währenddessen das Eis von Hannahs Hand, bevor es auf ihre Hose tropfte.

Faith schmunzelte und drehte wieder ihren Kopf nach vorne. In diesem Augenblick öffnete sich eine Lücke in der Menschenmasse und sie konnte klar das Schaufenster auf der anderen Seite dieser Passage erkennen.

«Ist das etwa …?!», rief sie laut heraus.

Kapitel 22 – Das zu tun, was man liebt ist … verrückt?

Alex und Sam folgten erschrocken Faiths Blick.

«Was ist da? Hast du jemanden gesehen, den du kennst?», fragte Alex nach, während er sich bereits wunderte, dass es ein sehr großer Zufall wäre, wenn sie jemanden aus Australien hier in Cork in der Fußgängerzone treffen würde.

Sam hingegen hielt kurz inne und verstand.

Er legte die Hand über seine Augen und sagte in einem leicht bereuenden Tonfall: «Ist es jetzt etwa soweit?»

«Ja! Es ist der perfekte Zeitpunkt!», sagte Faith.

«Was denn? Leute … sagt mir, was los ist.»

«Siehst du das dort vorne auf der anderen Seite der Fußgängerzone?»

«Was genau meinst du? Da ist so viel!»

«Ein Tattoostudio!»

«Ja … und?» Noch immer erschloss sich Alex die Aufregung nicht.

«Faith liegt mir, seit sie achtzehn ist, in den Ohren, dass sie gern ein Tattoo will. Ich habe es ihr nicht verboten, ich meine, wie könnte ich auch! Aber ich habe damals mit ihr ein Gespräch geführt und sie gebeten, dass sie es sich ganz genau überlegen und nur dann zu einem Tätowierer gehen solle, wenn sie sich zu einhundert Prozent sicher ist und es sich gut anfühlt! Niemals aus einem Impuls heraus, wenn sie glaubt, dass sie eins braucht, sondern nur, wenn sie wirklich eins will und es sich klar und leicht anfühlt.»

«Und der Moment ist gekommen!» Faiths Augen strahlten.

«Oh … ach so, das ist aber doch cool, wenn der Moment jetzt gekommen ist.»

«Genau! Was ist mit dir?» Faiths Stimme überschlug sich fast vor lauter Aufregung.

«Mit … mir?» Alex riss seine Augen auf. Er hatte noch nie darüber nachgedacht, sich ein Tattoo stechen zu lassen.

«Ja, willst du auch eins?»

«Ich habe keine Ahnung … ich habe wirklich noch nie darüber nachgedacht! Aber wenn ich so darüber nachdenke, hätte ich schon Lust! Aber …»

«Was *aber*? Soll ich dir was über das Wort ‚aber‘ sagen? In der Menschheitsgeschichte hat dieses Wort mehr Träume zerstört als alles andere auf dieser Welt! Wenn du über einen Friedhof gehst, liegen dort so viele Karrieren, ungedrehte Filme, ungeschriebene Bücher, Träume von nicht erfüllten Reisen, Beziehungen und Abenteuern begraben. Für immer begraben, weil diese Menschen sie nicht verwirklicht haben, weil sie selbst gegen sich gearbeitet haben mit diesem kleinen Wort!» Faith wurde immer energischer, während sie die Wichtigkeit dessen versuchte zu erklären, sodass sie sich fast verhaspelte.

«Also … ich habe schon echt Lust … nur … es ist vollkommen verrückt!» In diesem Augenblick hörten sie die Stimme des kleinen Mädhens, das mit seiner Mutter immer noch auf der Bank saß.

«Aber warum ist es denn verrückt, etwas zu tun, auf was du Lust hast? Wenn ich auf etwas Lust habe, dann mache ich das einfach. Das ist doch normal.»

«Hannah, halt dich bitte da raus, das geht dich nichts an!», ermahnte die Mutter sie freundlich, aber bestimmt.

«Das ist vollkommen in Ordnung», sagte Faith mit einem liebevollen Lächeln und legte den Kopf leicht zur Seite.

«Tut mir leid, sie macht das immer wieder. Sie gibt Leuten Ratschläge … Ich habe selbst keine Ahnung, woher sie das hat. Also von mir nicht und von ihrem Vater auch nicht!»

«Das ist wunderschön. Ihre Tochter ist etwas ganz Besonderes, wenn sie jetzt schon so offen und direkt mit Menschen sprechen kann. Wir Menschen brauchen mehr von Hannahs Kaliber», sagte nun auch Sam. Hannahs Mutter wirkte verlegen, lächelte jedoch stolz. Danach legte sie ihren rechten Arm um ihre Tochter und sagte: «Danke schön, ich bin auch stolz auf sie. Bis jetzt hat nur noch nie jemand so reagiert. Meistens sind die Leute beleidigt und sagen, dass Kinder sich nicht einmischen sollten.»

«Kinder haben das Geschenk, dass sie noch keine Filter vor ihren Augen haben. Sie wissen noch nicht, was andere für richtig und falsch, gut und schlecht halten. Sie sind viel mehr in der Freude des Moments und genießen ihn. Helfen Sie Hannah, diese Fähigkeit so lange es geht, am besten für immer, zu behalten. Sie ist wirklich ganz besonders.» Faith betonte den letzten Satz sehr deutlich, lächelte und zwinkerte Hannah noch einmal zu. Danach drehte sie sich wieder zur anderen Seite, wo Alex saß: «Und?»

Alex atmete einmal tief durch.

Oh Mann … ich habe ja echt Lust drauf. Aber was wird mein Vater sagen, wenn ich ihm das zeige? Bin ich jemand, der sich Tattoos stechen lässt? Soll ich es einfach machen? Immerhin sind es ja auch alles nur Gedanken, die mich gerade stören. Keine Fakten!

Er erwiderte Faiths Blick entschlossen und sagte: «Los geht's!»

Faith sprang auf und rief: «Juhuu, dann kommt!»

Sam, der immer noch schmunzelnd den Kopf schüttelte, stand gleichzeitig mit Alex auf und sie gingen in Richtung des Tattoostudios.

Sie öffneten die Tür und eine Glocke verkündete, dass sie den Laden betraten. Es war angenehm warm. An der Wand hingen überall Bilder von Tattoos, die in dem Studio bereits gestochen worden waren. Von Totenköpfen, Schmetterlingen, Tribals bis hin zu chinesischen Schriftzeichen und Portraits von Kindern war alles dabei. Lautes Summen verschiedener Tattoomaschinen schallte durch das Studio.

«Ich bin gleich bei euch. Einen Moment noch!»

«Alles klar!», rief Faith energisch in Richtung des hinteren Teils des Studios und näherte sich entschlossen der Theke.

«Hört ihr das?» Sie zeigte nach oben und machte danach das Rocker-Handzeichen.

«Sie spielen AC/DC! Also wenn das kein Zeichen ist!» Sie lachte und schüttelte den Kopf, als ob sie auf einem Konzert wäre.

«Haha, schön, dass dir die Musik gefällt!» Faith hielt inne und erblickte einen muskulösen Typen mit tätowierten Unterarmen und Händen, der gerade nach vorn kam, dicht gefolgt von einer schlanken Frau mit einem Undercut.

«Hey, ihr», begrüßte sie die drei freundlich. «Was können wir für euch tun?»

«Wir wollen uns ein Tattoo stechen lassen!» erwiderte Faith und zeigte auf Alex und sich.

«Da seid ihr an der richtigen Adresse.» Der Mann zwinkerte ihr spielerisch zu, um das Offensichtliche noch einmal zu untermalen. «Und habt ihr schon eine Vorstellung, was für eines es sein soll?»

Faith war für einen Augenblick erschrocken. Sie hatte so lange darüber nachgedacht, dass sie sich ein Tattoo stechen lassen wollte, dass sie gar nicht über das Motiv nachgedacht hatte. Sie hatte schon verschiedene Ideen gehabt, aber keines, das ihr wirklich zugesagt hatte.

«Nichts Großes ... mehr etwas ...»

«Symbolisches für unsere Reise hier. Vielleicht so was wie ein dreiblättriges Kleeblatt? So wie es für Irland typisch ist?» Alex war über sich selbst überrascht, als er registrierte, wie entschlossen er geklungen haben musste.

«Oh ja, das wäre mega! Geht das?»

«Na klar geht das, ihr seid hier in einem Tattoostudio. Wir können so ziemlich alles machen. Wie groß soll es denn sein und wohin?»

Faith zögerte erneut, weshalb abermals Alex, der weiterhin ungewöhnlich klar und direkt zu sein schien, antwortete: «Wie wäre es mit so drei bis vier Zentimeter Durchmesser unten am Fußgelenk auf der Innenseite?»

«Das ist perfekt, Alex!» Faith klatschte erfreut in die Hände.

«Alles klar. Gebt uns ein paar Minuten, wir suchen euch ein paar Motive raus.»

Zehn Minuten später legte der Tätowierer den beiden ein paar Blätter, mit verschiedenen Kleeblättern hin.

Während Faith und Alex die Motive eingehend betrachteten, kam ein Pärchen aus dem hinteren Teil.

«Vielen Dank, und wir sehen uns dann nächstes Wochenende bei uns auf ein Bierchen und in zehn Jahren wieder hier!», rief der Mann nach hinten, während er und seine Frau freudestrahlend und lachend das Studio verließen.

In diesem Moment kam auch die Tätowiererin wieder zu Alex, Faith und Sam nach vorne.

«Wollen Sie auch eins?», fragte sie Sam.

«Nein, vielen Dank!» Dieser winkte ab und lachte.

«Okay, und ihr zwei? Habt ihr euch entschieden?»

«Ja, dieses hier.» Faith zeigte auf eines, das ihnen beiden gefiel.

«Alles klar, dann brauch ich noch hier auf dem Formular jeweils eine Unterschrift und dann kommt mit nach hinten, ich habe schon die zwei Liegen gesäubert und desinfiziert. Da wir zu zweit sind, können wir euch gleichzeitig tätowieren. Wer von euch ist härter im Nehmen?» Die Tätowiererin konnte sich ein breites Grinsen nicht verkneifen.

«Ich!», sagte Faith prompt und stemmte lachend die Fäuste in ihre Seite.

«Okay, dann kommst du zu mir! James macht es immer etwas softer.»

«Das habe ich gehört!», rief der aus dem hinteren Teil des Studios, wo er die letzten Vorbereitungen traf.

«Spaß beiseite, wir haben beide den gleichen Stil und sind mehrfach ausgezeichnet.»

Alex und Faith legten sich auf die Liegen. Die Stelle wurde gereinigt und desinfiziert. Die Vorlage wurde auf einer Art Blaupause aufgesetzt, sodass sie schon eine Vorstellung bekamen, wie das Tattoo aussehen würde. Und nachdem beide ihr Okay gegeben hatten, ging es los.

«Wir brauchen nicht lange. Zwanzig Minuten ungefähr», sagte James.

«Tut's weh?», fragte die Tätowiererin Alex und Faith.

«Nein … ich habe es mir deutlich schlimmer vorgestellt!»

«Die Stelle ist auch ganz harmlos, da gibt es ganz andere Stellen!».

«Ich habe mir mal als Kind einen City-Roller gegen den Knöchel gehauen, das kann ich heute noch fühlen. Dahingegen ist das hier gar nichts!» Alex lachte.

Wenige Minuten vergingen, als Faith fragte: «Die beiden, die hier rausgegangen sind … Warum hat der Mann gesagt, dass ihr euch in zehn Jahren wieder hier sehen werdet?»

«Du bist echt aufmerksam! Das waren Phil und Susan. Wir kennen uns schon Ewigkeiten. Wir sind alle zusammen zur Schule gegangen. Die beiden sind, seit sie fünfzehn waren, ein Paar und haben mit zwanzig geheiratet. Heute ist ihr fünfzehnter Hochzeitstag. Deswegen haben die beiden sich ein Partner-Tattoo stechen lassen. Sie haben gesagt, sie wollten mal etwas Verrücktes tun, und dann haben wir ihnen das letztens vorgeschlagen, als wir zum Grillen bei ihnen waren.»

Jetzt brachte auch James, der Alex tätowierte, sich in die Unterhaltung ein: «Diese unglaublich gutaussehende Künstlerin hier ist meine Frau Alice.

Wir beide sind erst einige Jahre nach unserer Schulzeit zusammengekommen, so mit fünfundzwanzig, sechsundzwanzig. Und seitdem haben wir super viele Dinge erlebt und sind genau wie Phil und Susan unglaublich glücklich zusammen. Da wir uns alle noch aus der Schulzeit kennen, machen wir vier sehr oft was zusammen. Und gerade eben sagten sie uns, dass sie das nächste Partner-Tattoo machen lassen, wenn sie fünfundzwanzig Jahre verheiratet sind.» Während James das erzählte, hob er kurz seinen Kopf und schaute zu Alice herüber, die ihm verliebte Blicke zuwarf und ihm einen Luftkuss schickte.

«Ohhh, das ist wundervoll!», sagte Faith.

«Wie lange seid ihr zwei schon zusammen?», fragte Alice Faith.

«Wir sind nicht zusammen. Wir reisen nur auf diesem Abenteuer gemeinsam durch Irland!», erwiderte sie.

«Das ist aber schade! Ihr zwei scheint euch fast blind zu verstehen und gebt ein schönes Paar ab.»

Alex tat so, als hörte er dieses Gespräch nicht. Er wollte die Musik aus den Boxen und das Summen der Tattoomaschinen als Ausrede nutzen, falls es zur Sprache kommen sollte.

Aber aus dem Augenwinkel konnte er Faith sehen, wie sie verlegen schien und leicht rot wurde.

Das ist bestimmt nur wegen dem Tätowieren. Ich habe sicherlich auch einen roten Kopf ... Das hat bestimmt nichts zu bedeuten ... oder ... was, wenn ... nein, bestimmt nicht.

Die restlichen Minuten sagte niemand etwas, während James und Alice konzentriert den letzten Feinschliff vornahmen.

«Fertig!», sagten sie fast gleichzeitig.

«Ahhh, du wirst immer schneller!», sagte James lobend zu Alice.

«Und du immer besser!» Alice streckte ihm die Zunge raus. Beide lachten.

«Wie gefällt es euch?»

Alex und Faith stellten sich vor einen Ganzkörperspiegel und setzten ihre beiden Füße nebeneinander, um die Tattoos im Spiegel zu betrachten.

«Wunderschön!»

«Ja, die sind echt stark geworden. Vielen Dank!»

«Lasst uns schnell noch für die nächsten Stunden etwas Klarsichtfolie drumwickeln. Ansonsten denkt dran, es einzucremen und zu pflegen, bis alles verheilt ist.»

Eine Viertelstunde später gingen die vier wieder zusammen nach vorne, wo Sam sie bereits erwartete. Er stand auf, sagte: «Ich habe mir hier die ganzen Bilder angeschaut. Wie wäre es mit einem Totenkopf, hier am Hals?», und deutete mit seiner rechten Hand großflächig auf die Stelle an seinem Hals und verharrte so für ein paar Sekunden.

Jetzt stand Faith mit großen Augen da.

Dann fing Sam an zu lachen und er konnte an Faiths Körperhaltung erkennen, wie erleichtert sie war.

«Tu das nie wieder! Ich traue dir alles zu!» Sie stimmte in sein Lachen ein. Sie bezahlten, verabschiedeten sich, und machten sich auf zu ihrem Wohnmobil.

Als sie dort ankamen, hatte die Dämmerung eingesetzt und sie entschlossen sich, nach so einem Tag nicht mehr viel zu machen, sondern einfach nur noch etwas zu essen und dann schlafen zu gehen.

Sie holten sich Pizzen aus der Pizzeria an der Ecke und als sie im Wohnmobil saßen und diese aßen, breitete sich ein Grinsen über Alex' Gesicht aus.

«Was ist los?», fragte Sam.

«Ich habe gerade nur darüber nachgedacht, dass ich, als ich heute Morgen am Strand aufgewacht bin, niemals gedacht hätte, so viele Erkenntnisse zu bekommen, von meinem Chef zu hören, dass ich mich gern nach einer anderen Arbeit umsehen darf, und abends tätowiert ins Bett gehe!»

«Ja … wenn du nicht alles erzwingst, hast du die Freiheit, wirklich überrascht zu werden.»

Alex legte das Stück Pizza, das er gerade in der Hand hielt, in die Schachtel, hielt kurz inne, sah Sam und Faith an und sagte nur: «Es ist wirklich unglaublich schön mit euch!»

Faith erwiderte für ein paar Sekunden seinen Blick regungslos und antwortete mit einem sanften Lächeln auf den Lippen: «Gleichfalls, Alex.»

Sam beobachtete die beiden und schmunzelte in sich hinein.

Dann unterbrach er die Stille mit den Worten: «Wollen wir schlafen gehen? Morgen habe ich eine Überraschung für euch!»

«Schon … schon wieder?» Alex richtete sich kerzengerade auf und riss die Augen auf. Er wusste, dass, wenn Sam mit seinen Überraschungen um die Ecke kam, es jedes Mal ein Highlight wurde.

«Oh ja! Morgen wird es zuerst super schön und dann wird es wild. Ihr könnt gespannt sein!»

«Das bin ich!» Faith rieb sich erwartungsvoll die Hände.

Sam stand auf, um in den hinteren Teil des Wohnmobils zu gehen und sich fertig zu machen fürs Bett. Danach ging Alex nach hinten und schließlich zog Faith sich um, während Alex die Sitzbank und den Tisch wieder zu seinem Bett umbaute. Er legte sich hinein, gerade als Faith wieder nach vorn kam. Wie jeden Abend wollte sie über Alex in ihr Bett steigen und verlor dabei ihr Gleichgewicht. Hektisch griff sie zur Seite und fand plötzlich Halt.

Es war Alex, der blitzschnell reagiert und seine Hand ausgestreckt hatte. Ihre Hände und Finger hielten fest zusammen. Faith blickte erst auf die Hände und danach durch einige Haarsträhnen, die nun in ihrem Gesicht lagen, zu Alex.

Für einen Moment war es vollkommen still im Wohnwagen. Beide konnten ihr Herz schlagen hören. Sekunden später schüttelte Faith kurz ihren Kopf, als ob sie sich wieder aus einer Trance befreien wollte, und flüsterte mit einem warmen Lächeln: «Danke!»

«Keine … Ursache», sagte Alex in einem ungewöhnlich ruhigen und selbstsicheren Ton.

Faith kletterte in ihr Bett. Alex machte das Licht aus und nach einigen Minuten hörte Alex Faith nur noch sagen: «Gute Nacht, Alex. Bis morgen.»

«Gute Nacht», antwortete er und schlief wieder mit einem Lächeln auf dem Gesicht ein.

Kapitel 23 – Die Monster in unserem Kopf

«Aufwachen, ihr Schlafmützen!», ertönte es im Wohnmobil, was Alex und Faith aus dem Schlaf riss. Es war Sam, der schon angezogen in der Küche stand und wieder dabei war, Kaffee und Tee aufzusetzen.

«Wow, Kaffee und Tee? Was ein Luxus!» Alex schmunzelte.

«Natürlich, warum entscheiden, wenn du alles haben kannst?»

Eine noch verschlafene Stimme, die halb durch die Bettdecke und das Kissen tönte, sagte: «Guten Morgen! Wie spät ist es?»

«Es ist kurz nach sieben!», antwortete Sam voller Tatendrang.

«Warum … warum denn soooo früh? Durch das viele Gehen gestern bin ich noch echt k. o. und wir sind ja nicht einmal in den Bergen, wo ich den Sonnenaufgang bewundern kann!»

«Wir haben heute viel vor und einiges an Strecke, die wir noch hinter uns lassen dürfen.»

«Wo geht es denn hin?», fragte Alex, der sich gerade daran erinnerte, dass er gestern Abend schon so neugierig war.

«Wollt ihr das wirklich jetzt schon wissen, oder wollt ihr euch überraschen lassen?»

Faith linste mit einem leicht frechen Lächeln auf ihren Lippen über ihre Bettkante hinunter zu Alex. Ihre Blicke blieben für wenige Sekunden starr, bis beide fast gleichzeitig riefen: «Überraschung!»

Sam lachte und rieb sich die Hände.

«Heute wird wunderschön und wild zugleich! Macht euch fertig, dann können wir gleich starten.»

Alex und Faith zogen sich beide nacheinander im hinteren Teil um und machten sich fertig für den Tag.

«Faith, willst du heute wieder Co-Pilot sein?»

«Na klar!» Sie füllte noch ihre Tasse mit frisch gebrühtem Kaffee, den man im gesamten Wohnmobil riechen konnte, und ging nach vorne auf den Beifahrersitz. Durch die offenen Dachfenster schienen die ersten Sonnenstrahlen hinein und sie konnten die Vögel draußen zwitschern hören. Alex lehnte sich in seinem Sitz nach hinten, rutschte gemütlich etwas nach unten und rief in Richtung der Fahrerkabine: «Kann ich euch noch was fragen?»

«Natürlich.»

«Wie kann es jetzt noch …»

«… besser werden? Das wirst du gleich sehen!», antwortete Sam mit einem Lächeln in der Stimme.

Sie fuhren los. Alex schaute aus dem Fenster und betrachtete weiterhin die strahlend schöne Natur.

Was wird wohl mein Vater zu der Sache mit meinem Job sagen? Was würde Sam mir jetzt raten? Er würde wohl so was sagen wie: «Du solltest keine Sache aufschieben, wenn es dich jetzt schon belastet. Denn dann wird es nur noch immer mehr Ballast.»

Alex lächelte.

Wow, jetzt verstehe ich, warum es so wichtig ist, seine Zeit mit Menschen zu verbringen, die einen weiterbringen und einem guttun. Ich habe eine innere Stimme entwickelt, die so ist wie Sam. Ohne dass ich ihn fragen muss. Wie cool ist das denn?

Was würde Sam tun? Das ist eine wirklich coole Frage. Aber würde er das auch sagen oder bilde ich es mir nur ein? Ich werde ihn einfach fragen, dann weiß ich, wie gut mein innerer Sam schon geworden ist.

Alex lachte leise über diese Vorstellung.

«Sam, kann ich dich noch was fragen?»

«Selbstverständlich, was gibt es?»

«Ich habe gerade darüber nachgedacht, dass ich meinem Vater die Sache mit meinem Job gern sagen würde. Ich weiß aber nicht, wie er reagiert. Soll ich das jetzt schon machen oder erst, wenn ich wieder zurück bin? Was würdest du sagen?»

«Was ist denn das, was du wirklich willst?»

«Wie, was ich wirklich will?»

«Welches Gefühl willst du denn in diesem Bezug haben? Willst du dich gut fühlen?»

«Gut fühlen? Darüber habe ich nicht nachgedacht. Ist das wichtig?»

«Nun ja, hast du denn das Gefühl, dass du für den restlichen Trip viel darüber nachdenken würdest, was dein Vater eventuell sagt?»

«Ich glaube schon, ja!»

«Glaubst du, dass es dir mehr Freude macht oder eher anstrengend ist, wenn du ständig darüber nachdenkst?»

«Ich denke, dass es mit der Zeit eher anstrengend wird!»

«Dann sag es ihm gleich. Denn dann weißt du, was er sagt. Wenn du stets so viel Energie in etwas investierst, was eventuell passieren wird oder was jemand sagen wird, bringt es dich nur aus dem Hier und Jetzt weg und klaut dir ganz viel Energie. Wenn du dir bewusst wirst, wie du dich fühlen willst, hilft es dir immer bei deiner Entscheidung.»

«So was in der Art habe … ich auch gedacht!»

«Großartig! Der Punkt ist, wenn du das Gefühl hast, dass dich etwas in irgendeiner Richtung belastet, dann ergibt es immer Sinn, dass du die Sache direkt klärst. Es ist, wie wenn du eine leichte Hantel mit nach vorn ausgestrecktem Arm hochhältst. Die ersten Minuten sind kein Problem, aber je länger du sie dort hältst, umso schwerer wird sie, weil deine Kraft geringer wird, um den Widerstand aufrechtzuerhalten. Warum dann nicht einfach das sofort erkennen und sie ablegen.»

«Danke. Dann werde ich das jetzt direkt tun!»

Alex holte sein Handy heraus und wählte die Nummer seines Vaters. Es klingelte ein paar mal und dann hob er ab.

«Hey, Alex. Schön, dass du anrufst. Wie geht es dir?»

«Ich weiß, du hast gesagt, ich soll den Trip nur für mich nutzen, aber ich wollte dir etwas erzählen.»

«Ist was passiert?»

«Es ist was passiert, aber jetzt nichts Dramatisches ... glaube ich.»

«Und was?»

«Na ja, gestern hat mich Michael angerufen, du weißt, mein Chef.»

«Und ...?»

«Er meinte, dass er glaubt, dass ich mir besser einen anderen Job suche, weil ich nicht mehr ganz bei der Sache bin und er immer mehr schwindende Freude für die Arbeit bei mir bemerkt.»

«Großartig!»

«Wie ... großartig? Ich dachte, dass du dir jetzt Sorgen machst!»

«Ach Quatsch, Alex! Ich habe dir doch hier zu Hause vor ein paar Tagen gesagt, dass ich auch bemerkt habe, dass der Job dir nicht guttut. Jobs gibt es ohne Ende. Also wird es auch einen geben, der dich gut bezahlt und der dich erfüllt!»

«Wow ... Danke Papa. Danke, dass du immer so zu mir hältst und mich unterstützt!»

«Alex ... Immer! Ohne Wenn und Aber!»

Alex wusste für einen kurzen Augenblick nicht, was er sagen sollte. Er hatte sich das, was er gerade gehört hatte, zwar gedacht, doch konnte er sich nicht daran erinnern, dass sein Vater das jemals so direkt ausgesprochen hatte.

«Gibt es sonst noch was, Alex? Wo bist du denn gerade?»

«Nein, sonst ist nichts. Und wohin ... ja, das ist eine gute

Frage. Sam überrascht uns wieder einmal!»

Alex' Vater lachte: «Alles klar, ich freue mich jetzt schon auf deine ganzen Geschichten! Dann mach's gut, Alex!»

«Tschüss, Papa.»

Alex legte auf. Von vorne hörte er Sams Stimme: «Und? Wie war es?»

«Gut … sehr gut … Es war ganz anders als gedacht!»

«Na siehst du, wenn du das jetzt noch tagelang mit dir herumgetragen hättest, hättest du dir keinen Gefallen damit getan.»

«Das stimmt wohl!»

«Die Monster sind immer nur in unserem Kopf.»

«Monster?»

«Die Monster, die alles immer größer und schlimmer darstellen, als es ist. Wenn du es mal ganz praktisch betrachtest, ist jedes einzelne Problem und jeder einzelne Konflikt nur eine Situation. Die kleinen Monster in unserem Kopf fügen lediglich ein paar hysterische Adjektive dazu, sodass eine Situation plötzlich unüberwindbar erscheint. Ihre Lieblingsadjektive sind: gewaltig, groß, schwer, schlimm, extrem, niederschmetternd, erdrückend und viele weitere in diesem Kaliber.»

«Verstehe … aber warum nennst du sie Monster?»

«Das war mir gerade so eingefallen, denn als Kinder haben wir ja Angst vor dem Monster unter unserem Bett. Doch wenn wir nachgeschaut haben, haben wir erkannt, dass dort keine sind. Denn entstanden sind sie immer nur in unserem Kopf und wurden dort auch immer größer und böser, nirgends sonst.» Sam lachte und Alex stimmte ein. Je länger er mit Sam und Faith unterwegs war, umso weniger Worte brauchte es, um viel mehr Tiefe in dem Gesagten zu erkennen.

Kapitel 24 – Wie im Film

Nach ein paar Stunden sagte Faith zu Sam: «Also, wenn ich hier auf der Karte schaue, dann fahren wir doch eigentlich nach …»

«Genau!»

«Ohhh, wie cool! Aber warum biegen wir dann hier schon …? »

«Teil der Überraschung!»

Alex hatte das Gespräch nur am Rande mitbekommen und hätte sehr gerne gewusst, worüber die beiden sprachen, andererseits wollte er sich weiterhin überraschen lassen! Kurze Zeit später wurde die Landschaft noch grüner und noch schöner.

«Wow … wo … wo sind wir denn jetzt hier?», fragte Alex staunend.

«Wir … schauen uns noch einen Nationalpark an. Der ist super schön. Und dort gibt es eine Überraschung!»

Sie fuhren weiter und die Straßen wurden immer enger und kleiner, genauso wie, als sie kurz nach dem Start ihrer Reise zu dem Pass auf dem Berg gefahren waren.

Wenn uns hier ein anderes großes Auto entgegenkommt …

In dem Augenblick hörte er Sam bereits selbstsicher sagen: «Alles kein Problem, das mache ich doch mit links. Nach so vielen Kilometern bin ich es doch mit diesem Wohnmobil gewohnt. Nur noch ganz kurz, dann sind wir am ersten Stopp!»

Und so war es auch.

Wenige Minuten später hielten sie in einer kleinen Straßenbucht. Viel konnte man von dort noch nicht sehen. Sie stiegen aus und gingen noch ein paar Meter in Richtung der Klippe, wo bereits viele andere standen und mit ihren Handys beschäftigt waren.

Als sie bis nach vorne kamen, ertönte nur ein lautes «WOW!»

gleichzeitig von Faith und Alex.

Sie waren am Lough Tay. Ein großer See, der unten im Tal lag. Und von dort oben, wo sie standen, hatten sie den idealen Überblick über das gesamte Tal. Die Sonne spiegelte sich im Wasser wider und Vögel flogen sogar unterhalb von ihnen. Es war ein unglaublich schöner Anblick!

«Könnt ihr es fühlen? Diese innere Ruhe, die man von hier oben spürt?», fragte Sam. Faith und Alex, die immer noch mit offenem Mund staunend dastanden, nickten nur.

«Wie wunderschön ist das denn bitte?», hauchte Faith.

«Das ist es! Doch warte mal noch die Überraschung gleich ab!»

«Ich dachte, das hier ist die Überraschung!»

«Auch, aber die gleich wird dich noch mehr freuen.»

Noch mehr freuen? Was kann denn noch spektakulärer sein, als dieser Anblick hier? Ich frage mich überhaupt, wo genau wir sind.

Alex musste über sich selbst lachen.

Nicht wirklich zu wissen, wo ich bin, hat auch irgendwie was. Das wäre vor diesem Trip nicht denkbar für mich gewesen!

Nach etwa einer Viertelstunde, in der die drei meist schweigend nebeneinander standen und einfach nur den Anblick genossen, fing Sam wieder an, seine Hände zu reiben.

«Sollen wir zur nächsten Überrasch…?»

«Jaaaaa!», rief Faith und ging mit großen Schritten in Richtung des Wohnmobils, bevor Sam die Frage beendet hatte.

Alex sah ihr nur verwirrt hinterher und gemeinsam mit Sam folgte er ihr. Sie nahmen alle wieder Platz und dann erklärte Sam: «Es ist gar nicht weit … nur wenige Minuten.»

Sie fuhren los und hielten kurze Zeit später wieder am Straßenrand an. Nach einem erwartungsvollen Blick aus dem Fenster fragte Alex: «Hier … ist es?» Die Enttäuschung war ihm deutlich anzuhören. Sie stiegen aus, standen nebeneinander auf der

Straße und schauten auf die große, weite Fläche … Natur.

«Erkennst du es?»

«Noch nicht ganz …», antwortete Faith nachdenklich.

«Überleg noch mal.»

«Was soll sie erkennen? Hier ist doch nichts, außer hohem Gras, ein paar bunten Blumen, dieser Straße und dieser kleinen Brücke.»

«Brücke?» Faiths Augen wurden groß.

«Ja, wir sind gerade vor ein paar Metern über eine Brücke gefahren.»

Faith lief zur Brücke. Mit weit aufgerissenem Mund stotterte sie: «Ist das … ist das etwa?»

«Ja, das ist es! Ich habe es extra im Internet vorher rausgesucht und in meine Routenplanung mit einfließen lassen.»

«Wie unglaublich cool ist das denn?»

«Was ist denn hier? Habe ich was verpasst?», fragte Alex verwirrt.

Sam lachte: «Na ja, nur wenn du auf romantische Filme stehst!»

«Ich habe es erst nicht erkannt! Wann habe ich den Film das letzte Mal gesehen? Vor vier oder fünf Jahren! Woher wusstest du das immer noch?»

«Wollt ihr mich einmal aufklären?», fragte Alex und klang dabei leicht quengelig.

«Also, Alex …» Faith stellte sich aufgeregt vor ihn und fasste seine beiden Hände.

«Ich habe früher gern einen bestimmten Film geschaut, in dem sich zwei an genau dieser Brücke kennengelernt haben, weil sie sich verlaufen hatten. Es ist ein trauriger, aber schöner Film. Kennst du ‚P.S. Ich liebe Dich'?»

Alex hörte zwar ihre Worte, verstand jedoch deren Sinn nicht, weil er nur daran denken konnte, dass sie seine Hände hielt und wie wunderschön ihre Augen waren.

Ich hoffe, sie hat noch ganz viel über diesen Film zu erzählen.

Schließlich sagte er nach einer kurzen Pause: «Ja … ich glaube, ich habe davon gehört!»

«Versprich mir, dass du ihn bald einmal siehst! Und merke dir, wo wir hier gerade stehen. Du wirst die Szene sofort wiedererkennen.»

Faith ließ Alex' Hände los, drehte sich zu Sam und gab ihm eine lange und herzhafte Umarmung: «Danke, Sam! Das ist so eine wundervolle Überraschung!»

«Es freut mich, dass sie gelungen ist! Ich habe mir gedacht, dass es ein kleiner Traum von dir ist, da du diesen Film wie oft gesehen hast? Sieben-, achtmal?»

«Ich habe ab fünfzehnmal aufgehört zu zählen!»

Sam lachte, während Alex noch immer den Augenblick auskostete, wo Faith vor wenigen Sekunden seine Hand gehalten hatte.

Faith machte noch einige Fotos, atmete ein paar Mal diesen Augenblick ein und ging mit den anderen beiden wieder zurück ins Wohnmobil.

«Sam, noch mal … vielen Dank für diese wundervolle Überraschung!»

Er lächelte zufrieden, dass diese geglückt war, nickte und umarmte Faith erneut. Alex konnte ihm ansehen, wie sehr es ihn glücklich machte, wenn Faith glücklich war.

Was für eine wundervolle Beziehung die beiden zueinander haben.

«Dann können wir ja weiter zu dem wilden Teil, oder was meint ihr?»

«Oh ja!», rief Faith enthusiastisch.

«Wollt ihr mir auch verraten, wo es denn jetzt hingeht? Ich weiß ja noch nicht einmal, wo wir gerade sind», fragte Alex neugierig.

«Heute Nacht lassen wir die Hunde raus.»

«Sag so was nicht, Sam ... das ist so zweitausender!» Faith lachte.

«Was bedeutet das denn?» Alex wurde nun ungeduldig und wollte wissen, wo sie sich befanden.

«Wir sind gerade südlich von Dublin und heute Abend werden wir etwas in Temple Bar feiern, was haltet ihr davon?»

«Was ist denn Temple Bar?», fragte Alex.

Faith Blick war ebenso unwissend wie Alex'.

«Ihr wisst nicht ... ihr wisst wirklich nicht, was Temple Bar ist?»

«Klär uns auf, allwissender Meister.» Faith machte eine alberne Verbeugung und lachte dabei.

Sam lachte ebenfalls: «Hör auf! Temple Bar ist ein Stadtteil im Herzen von Dublin. Kleine, alte Straßen, unzählige Pubs mit Livemusik, Boutiquen, Künstlern und alle Arten von Restaurants, die ihr euch vorstellen könnt. Ich dachte mir, nach so viel Kultur und Natur können wir auch einmal das Nachtleben Irlands entdecken, was meint ihr?»

«Oh Mann, das ist definitiv noch besser! Mein Wunsch von heute Morgen wurde erhört!» Auch Alex stimmte in das Gelächter ein.

«Jaaa, lasst uns feiern!»

«Da wäre nur eine Sache. Ich will ungerne mit dem großen Wohnmobil durch die Innenstadt fahren. Ich würde es außerhalb stehen lassen und wir fahren mit dem Bus oder einem Taxi in die Innenstadt, das heißt auch heute Nacht wieder zurück. Wäre das okay für euch?»

Während Faith sofort zustimmte, überlegte Alex einen kurzen Augenblick und sagte dann: «Oder wir nehmen uns ein Hotel! Jeder ein Zimmer. Ich glaube, ein bisschen Luxus dürfen wir auch genießen. Ich lade euch ein! Zu dem Thema *Einladen*, habe ich erst gestern etwas von zwei ganz tollen

Menschen gelernt.»

Faith und Sam schauten sich an.

«Alles klar, Alex. Das nehmen wir gerne an! Kannst du schon einmal nach einem geeigneten Hotel suchen und reservieren? Möglichst in der Nähe von Temple Bar», sagte Sam.

«Das mache ich!»

Faith sah für ein paar Augenblicke zu Alex zurück, sagte jedoch nichts, hielt lediglich ein ganz besonderes Lächeln auf den Lippen, das Alex nicht deuten konnte. Dann drehte sie sich wieder nach vorn und ging zum Beifahrersitz.

«Auf nach Dublin!», rief sie.

Alex lehnte sich in seinem Sitz zurück und konnte nicht ganz glauben, was er alles auf diesem Abenteuer erlebte!

Ich glaube, das wäre ein extrem gutes Buch, wenn ich all das einmal niederschreiben würde.

Kapitel 25 – Fülle im Überfluss

«So, da wären wir!», sagte Sam erleichtert. «Ich bin echt froh, für heute kein Wohnmobil mehr fahren zu müssen. Das war einiges an Strecke und stellenweise super anstrengend. Aber bis wir heute Abend um die Häuser ziehen, sind es noch ein paar Stunden. Da kann ich mich noch einmal richtig ausruhen.»

«Das hast du dir auch verdient!», sagte Faith. «Vielen Dank, dass du immer das Wohnmobil fährst und wir die Fahrt genießen können!»

«Ja, vielen, vielen Dank, Sam! Es ist wirklich nicht selbstverständlich und ich bin dir für das Fahren unendlich dankbar! Und ich habe vorhin noch darüber nachgedacht, wie extrem erfüllend all das ist, was ich durch und mit euch auf dieser Reise alles gesehen und erfahren habe. Ich fühle mich wie ein komplett anderer Mensch!»

«Das bist du auch, Alex!»

«Ich glaube, ich weiß jetzt schon, dass die Antwort spektakulärer wird, als ich es mir jetzt denke, wenn ich frage, aber … wie meinst du das genau?»

Sam lachte leise: «Willst du denn eine umfassende Antwort oder eine, die salopp daher gesagt ist? Auch hier darfst du für dich entscheiden, was du wirklich willst! Wenn du dir angewöhnst, dir immer klarzumachen, was es ist, was du wirklich willst, bevor du redest oder handelst, wirst du sehr viel erfüllter auf deinem Weg sein.»

Alex holte kurz Luft. Allein diese Aussage hatte ihn wieder kurz zum Nachdenken gebracht, dabei war es noch nicht einmal die eigentliche Frage in Bezug auf seine Veränderung.

«Ja, ich hätte gerne die volle Ladung an Sams Wissen!» Er setzte sich spaßhaft ganz steif hin, als wollte er nun besonders gut zuhören.

«Alles klar. Du erinnerst dich daran, dass wir Menschen immer versuchen, irgendwo anzukommen, oder? Und dass dies ein fataler Fehler von uns ist?»

«Ja, daran kann ich mich sehr gut erinnern! Das war ein unglaubliches Aha-Erlebnis für mich!»

«Viele Menschen versuchen nicht nur in äußeren Faktoren anzukommen, sondern auch in ihrer Persönlichkeit!»

«Wie meinst du das?»

«Um es vorweg klarzustellen: Ich spreche nicht davon, dass wir nicht in uns in Frieden sein sollen. Das ist definitiv erstrebenswert. Ich spreche mehr davon, dass wir unsere Persönlichkeit nicht zu ernst nehmen sollten. Und auch nicht unseren Körper als angekommenen Punkt fixieren.»

«Also … bis jetzt verstehe ich noch nichts!», grummelte Alex ungeduldig über sich selbst.

«Lass es mich so sagen … was war für dich das Wichtigste, als du ein kleiner Junge warst?»

«Hmm … ich habe es geliebt, draußen mit meinen Freunden auf dem Fahrrad durch die Gegend zu fahren und auf Hügeln zu spielen."

«Super, und wie groß warst du etwa?»

«Na ja … so ungefähr ein Meter zehn.»

«Und sind diese Punkte an dir heute noch so?»

Alex lachte: «Nein, natürlich nicht!»

«Genau! Wir verändern uns körperlich im Laufe der Jahre. Bedeutet faktisch, dass unser Körper sich nicht nur alle paar Jahre auf einen Schlag verändert, sondern zu jedem Zeitpunkt. In den letzten zehn Sekunden wurden mehrere Hunderttausend Zellen in deinem Körper erneuert!

Und da Energie niemals stillsteht und dein Körper ebenfalls aus Energie besteht, bist du in keiner Sekunde so wie in der Sekunde vorher! Und genau so ist es mit deiner Persönlichkeit.

Wir nehmen unsere Persönlichkeit so unglaublich ernst, da wir mit ihr die stärkste Identifikation eingehen.

Doch dadurch, dass wir so mit ihr verstrickt sind, erkennen wir nicht, wenn langsam kleine Veränderungen an ihr stattfinden. Denn alles, was wir durch diese Brille der Persönlichkeit sehen, ist unsere Realität. Und die wird selten angezweifelt.

Bedeutet, dass du auch nicht alle paar Jahre einen Sprung in deiner Persönlichkeit machst, sondern dich jeden Tag durch deine häufigsten und dominantesten Gedanken in deiner Persönlichkeit veränderst.

Die Ängste, aber auch die Wünsche von heute, können morgen oder nächste Woche nur noch Schall und Rauch sein. Warum also so viel Wichtigkeit auf etwas legen, was faktisch nicht real ist?»

«Nicht real? Willst du damit sagen, dass wir alle nicht real sind?»

«Oh doch, wir sind schon hier. Nur wie kann etwas faktisch echt sein, was zu jedem Zeitpunkt seine Form verändert? Erinnere dich an die Lehre von Form und Raum.»

«Stimmt … das Gespräch im Park!»

«Genau! Deine Persönlichkeit ist eine Form. Eine Form, die sich ständig verändert. Also ist ein Festhalten an ihr nicht immer unbedingt förderlich. Besonders, wenn sie Aspekte beinhaltet und Frequenzen ausstrahlt, welche dir nicht dienen.

Aus diesem Grund bist du jemand komplett anderes, als du vor ein paar Tagen warst. Du bist sogar jemand anderes als noch vor wenigen Minuten, bevor wir mit diesem Gespräch angefangen haben. Verstehst du das?»

«Ich habe dafür auch erst mal ein paar Wochen gebraucht, Alex. Mach dir nichts draus!» Faith bestärkte ihn.

«Das werde ich wohl auch brauchen!»

«Es ist vollkommen normal. Etwas, was wir über viele Jahre

oder Jahrzehnte als so endgültig und wichtig erachtet haben, soll plötzlich so formbar sein wie Knete und gar nichts Wirkliches darstellen? Das darf man erst mal verarbeiten!» Sam machte eine Faust und verbarg sein Räuspern hinter einem Lachen.

«Ich glaube, jetzt kann ich wirklich ein Bier vertragen!»

«Du meinst ein Guinness!»

«Guinness? Ach ja, wir sind ja in Dublin! Ja natürlich, für mich gibt es heute nur das!» Alex lachte.

«Großartig! Hast du denn ein Hotel ausfindig machen können?»

«Ja, ich habe eines finden können direkt in Temple Bar. Ich habe uns eben online drei Zimmer reserviert.»

«Ich hoffe, mit gutem Ausblick!» Faith grinste dabei frech über ihre Schulter nach hinten.

Alex streckte ihr die Zunge raus: «Ja, ich habe extra eines für Prinzessinnen bestellt!»

«Na warte! Die Prinzessin trinkt dich heute Abend unter den Tisch!»

«Lasst uns erst einmal im Hotel ankommen. Da es nicht viel Sinn hat, das gesamte Gepäck mitzunehmen, packt euch einen Rucksack mit den wichtigsten Dingen. Wir sind ja nur eine Nacht in dem Hotel. Fünf Minuten reichen?»

Alex und Faith nickten und fingen beide an, ihre benötigte Kleidung und Utensilien für das Badezimmer zu packen.

Kurze Zeit später waren sie schon auf dem Weg zu einem Taxistand. Alex nannte dem Taxifahrer die Adresse, woraufhin dieser schmunzelte und fragte: «Party?»

Einen Moment schwiegen alle, bevor sie laut loslachten. «Ja, heute machen wir Party!» Faith jubelte mit erhobenen Händen.

«Ich kann euch ein paar Pubs nennen, wo es heute Nacht gute Livemusik gibt. Interesse?»

«Aber so was von!», sagte Alex.

Der Taxifahrer schrieb die Namen einiger Pubs auf einen Zettel, von denen er wusste, dass dort heute wirklich sehr gute Bands spielten.

«Wenn ihr in diesem hier seid» – er zeigte auf den Namen eines Pubs – «dann bestellt dem Barkeeper mit dem Vollbart schöne Grüße von Johnny. Er ist mein Cousin und er soll euch drei Schnäpse aufs Haus geben.»

Sam lachte: «So, wie ich Irland liebe!»

«Dein Akzent ist spannend, woher bist du?»

«Ich bin hier in Irland geboren, drüben im Kreis Kerry. Aber in meiner Jugend bin ich nach Australien gezogen und jetzt hier zu Besuch.»

«Ahhh, hab ich es mir gedacht, dass du einer von uns bist! Ich fühle das, weißt du?» Der Taxifahrer rutschte aufgeregt in seinem Sitz hin und her.

«Die Leute denken immer, ich wäre verrückt! Weil ich Dinge erahne. Aber für mich ist das normal, wisst ihr?»

«Ich … ich glaube wir wissen genau, was du meinst», sagte Alex mit einem Schmunzeln.

«Ha, dachte ich es mir! Ihr seid mein Schlag von Menschen! Ich wünschte, ich könnte heute mit euch Party machen, aber ich bin heute Abend nach der Schicht schon verabredet. Vielleicht das nächste Mal. Wir verlieren uns ja nie wirklich aus den Augen, richtig?» Er klopfte mit seiner Faustinnenseite zweimal auf sein Herz.

Der Taxifahrer bog um die letzte Ecke, bevor sie am Hotel ankamen, und Alex bezahlte ihn.

«Viel Spaß heute und wir werden uns wiedersehen …», rief er laut aus dem offenen Fenster, während er schon wieder weiterfuhr.

Alex lachte: «Was ein verrückter Typ!»

«Ja, aber liebevoll!» Faith stimmte lachend ein.

Die drei drehten sich um und betrachteten das Hotel, vor dem sie standen.

«Hier werden wir also heute Nacht schlafen?» Sam machte große Augen.

«Alex, siehst du das? Du hast es geschafft, sogar Sam zu beeindrucken!»

«Ja, das hier ist unser Hotel für heute. Ich dachte mir beim Buchen, dass es Geld und Fülle im Überfluss gibt. Warum das nicht auch zeigen?»

«Ich mag die Art, wie du denkst», sagte Faith, die ebenfalls ganz aufgeregt war.

Durch die goldene Drehtür gelangten sie in einen großen Empfangsbereich. Roter Marmor mit goldenen Kanten an der Theke und verspielten Mustern an den Säulen. Dazu Bereiche, wo der Marmor in einem Pastellgrün und ebenfalls mit goldenen Kanten und Ecken hervorstach.

Der Raum war hoch und ein Kronleuchter hing in der Nähe des Eingangs von der Decke. Rechts eine Warte- und Sitzlounge, in die auch ein Kamin in der Wand eingelassen war, der anscheinend mehr der Dekoration diente, als dass er wirklich benutzt wurde.

In der gesamten Empfangshalle tönte eine sanfte Musik. Keine Musik aus billigen Lautsprechern, sondern in einem vollen und klaren Klang. Es herrschte eine totale Wohlfühlatmosphäre ab dem ersten Moment.

An der Rezeption empfing sie freundlich eine junge Frau mit blonden, top gestylten Haaren.

«Herzlich willkommen! Wie kann ich Ihnen behilflich sein.»

«Hallo, als Erstes möchte ich sagen, dass das wohl mit der

schönste Empfangsbereich eines Hotels ist, den ich jemals von innen gesehen habe!»

«Vielen Dank, das hören wir öfter. Wir wollen unseren Gästen nicht nur einen Schlafplatz anbieten, sondern ein Erlebnis, das sie nicht mehr vergessen!»

«Das … ist euch gelungen! Ich hatte vorhin über das Internet drei Zimmer auf …»

«Ja, ich sehe sie schon! Drei Zimmer, vor etwa einer Stunde gebucht! Ich bin daher davon ausgegangen, dass Sie schon auf dem Weg hierher sind, und habe deswegen Ihre Zimmer als Erstes reinigen lassen. Diese befinden sich im siebten Stock. Hier», sie zeigte dabei nach links, «befindet sich der Aufzug. Ein Zimmer ist vorn und die anderen beiden Zimmer befinden sich weiter hinten im Flur.»

«Das vordere nehme dann wohl ich! Dann habe ich weniger zu gehen!», sagte Sam und lachte, woraufhin Faith stichelte:

«Alter Mann!»

«Super, vielen Dank. Gibt es sonst noch etwas Wichtiges?»

«Frühstück ist von sechs Uhr bis zehn Uhr dreißig und der Frühstücksraum befindet sich im neunten Stock mit einem phantastischen Blick auf die Stadt.»

Sie gab den dreien ihre Zimmerkarten und wünschte ihnen noch einen schönen Tag. Als sie auf ihrem Stockwerk ankamen, standen sie staunend vor einer großen Fensterfront mit einem wunderschönen Blick auf die Stadt. Dann gingen sie weiter den Flur entlang zu ihren Zimmern. Dunkelroter Stoff mit goldenen Karos zierte den Boden. Die Tapete auf den Wänden war weiß-golden und selbst hier sah man, dass es kein gewöhnliches Hotel war. Und dazu ein angenehmer Lavendelduft, der allein den Gang zu den Zimmern zu etwas Besonderem machte.

Nach wenigen Metern sagte Sam: «Siebenhundertvierundzwanzig. Das ist dann wohl mein Zimmer. Ich werde mich noch einmal hinlegen. Was meint ihr? In zwei Stunden treffen wir uns unten im Empfangsbereich?»

«Das klingt super. Ich will mich auch mal richtig warm duschen und entspannen, bis wir später um die Häuser ziehen!» Faith musterte die Kleidung, die sie selbst gerade trug.

«Geht mir genauso!»

Sie verabschiedeten sich und Alex und Faith gingen noch etwa fünfzehn Meter weiter. Alex' Zimmer befand sich auf der linken Seite und etwas weiter auf der rechten Seite war Faiths.

«Uhh, die Dame hat ein Eckzimmer!»

«Tja, wer kann, der kann!» Faith lachte, schaute Alex noch einmal für einen Moment in die Augen, drehte sich rum und ging zu ihrem Zimmer.

«Bis in zwei Stunden!», sagte sie über die Schulter und verschwand.

Kapitel 26 – Das Geheimnis des kollektiven Bewusstseins

Zwei Stunden später klingelte Alex' Handywecker. Als er in den Empfangsbereich kam, saßen Faith und Sam bereits in der Lounge rechts vom Eingang in zwei großen Ohrensesseln, die einander gegenüberstanden. Er war wirklich froh, solch ein tolles Hotel gefunden zu haben. Als Sam aufblickte und ihn sah, pfiff er anerkennend.: «Oh, là, là, sehr schick der Herr! Wen wollen Sie denn beeindrucken?» Er lachte.

Faith, die noch mit dem Rücken zu Alex saß, drehte sich über die Lehne zu ihm hin. Sie sagte nichts, lächelte jedoch und musterte ihn einmal von unten bis oben!

«Ich … ich hatte mir zu diesem spontanen Abenteuer ein schwarzes Hemd eingepackt. Ich dachte mir, dass es nicht schaden kann! Ihr beide seht sowieso immer schick aus, da musste ich doch auch einmal nachlegen!» Er kratzte sich verlegen am Hinterkopf.

«Sieht sehr gut aus.» Faith nickte und blickte ihm danach für einige Sekunden ohne ein Blinzeln in die Augen.

Auch wenn sein Outfit schlicht war, fühlte Alex sich mit seinen weißen Sneakern, der dunkelblauen Jeans und dem schwarzen Hemd wirklich wohl.

Faith trug ebenfalls eine enge Jeans, modische halbhohe Schuhe, die nach oben hin immer offener wurden. Ein weißes Top mit einem kurzen Shirt darüber, auf dem die Rolling-Stones-Zunge in Glitzersteinen abgebildet war. Die Haare offen, mit einer Strähne, die sie zu einem kleinen Zopf an ihrer linken Seite geflochten hatte.

Sam trug ein Polohemd mit einem Pullover über den Schultern, eine hellere Jeans und dunkle Schuhe.

Sam, der wohl mehr Geld hat, als die meisten Menschen in den Pubs nachher, sieht am unspektakulärsten von uns aus. Das ist ir-

gendwie beeindruckend!

«Können wir dann?», fragte Faith in einem ungeduldigen Ton. Sie sprang förmlich aus ihrem Ohrensessel auf.

«Wisst ihr, wofür Temple Bar noch bekannt ist?»

Die beiden sahen ihn fragend an.

«Essen! Hier gibt es sehr viele verschiedene Restaurants und Imbisse. Wir sollten eine Kleinigkeit essen, bevor es in die Pubs geht!»

«Seeeeeehr gute Idee!», antwortete Faith und fasste sich mit ihrer rechten Hand an den Bauch.

«Definitiv! Ich glaube, wenn ich nichts esse, bin ich nach einem Pint schon k. o.!» Alex rieb sich ebenfalls über seinen Bauch.

«Auf was habt ihr denn Lust?»

«Asiatisch!»

«Pizza! Und du?»

«Ich glaube, ich nehme auch noch einmal eine Pizza. Aber für Faith finden wir auch einen Asiaten. Wie ich Temple Bar noch kenne, sind die wahrscheinlich sogar direkt nebeneinander!» Sam lachte.

Sie gingen zuerst eine kleine Runde am Liffey entlang, der unmittelbar am Temple-Bar-Bezirk vorbeifloss und gleichzeitig Dublin teilte. Nach etwa zehn Minuten fanden sie einen Asiaten und sahen an einem Schild an der Ecke einen Pfeil zu einer Pizzeria, die fünfzig Meter entfernt war.

«Wie bestellt!», sagte Sam stolz, wissend, dass die zwei die Anspielung verstanden.

Alex lächelte: «Wie kann es jetzt noch besser werden?»

«Oh, heute wird noch um einiges besser!» Faith klang selbstsicher.

«Sollen wir es so machen, dass Alex und ich zum Italiener gehen und du bestellst dir hier was und entweder kommst du zu uns oder wir wieder zurück zu dir, je nachdem, bei wem es länger dauert, und dann essen wir gemeinsam dort an der Mauer am Fluss?»

«Klingt nach einem Plan!», sagte Faith und drehte sich währenddessen bereits auf den Hacken um. Einige Meter entfernt von den beiden konnte sie sich ein «Beeilt euch!» und ein breites Grinsen nicht verkneifen.

Sam und Alex gingen zur Pizzeria und fünfzehn Minuten später trafen sie sich alle genau an der Ecke. Sam lachte.

«Das … ist dann wohl ein Unentschieden!»

Als die drei dort am Wasser auf der Mauer saßen und sich ihr Essen schmecken ließen, hielt Alex für einen Moment inne und blickte nach oben zu den einzelnen Wolken, die langsam vorüberzogen.

Faith wusste genau, was er gerade dachte, weil sie sich ebenfalls wieder an ihr Gespräch vom Pass erinnerte. Und auch an das, was danach geschah. Alex spürte ihren Blick auf sich und stellte sich ihr bezauberndes Lächeln vor.

«Phänomenal, die Wolken. Nicht wahr?» Er betonte dabei wieder extra das Wort *phänomenal*. Doch dieses Mal meinte er es wirklich so.

Faith nickte und wendete sich danach leicht verlegen wieder ihrem Essen zu. Nachdem sie fertig waren, holte Faith den Zettel mit den Namen der Pubs aus ihrer Tasche, die ihnen der Taxifahrer aufgeschrieben hatte.

«Sollen wir mit dem hier beginnen?» Sie zeigte auf den ersten Namen. «Wenn es uns gefällt, können wir auch dortbleiben. Sonst machen wie einfach pub crawling.»

Sam und Alex nickten und sie machten sich auf den Weg, um in Temple Bar die Nacht zum Tag zu machen.

Je näher sie den Pubs kamen, desto lauter wurden Musik und Stimmengewirr. Das wilde Leben einer Großstadt war für alle drei im ersten Moment sehr ungewohnt, da sie die letzten Tage ausschließlich Natur und Ruhe erlebt hatten.

Ihr erstes Ziel fanden sie ziemlich schnell und stellten sich in einer Reihe davor. Mit Fahnen und bunten Lichtern machte es auf sich aufmerksam. Sie öffneten die Tür und drinnen schien die Band schon fast mit dem Aufbau fertig zu sein. Es waren bereits einige Menschen da, die in kleinen Gruppen zusammenstanden und sich amüsiert unterhielten.

Faith ging geradewegs zum Barkeeper, der einen Vollbart trug und Gläser trocknete.

«Was darf es sein?», fragte er.

«Ich soll dir liebe Grüße von deinem Cousin ausrichten.»

«Meinem Cousin? Meinst du … »

«… Johnny, genau. Er freut sich, wenn ihr euch bald mal wiederseht!»

«Johnny, der verrückte Vogel. Wo hast du ihn denn getroffen?»

«Wir …», Faith zeigte rüber zu Alex und Sam «… sind heute mit ihm Taxi gefahren und er sagte, ich soll dir liebe Grüße ausrichten und …»

«Ich soll euch einen Schnaps ausgeben!»

«Genau!»

«Aber gerne doch!» Er lachte und fügte hinzu: «Ich bin Johnny echt dankbar, dass er so viel Werbung für uns macht. Aber er kann auch gern einmal Werbung machen, ohne Getränke zu verschenken!»

Er schenkte ihr drei Schnäpse ein.

«Darf es sonst noch was sein? Ich kann auch eine Bedienung gleich zu euch kommen lassen.»

«Ja, drei Guinness bitte.»

«Kommt sofort! Ich lass sie euch bringen.»

Faith bezahlte, nahm die Schnäpse und gesellte sich mit einem vorfreudigen Lächeln wieder zu den anderen beiden.

«Auf uns! Sláinte!» Mit diesen Worten hob sie ihr Glas.

«Direkt mit Schnaps starten?», fragte Sam misstrauisch.

«Sei nicht so alt!»

«Ich mache mir mehr Sorgen um euch, als um mich. Ich trage euch später nicht zurück ins Hotel!»

«Das schaffen wir schon!», Faith stieß mit ihrem Glas die anderen beiden auffordernd an.

In genau diesem Moment fing die Band an zu spielen und im gesamten Pub hörte man einen Jubelruf. Jetzt nahmen sie sich Zeit, um den Pub in Augenschein zu nehmen und zu bewundern. All die Verzierungen im Holz, die verspielten Lichter, die Dekoration an Flaggen und die Bilder an der Wand, die eine Mischung aus altem historischem Text und Gebäuden zu sein schienen.

Es war wirklich ein Pub zum Wohlfühlen. Ein Pub, für den man sich allein schon Stunden Zeit nehmen müsste, um alles genau zu betrachten. Die Musik erhellte alles mit der gewohnten irischen Fröhlichkeit und das Treiben im Pub wurde von Minute zu Minute mehr.

Mittlerweile hatten sie auch ihre Pints Guinness.

Jeder hatte auf dem Schaum ein erkennbares Symbol.

Alex ein Smiley, Sam ein Kleeblatt und Faith ein Herz.

Der Abend nahm munter seinen Lauf. Alle drei schwenkten nach zwei Guinness auf Cider um. Es kamen immer mehr Menschen und plötzlich stand jemand neben Alex, der ihn mit großen Augen dastehen ließ. Der Mann drehte sich nach ein paar Momenten, in denen er das Pub musterte, in Alex' Richtung und bemerkte dessen Blick.

«Hey. Kann ich dir helfen?»

«Darf ich dich mal was fragen?»

«Ähm, ja!», sagte der Mann misstrauisch.

«Hat man dir schon mal gesagt, dass du aussiehst wie Bruce Willis früher, als er noch mehr Haare hatte?»

Der Mann lachte auf: «Yippie-Ya-Yay, Schweinebacke! Nein, so hat mir das noch niemand gesagt, aber ich denke, dass es als Kompliment zu zählen ist, oder?»

«So war es auf jeden Fall gemeint! Darf ich dich noch was fragen?»

«Schieß los.»

«Ich habe mir irgendwann mal die lustige Idee in den Kopf gesetzt, dass ich mit Bruce Willis Armdrücken machen will. Da dieses echte Szenario eher schwieriger zu erreichen ist – hast du Lust auf eine Runde Armdrücken? Ich gebe dir auch ein Getränk aus! Und ja, ich weiß, meine Arme sind dünner als deine, aber ich bin trotzdem ein würdiger Gegner.» Alex grinste hoffnungsvoll.

Nach einem kurzen Moment der Verwirrtheit darüber, was dieser junge Fremde zu ihm gesagt hatte, willigte der irische Bruce Willis mit einem Lächeln ein. Sie gingen zu einem Tisch in der Nähe, der gerade frei geworden war, stellten ihre Ellenbogen auf den Tisch, legten die andere Hand auf den Rücken und fingen an.

«Was … was macht er da?», fragte Faith und lehnte sich zu Sam rüber.

«Ich glaube, die zwei, drei Drinks lassen ihn etwas aus sich herauskommen.»

«Da bin ich ja mal gespannt, was heute noch passiert!» Sie lachte.

Alex und der irische Bruce Willis hatten beide in der Zwischenzeit einen roten Kopf. Ihre Hände gingen mal ein wenig nach rechts, mal nach links. Doch wirklich viel passierte nicht und man sah seinem Gegner an, dass er über Alex' Kraft erstaunt war.

Nachdem etwa zwei Minuten vergangen waren, schien bei beiden die Kraft nachzulassen. Ihre Blicke trafen sich und Alex fragte: «Unentschieden?»

Wenige Sekunden später spürte Alex, wie der Druck gegen seine Hand schlagartig nachließ. «Unentschieden! Ich muss sagen, ich bin überrascht!»

«Danke schön!» Alex grinste. «Lass uns gemeinsam einen Schnaps trinken!»

Sie bestellten sich zwei Shots, stießen an und nachdem sich Alex noch einmal bedankt hatte, ging er zu Faith und Sam zurück, die das ganze Szenario von ihrem Tisch aus beobachtet hatten und immer noch nicht ganz einordnen konnten.

«Was war das denn?»

«Ich habe mit Bruce Willis Armdrücken gemacht!»

«Das war doch nicht Bruce Willis …»

«Na ja, die frühere Version von ihm … als er noch Haare hatte! Armdrücken mit Bruce Willis stand auf meiner Bucket List!»

Faith schaute ihn verwundert an, als wollte sie fragen, wo das denn jetzt wohl herkam.

«Na, wenn das Abhaken eines Punktes auf der Bucket List kein Grund zum Weiterfeiern ist», rief Sam, hob sein Getränk und stieß mit den beiden an. «Sláinte!»

Nach einer weiteren halben Stunde ging Faith sich frisch machen. «Wie gefällt dir der Abend?», fragte Sam.

«Ich liebe es. Diese Herzlichkeit hier ist unglaublich. Warum gibt es so was nicht überall? Sind die Menschen hier anders?»

«Menschen sind überall gleich!»

«Aber …?»

«Es ist die Art und Weise des kollektiven Bewusstseins.»

«Kollektiven was? Was ist das denn?»

«Okay, kollektives Bewusstsein ist vielleicht für diese Beschreibung etwas hoch gegriffen. Aber was ist dir hier in den letzten Tagen aufgefallen?»

«Na ja, fast alle sind sehr entspannt, freundlich, offen, herzlich und lachen viel.»

«Genau. Und woher kommt das?»

«So sind die Iren halt!»

«Aber sind Iren nicht auch Menschen wie überall?»

«Ja klar …» Alex wurde in diesem Augenblick bewusst, dass Sätze, wie «Die sind eben so», gar keinen Sinn ergaben.

«Was ist dann der Grund?», fragte er neugierig weiter.

«Es sind die kollektiven Gedanken! Wenn die Iren allgemein ein viel konservativeres Denken hätten, wären die meisten nicht so, wie sie heute sind. Ich muss natürlich auch sagen, dass es auch andere gibt. So wie eben überall. Aber die meisten denken Gedanken der Offenheit und Freundlichkeit. Wahrscheinlich sind sich die meisten darüber auch nicht bewusst, aber ihre Wirkung auf uns verrät letztendlich, auf welcher Frequenz sie unterwegs sind. Auf einer der Fülle und Freude oder auf einer des Mangels und der Angst. Es gibt zum Beispiel auch sehr misstrauische Länder. Das hat nichts damit zu tun, dass die Menschen so sind, wie sie sind, sondern weil in ihrer Gesellschaft unbewusst misstrauische Gedanken dominant sind. Dann gibt es stolze Länder, lebensfrohe Länder, grausame Länder, entspannte und angespannte Länder, weil in diesen Ländern ein kollektives Denken in diesen Denkmustern stattfindet. Und da das Gesetz der Anziehung einem immer genau das gibt, was wir aussenden, befeuern sich diese dominanten Gedanken zwischen den Menschen gegenseitig. Wie ein großer Organismus!»

«Wow, das klingt gewaltig! Aber kann ich als einzelne Person dann überhaupt Einfluss nehmen?»

«Natürlich! Du kannst dein Leben nach deinen Maßstäben

erschaffen! Kein Mensch kann für einen anderen Menschen etwas erschaffen. Auch wenn es viele Menschen glauben und deswegen einem limitierenden Gedanken verfallen, dass sie selbst unfähig sind.

Jeder erschafft seine eigene Realität, und zwar zu jedem Zeitpunkt! Es kommt einfach darauf an, wie sehr du darin geübt bist, deine Gedanken loszulassen und ins Bewusstsein oder Gewahrsein des jetzigen Moments zu kommen. Die Dinge zu betrachten, ohne sie sofort zu bewerten und darauf zu reagieren. Dir ist wahrscheinlich auch schon einmal aufgefallen, dass du dann die besten Geistesblitze hast, wenn du zum Beispiel unter der warmen Dusche stehst und nicht aktiv denkst oder wenn du mit dem Auto auf einer leeren Autobahn entspannt unterwegs bist, oder?»

«Ja! Das kenne ich zu gut. Auch manchmal beim Sport!»

«Genau! Wenn du dir das Unbewusste bewusst machst, nämlich dein wahres Ich und deinen Fokus, dann bist du mit einem Mal bei dir, in deinem Frieden und in deiner Freude, weil du unabhängig von der Außenwelt bist und erkennst, wer du wirklich bist.»

«Und wer bin ich wirklich?»

Sam lachte: «Dafür müssten wir tagelang philosophieren, doch sagen wir so: Wenn du es benennen kannst, dann bist du es nicht! Durch Bewusstheit erfährst du einfach mehr und mehr, wer du nicht bist. Je mehr du im Moment …» Sam hörte im Satz auf und sah lächelnd in die Menge.

«Was ist los?»

«Schau, das meine ich!»

Die Band spielte *Galway Girl* in einer etwas schnelleren und energetischeren Version als das Original. Faith stand mitten auf der Tanzfläche, lächelnd, entspannt und tanzend. Die Augen zwischendurch geschlossen. Sie drehte sich, hob die Arme hoch und bewegte sich ausgelassen mit den anderen im Rhythmus der Musik.

«Schau genau hin, was gerade passiert! Nimm es wahr.» Er stupste Alex an, der versuchte wahrzunehmen, was dort passierte und was Sam genau meinte. Er kniff seine Augen etwas zusammen.

«Nein, nicht anstrengen.»

Alex entspannte sich und fokussierte sich mehr auf die gesamte Wahrnehmung, anstatt die einzelnen Tänzer zu sehen. Auch wenn er sich konzentrieren musste, seine Augen nicht nur auf Faith zu haben.

Plötzlich bemerkte er es.

«Auch wenn jeder für sich tanzt, beeinflussen sie sich gegenseitig! Ich meine, das war mir schon irgendwie klar. Nur … sehen zu können, was da wirklich passiert, ist unglaublich! Was mit der Energie passiert. Faith tanzte anfangs ausgelassen und lächelte bis über beide Ohren. Die anderen waren noch etwas zurückhaltender und jetzt … jetzt tanzen alle so wie Faith zu Beginn! Welch ein Einfluss!»

«Das ist es! Jeder kreiert und tanzt für sich alleine. Je bewusster du auf der Tanzfläche des Lebens stehst, umso mehr genießt du jeden Schritt, jeden Ton und jede Bewegung. Wenn du jedoch in deinem Kopf bist, bist du verkrampft, weil du versuchst, Dinge perfekt oder nach einem gesellschaftlichen Muster oder Plan zu machen», Sam machte eine kurze Pause.

«Erinnerst du dich noch an das Zitat von Alan Watts?»

«Der gesamte Grund für das Tanzen ist der Tanz! Ich glaube, ich weiß, was du meinst, und ich denke, ich verstehe es jetzt noch mehr.»

«Großartig!» Sam legte seine Hand auf Alex' Schulter, der wie im Bann zu Faith quer durch das Pub hinübersah, die sich weiterhin spielerisch leicht im Takt der Musik bewegte.

Das Lied endete und alle applaudierten der Band, die sich verbeugte: «Vielen Dank für heute Abend! Es war uns eine große Freude, für euch zu spielen.»

«Oh, sind sie schon fertig?», fragte Alex traurig in die Runde zu Sam und zu Faith, die mittlerweile wieder bei ihnen stand.

«So ist das mit der Musik. Du weißt nie, wann das letzte Lied gespielt wird.» Sam lächelte und verzog gleich darauf die Mundwinkel ein wenig nach unten und blinzelte vorsichtig zu Faith hinüber, die ihn jedoch wegen der Geräuschkulisse nicht gehört hatte.

Alex tat so, als hätte er es nicht bemerkt, da er ahnte, dass es wieder dieses Thema betraf, das sie schon die ganze Reise über begleitete, über das aber keiner der beiden sprach.

«Sollen wir zurück?», fragte Faith leicht beschwipst in die Runde. «Der Tag heute war so schön und ich würde gern entspannt ins Bett.»

«Ja! Besser ist das … der alte Mann braucht auch Schlaf», erwiderte Sam lächelnd und Alex nickte ebenfalls.

Sie machten sich auf den Weg zurück ins Hotel. Die Pubs waren überall noch geöffnet, denn so spät war es nicht. Auf den Straßen in Temple Bar standen überall Menschen, die eine Zigarette rauchten und sich unterhielten. Hier und da ein paar Betrunkene, die von einer zur anderen Straßenseite hin- und herschwankten.

«Bei uns sagt man immer, dass man oft nach einem Besuch in einem Pub den Nachhauseweg doppelt nimmt!» Alex lachte und Faith stimmte ein.

Sie gingen schweigend weiter und genossen die Schönheit der Nacht. Dieser klassische Geruch, der in der Luft liegt, wenn das Meer direkt um die Ecke ist, fühlte sich für alle drei belebend an. Hier und da flogen noch vereinzelt Möwen umher und die Sterne waren größtenteils zu sehen, wo sich eine Lücke zwischen den leuchtenden Laternen auftat. Faith geriet ins Schwärmen. «Ich könnte noch Stunden durch diesen schönen Abend laufen.»

«Wenn du willst, machen wir das», sagte Alex.

«Nein, dieser Moment ist genauso vollkommen wie der in einer halben Stunde. Ich bin so oder so glücklich.»

Alex nickte stillschweigend.

«Alex … ich bin immer noch beeindruckt, was für ein schönes Hotel du für uns rausgesucht hast. Das ist wirklich wundervoll!», sagte Sam, als sie wieder vor ihrer Unterkunft ankamen und diese betrachteten. Die Außenfassade wurde von Bodenscheinwerfern beleuchtet und es machte bei Nacht einen noch edleren und pompöseren Eindruck als am Tag.

«Sehr gerne! Nach all dem, was ihr für mich getan habt.» Sein Gesichtsausdruck ließ pure Dankbarkeit erkennen.

«Na kommt, Jungs, lasst uns reingehen.» Faith machte die ersten Schritte in Richtung der Eingangstür.

Kapitel 27 – Puls der gleichschlagenden Herzen

Im Foyer des Hotels war es für sie so, wie wenn sie als kleine Kinder in einen Spielwarenladen gegangen waren. Alles sah so unglaublich beeindruckend aus. Große Augen voller Staunen. Es war nicht so, als hätten die drei, besonders Sam, noch keine luxuriösen Hotels von innen gesehen, doch dieses hier würde bei jedem von ihnen einen bleibenden Eindruck hinterlassen!

Sie gingen durch das Foyer, links an der Rezeption vorbei, hinter der nun ein Mann stand. Ebenfalls tipptopp gekleidet und gepflegt.

«Schönen guten Abend, ich hoffe, Dublin bei Nacht hat Ihnen gefallen.»

«Es war wunderbar!», erwiderte Sam.

«Die Menschen sind sehr freundlich und offen, das hat den Besuch hier in der Hauptstadt noch einmal mehr versüßt», sagte Alex.

Faith hingegen lächelte nur und nickte.

Sie stiegen in den Fahrstuhl ein, drückten auf die Taste sieben und fuhren hinauf in ihre Etage. Alex beobachtete Faith aus dem Augenwinkel. Irgendwas war anders.

Spannend, wie sie hier im Fahrstuhl steht. Diese Körperhaltung kenne ich so gar nicht. Es scheint nicht, dass sie traurig ist, wie ich sie auf diesem Abenteuer schon öfter gesehen habe, ganz im Gegenteil. Sie steht hier und hat diesen Gesichtsausdruck, als ob sie über diesen Moment völlig erhaben ist. Ich weiß gar nicht, wie ich diese Kombination beschreiben könnte.

Alex wurde durch den hellen Ton des Fahrstuhls, der erklang, als sie angekommen waren, aus seinen Gedanken gerissen. Sie stiegen aus und blickten noch für einen Moment aus dem großen Panoramafenster.

«Welch wundervoller Anblick. Ich bin auf die Sicht vom neunten Stock morgen beim Frühstück gespannt. Wann wollen wir uns treffen? Ich glaube, wir dürfen ein wenig ausschlafen. Es ist zwar noch vor Mitternacht, aber ein großes Bett nach den vielen Tagen im Wohnmobil lädt dazu ein, mal etwas länger zu schlafen. Was meint ihr? Neun Uhr dreißig? Treffen im Frühstücksraum?»

«Das klingt super!», antwortete Alex und schaute danach erwartungsvoll zu Faith.

Während sie immer noch die Körperhaltung und den Gesichtsausdruck beibehalten hatte, kam von ihr ein sanftes und warmes «Gerne».

«Großartig, dann lasst uns mal schlafen gehen.»

Vor Sams Tür angekommen, hielt dieser seine Zimmerkarte vor den elektrischen Sensor, sagte noch einmal «Gute Nacht» und verschwand in seinem Zimmer. Schweigend liefen Faith und Alex weiter.

Sie kamen vor Alex' Tür an und er lehnte sich gegen den Türrahmen. Das linke Bein über sein rechtes gekreuzt, sah er Faith hinterher, wie sie erhabenen Schrittes zu ihrem Zimmer ging. Als sie vor ihrer Tür stand, hatte sie ihre Zimmerkarte in der einen Hand und die andere lag bereits auf der Türklinke.

«Das war ein richtig toller Abend!», sagte Alex in einem gefassten, ruhigen und standhaften Ton.

Faith, drehte ihren Kopf zu Alex und lächelte, als wüsste sie mehr als er. Ihre Körperhaltung strahlte weiterhin pure Präsenz und Weiblichkeit aus.

Ohne ein Wort zu sagen, hielt sie ihre Zimmerkarte vor ihre Tür und ging hinein, als diese sich öffnete.

Habe ich was Falsches gesagt? Warum sagt sie nichts? Es war doch so ein toller Abend. Was war denn jetzt …

Alex unterbrach sich, als er bemerkte, dass Faith die Tür einen größeren Spalt offen gelassen hatte.

Sein Herz pochte.

Er wusste noch nicht genau, was das zu bedeuten hatte, setzte aber seinen linken Fuß wieder auf den Boden, sodass er nicht mehr an dem Türrahmen anlehnte. Dann machte er den ersten Schritt, und mit jedem weiteren schlug sein Herz lauter.

Der Weg zu Faiths Zimmer kam ihm wie in Zeitlupe vor, obwohl nur wenige Sekunden vergangen sein mochten. Als er vor ihrer Tür stand, hielt er kurz inne, holte tief Luft und drückte sie dann vorsichtig auf.

Vielleicht ist sie auch einfach nur angetrunken und hat vergessen, die Tür richtig zu schließen?

Alex öffnete die Tür langsam noch ein Stück, bis er ein wenig ins Zimmer schauen konnte. Er sah den Spiegel, Lichtschalter und die Tür zum Badezimmer. Schließlich stieß er die Tür ganz auf und trat ein. Und da stand sie. Nur wenige Meter von ihm entfernt vor ihrem Bett. Das Gewicht auf ihr linkes Bein gelagert, das rechte leicht aufgestellt, beide Arme hingen locker herunter. Der Kopf war anmutig seitlich nach unten geneigt. Die Haare waren offen über ihre rechte Schulter gelegt, sodass er nicht mehr alles auf ihrem T-Shirt erkennen konnte. Eine kleine Strähne lag spielerisch in ihrem Gesicht. Auf ihren Lippen lag dasselbe Lächeln, das sie bereits im Fahrstuhl aufgesetzt hatte. Nach einer Weile wurde Alex sich bewusst, dass er seit einigen Sekunden auf der Türschwelle stand und sie nichtssagend anschaute.

Faith atmete einmal ein und sagte in einer weichen, aber freundlich bestimmten Stimmlage, die Alex so auch noch nicht von ihr kannte: «Komm rein und mach die Tür hinter dir zu.»

Alex Herz pochte so stark, dass er das Gefühl hatte, es spränge ihm aus der Brust. Er machte einen Schritt hinein, schloss die Türe hinter sich und ging auf Faith zu.

Als er dicht vor ihr stand, legte er seine linke Hand auf ihre Seite, die rechte Hand hinter ihren Kopf und küsste sie.

Der Moment, als sich ihre Lippen berührten, war ein Moment, an den sich Alex für immer erinnern würde.

Es war ein langer und gefühlvoller Kuss und die Sekunden dehnten sich zu Minuten.

Atemlos löste er sich von Faith, deren Mund noch leicht geöffnet, die Augen hingegen noch geschlossen waren. Dann öffnete sie ihre Augen und Alex konnte in dem gedämmten Licht ihre wunderschöne Augenfarbe sehen.

Er spürte, dass auch ihr Herz mit jedem Augenblick heftiger pochte. Ihr Atem war flach und er konnte ihre Wärme fühlen.

Sie blickten sich für wenige Sekunden an.

Sekunden, die ihnen unendlich vorkamen.

Beide nahmen gleichzeitig noch einen tieferen Atemzug und fingen an, sich wild zu küssen und gegenseitig auszuziehen.

Als sie nur noch in Unterwäsche mitten im Zimmer standen, machte Faith zwei Schritte zurück.

Ihre Haare waren bereits ein einziges Wirrwarr.

Sie hielten den Blickkontakt, ohne zu blinzeln.

«Am See hatten wir noch nicht das ganze Vergnügen», sagte Faith, legte ihre linke Hand hinter ihren Rücken, öffnete mit einer für sie natürlichen Bewegung ihren BH und ließ ihn mit Schwung ihre Arme hinuntergleiten.

Kurz danach klemmte sie ihre beiden Daumen in den Bund ihres schwarzen Strings, lehnte sich etwas nach vorne und zog ihn ebenfalls energisch hinunter.

Nun stand sie dort, in ihrer vollkommenen Schönheit und strahlte absolutes Selbstvertrauen aus. Alex spürte neben dem brodelnden, aufregenden Kribbeln ein Gefühl des Vertrauens. Er liebte Faiths Selbstsicherheit und dass sie genau wusste, was sie wollte.

«Ich weiß nicht, ob ich in meinem Leben jemals jemand so Schönes gesehen habe», sagte Alex mit ruhiger, respektvoller Stimme, während sie sich wieder in die Augen sahen.

Nach wenigen intensiven Sekunden wanderte ihr Blick langsam hinunter zu Alex' Boxershorts und wieder hinauf zu seinen Augen. Er verstand und zog seine Boxershort ebenfalls mit Schwung herunter.

So standen sie beide dort und schauten sich zuerst nur in die Augen. Als hätten sie sich abgesprochen, gingen ihre Blicke gleichzeitig musternd über den Körper des anderen. Alex zog seine rechte Augenbraue spielerisch nach oben und Faith biss sich auf die Unterlippe.

Es war so still in dem Zimmer, dass sie nicht nur ihren eigenen Herzschlag, sondern auch den des anderen hören konnten.

Sie atmeten beide flacher und machten einen großen Schritt aufeinander zu und küssten sich.

Alex drehte Faith zur Seite, sodass sie mit dem Rücken zum Bett stand, und führte sie liebevoll aufs Bett, während er sie küsste. Die Momente schienen sich ewig zu ziehen. Beide spürten sie die pure Präsenz des Augenblicks. Frei von Gedanken. Komplett im Hier und Jetzt und im vollen Bewusstsein der Situation.

Sie küssten und streichelten sich und bewegten sich wie eine Einheit. Faith streckte sich, während Alex sie mit seinen Lippen überall am Körper berührte und sein Atem an jeder Stelle ein Kribbeln erzeugte.

Ihre Atemzüge wurden tiefer, bis sie beide synchron ein- und ausatmeten.

Das Licht auf dem Nachttisch sorgte für eine warme Atmosphäre.

Es war wie ein Tanz, wie ein Gedicht, ein Moment frei von Zeit und Raum.

Die Musik aus dem Handy weckte beide auf. Vereinzelte Sonnenstrahlen schienen durch das Fenster hinein. Gestern Nacht war keiner von beiden darauf gekommen, die Vorhänge noch zuzuziehen. Alex lehnte sich rüber und drückte den Wecker aus. Danach drehte er sich zu Faith, die mit dem Gesicht zu ihm noch in ihrem Kissen lag. Sie öffnete die Augen und lächelte ihn an.

«Guten Morgen», sagte Alex.

«Guten Morgen», erwiderte sie. «Wie spät ist es?»

«Kurz vor neun. Ich glaube, wir sollten uns fertig machen, damit Sam nicht beim Frühstück auf uns wartet.

«Das … sollten wir, ja!»

Alex küsste Faith auf die Stirn. «Gestern war wohl die schönste Nacht in meinem bisherigen Leben. Vielen Dank.»

Faith lächelte noch mehr und sagte in einem beflügelten Ton: «Geht mir genauso!»

Sie küssten sich noch einmal und standen danach beide auf. Beide nackt suchten sie auf dem Boden des Hotelzimmers ihre Kleidung zusammen. Zwischendurch sahen sie sich immer wieder an und mussten schließlich lachen.

Sie zogen sich an und Alex ging zur Tür. «Ich werde mal noch schnell unter die Dusche springen und mich umziehen. Sehen wir uns gleich oben beim Frühstück?»

«Ja, bis gleich», sagte Faith lächelnd, den Kopf zur Seite gelegt, während sie sich durch die Haare fuhr.

Alex schloss hinter sich die Tür und ging mit einem breiten Lächeln in sein Zimmer. Sein Bett war unberührt, bis auf die kleine Kuhle, die er auf der Decke hinterlassen hatte, als er sich gestern kurz hingelegt hatte. Er musste laut lachen.

Ist das gestern Abend wirklich passiert? Wie konnte mein Leben sich nur in so kurzer Zeit so verändern? Es ist einfach unglaublich, wenn man sich darüber mehr und mehr bewusst wird, was man wirklich will. Ich will dieses Leben weiterhin so führen. Ich will, dass diese Art von Abenteuer niemals endet.

Er warf noch einmal einen Blick auf die Uhr, zog sich aus, sprang unter die Dusche und machte sich frisch für den neuen Tag. Danach verließ er sein Zimmer und ging zum Fahrstuhl. Die Fahrstuhltür öffnete sich und er stieg ein. Gerade als die Tür sich schließen wollte, hörte er schnelle Schritte auf sich zukommen.

Er hielt seine Hand noch rechtzeitig zwischen die Tür, sodass der Fahrstuhl sich wieder öffnete. Es war Faith, die noch einsteigen wollte. Sie stellte sich neben ihn, hielt die Hände vor ihrem Körper zusammen, und hatte wieder ihr gewohntes Lächeln auf dem Gesicht. Sie wirkte ein wenig verlegen.

«Möchten Sie auch zum Frühstück?», fragte Alex todernst und lachte gleich darauf.

Einen kurzen Augenblick nachdem der Fahrstuhl sich in Bewegung gesetzt hatte, lehnte sich Faith in Alex' Richtung , gab ihm einen schnellen Kuss auf die Wange, um sich sofort danach wieder nach vorn zu drehen. Die Fahrstuhltür öffnete sich und sie beide gingen in den Frühstücksbereich.

Die Aussicht hier war wundervoll, wie in der Penthouse-Etage. Rundherum Glas, sodass man während des Frühstücks in fast allen Himmelsrichtungen die Skyline von Dublin sehen konnte. Im Frühstückssaal selbst standen lange Tische mit frischen Brötchen und allen Leckereien, die in einem Nobelhotel nicht fehlen dürfen. Es roch gemütlich heimisch. Wie als Kind früher, wenn man samstags oder sonntags morgens vom Geruch des Frühstücks und dem frisch gebrühten Kaffee der Eltern wach wurde.

Alles war stilvoll dekoriert mit Kleinigkeiten wie Servietten in den Farben des Hotels und stylischen Lampen und im Hintergrund lief entspannte Kaffeehausmusik, die fast von dem Gemurmel der Hotelgäste, die bereits beim Frühstück saßen, übertönt wurde.

Sam saß bereits an einem Tisch und hielt eine Zeitung in der Hand.

«Schön, dass ihr beide da seid», sagte er zur Begrüßung, als sie bei ihm angelangt waren. «Habt ihr gut geschlafen?»

Beide waren für einen kurzen Moment verlegen, bis Alex «Ja, sehr!» hervorbrachte.

Sie setzten sich und Sam fiel sofort auf, dass Faith und Alex ein etwas anderes Lächeln aufgesetzt hatten als die Tage davor. Doch er kommentierte dies nicht.

Nach einem kurzen Moment der Stille, atmete Alex einmal durch und sagte: «Ich kann gar nicht glauben, dass heute schon Freitag ist!»

«Freitag?», fragte Faith in einem erschrockenen Ton.

Wenige Momente später konnte Alex im Augenwinkel sehen, wie Faith wieder in ihrem Stuhl nach unten rutschte, ihre Schultern mehr und mehr nach oben zog und ihr Gesicht sich verhärtete.

Kapitel 28 – Die Macht der Wut

«Ähm, ja, Freitag. Ich bin aber auch schon ganz durcheinander bei …»

«Wollen wir uns nicht einen Kaffee und was zu essen holen?» Sams Tonfall war ungewohnt fordernd, was Alex verstummen ließ. Mit einem langgezogenen «Oookaaay» willigte Alex ein.

Plötzlich spürte Alex wieder dieses Unbehagen, das er zu Beginn der Reise öfter verspürt hatte, jedoch nicht benennen konnte.

Was war es nur? Warum ist die Stimmung gerade vom einen zum nächsten Moment von Feuer zu Eis gekippt? Habe ich etwas Falsches gemacht?

Ich frage Sam jetzt einfach. Aber am besten frage ich ihn allein. Ich glaube, Faith ist einfach nicht gut darauf zu sprechen.

Alex wartete einen Augenblick ab, bis er und Sam am Kaffeeautomat standen und Faith am anderen Ende des Buffets sich mit lieblosen, fast schon zombieartigen Bewegungen Marmelade und ein paar Tomaten auf den Teller legte.

«Habe ich was Falsches gesagt? Oder getan? Wie konnte die Stimmung denn gerade bei Faith so schnell kippen?» Er überschüttete Sam geradezu mit seinen Fragen.

Sam, der zuvor auch nur die Kaffeemaschine angestarrt hatte, drehte sich leicht zu ihm und zwang sich zu einem Lächeln, dem Alex ansah, dass es ihn Kraft kostete.

«Es ist alles in Ordnung», sagte Sam und legte seine Hand bestärkend auf Alex' Schulter. «Am besten ist es, wenn du Faith gerade etwas Raum gibst. Ich habe das Gefühl, das braucht sie heute.»

«Kann ich denn …»

«… irgendetwas tun? Ich denke nicht. Gib ihr besonders heute etwas Zeit.»

Warum besonders heute? Was ist heute? Ist was mit Sam? Ist er krank? Na ja, Sam hat mir auf der gesamten Reise so unglaublich viel beigebracht und mir erzählt, dass ich es ihm schulde, nicht weiter nachzufragen, und das zu respektieren.

Wenige Minuten später saßen sie wieder gemeinsam am Tisch mit ihrem Frühstück und Kaffee. Keiner sagte in der folgenden halben Stunde etwas. Während sie aßen, sahen sie zwischendurch abwechselnd aus dem Fenster und lauschten der Hintergrundmusik und dem Stimmenwirrwarr.

Als sie fertig waren, lehnte sich Sam zurück und sagte: «Lasst uns auschecken und zum Wohnmobil zurückfahren. Wir haben heute noch eine lange Fahrt vor uns.»

Alex nickte und Faith stand ohne ein Wort auf und ging zum Fahrstuhl. Auf dem Weg nach unten fragte Sam: «Schafft ihr es, eure Sachen zu packen, sodass wir uns in fünf Minuten unten treffen können?»

«Na klar», sagte Alex.

Und ein leises und energieloses «Ja» kam auch von Faith.

Kurze Zeit später trafen Sam und Alex gleichzeitig im Empfangsbereich ein. Sie gingen zur Rezeption und sahen durch die Glastür, dass Faith bereits draußen gegen eine der Säulen gelehnt stand.

«Die Dame hat ihre Zimmerkarte bereits abgegeben», sagte die junge Frau an der Rezeption, die ihren Blick bemerkt hatte. Es war dieselbe, die die drei gestern eingecheckt hatte.

Sie fuhr fort: «Hat Ihnen Ihr Aufenthalt bei uns und in Dublin gefallen?»

«Ja sehr. Das ist wirklich ein unglaublich schönes Hotel!», antwortete Sam. Und Alex fügte hinzu: «Es war ... unbeschreiblich!» Als er Sams fragenden Blick bemerkte, wurde ihm bewusst, dass er vielleicht wieder etwas normaler sprechen sollte, damit Sam keinen Verdacht schöpfte.

«Vielen Dank. Das freut uns sehr zu hören. Wenn Sie uns einen kleinen Gefallen erweisen wollen, würde ich Sie bitten, online Ihren Aufenthalt zu bewerten. Somit haben zukünftige Gäste ein noch besseres Bild, was sie hier erwarten wird. Wir wären Ihnen sehr dankbar dafür.»

«Das mache ich gerne!», sagte Alex.

«Wundervoll, vielen Dank. Dann wünsche ich Ihnen noch eine angenehme Reise und einen tollen Tag.»

«Danke schön», sagten Alex und Sam gleichzeitig, drehten sich um und verließen das Hotel.

«Ich habe uns schon ein Taxi rufen lassen», sagte Faith monoton.

«Vielen Dank», erwiderte Sam nach einer kurzen Pause.

Sie redet wieder. Zwar nicht in dem gewohnten Ton und mit ihrer natürlichen Fröhlichkeit. Doch vielleicht legt es sich gleich wieder, wie vorgestern am Strand auch.

Wenige Momente später kam das Taxi.

Sam gab dem Fahrer die Adresse, wo sie das Wohnmobil für die Nacht geparkt hatten. Auch während der Fahrt sagte keiner der drei etwas. Am Stellplatz angekommen, stiegen sie ins Wohnmobil ein und Faith fragte: «Alex, navigierst du bitte? Ich muss mich noch mal hinlegen. Ich habe … etwas Kopfweh.»

«Natürlich!»

«Wohin fahren wir denn eigentlich?», fragte Alex eine Weile später, nachdem sie losgefahren waren.

«Galway.»

«Wow. Das Abenteuer wird ja immer besser!»

Sam lächelte, als wäre Alex' freudige Antwort ein kleiner Trost.

Den Rest der über zweistündigen Fahrt schwiegen sie, während Faith schlief. Sie fanden in Galway einen schönen Campingplatz, der die Möglichkeit bot, relativ einfach in die Innenstadt zu kommen.

«Wir sind da.» Sams erste Worte seit Beginn der Fahrt.

«Das ist also Galway.» Alex blickte hoffnungsvoll aus dem Fenster, sah jedoch lediglich die Bäume und andere Wohnmobile.

«Na ja, ich glaube, du darfst dich mehr auf die Innenstadt freuen. Die ist wirklich schön! Ich gehe Faith wecken.»

Sie wirkt etwas verkatert. Doch das konnte eigentlich nicht sein. So viel hat sie gestern nicht getrunken. Und als wir … da wirkte sie noch völlig normal. Ja, noch nicht einmal richtig beschwipst.

«Habt ihr Lust, etwas durch die Stadt zu spazieren, was zu essen und einen Tee zu trinken?»

«Sehr gerne», rief Alex aus der Fahrerkabine nach hinten, wo Faith und Sam noch standen.

«Ja», sagte Faith weiterhin in derselben monotonen Tonlage.

Sam hatte nicht übertrieben: Die Innenstadt von Galway war wundervoll. Verspielte kleine Gassen, alte und moderne Kunstwerke und Häuser gemischt, boten starke Kontraste und gingen gleichzeitig in Harmonie ineinander über. Galway war wie Dublin eine Hafenstadt und bot neben Fischrestaurants ebenfalls allerlei Vielfalt an. Manche Straßen waren von bunten Häusern und mit Wimpeln geschmückt, die im Zickzack einige Meter über der Straße gespannt waren. An anderen Ecken konnte man großflächige Wiesen sehen, auf denen Menschen auf Decken saßen und das Wetter genossen.

Sie kamen zu einem Restaurant, wo sie draußen sitzen konnten, um Tee zu trinken. Es war mittlerweile Nachmittag. Viele Einwohner der Stadt hatten bereits Feierabend und waren auf dem Weg ins Wochenende, was der Stadt noch mehr Leben einhauchte.

Die Bedienung brachte ihnen den Grünen Tee an ihren Tisch und fragte: «Darf es noch etwas zum Essen sein?»

«Gleich. Vielen Dank.»

Sie gab ihnen jeweils eine Karte und versprach, in wenigen Minuten wiederzukommen.

«Ich hoffe, ihr seid auch hungrig», sagte Sam und klang schon wieder viel fröhlicher als noch vor wenigen Stunden.

Alex studierte bereits die Speisekarte und rief enthusiastisch: «Sehr! Und hier auf der Karte stehen so viel leckere Sachen. Oh Mann, wie soll ich mich denn da entscheiden?»

«Na ja, geht …» Faiths Ton war noch immer rau und angeschlagen.

Eine kurze Stille trat ein. Dann legte Sam seine Karte nieder, sah Faith an und sagte: «Faith … ich weiß, dass …»

Er wurde unterbrochen, als Faith ihren Stuhl ruckartig nach hinten schob, mit ihrem Tee aufstand und sich fluchtartig ein paar Meter von ihnen entfernte.

Sam stand ebenfalls auf und ging zu ihr.

Alex jedoch blieb erschrocken sitzen. Er wusste nicht, wie er reagieren sollte, denn ein solches Szenario war das Letzte, was er erwartet hatte. Nun verstand er gar nichts mehr.

Er beobachtete Sam und Faith, wie sie sich unterhielten, konnte aber nichts hören. Aus ihren Gesten schloss er, dass sie aufgebracht waren und mit sehr viel Emotion sprachen.

Plötzlich hörte er, wie Faith schrie: «Du bist nicht mein Vater!» Daraufhin warf sie die Tasse auf den Boden, die augenblicklich in tausend Splitter zersprang, drehte sich herum und ging weg.

Einige Passanten blieben ebenfalls erschrocken stehen und sahen zu Sam, der allein und niedergeschlagen auf derselben Stelle stand. Umgeben von Scherben. Schultern und Kopf hingen traurig nach unten und brachten ein Bild hervor, dass man ihn am liebsten einfach nur in den Arm nehmen wollte.

Als sich wenige Momente später der Schock bei Alex gelegt hatte, stand er auf und ging zu Sam. Er bückte sich und sammelte die Scherben auf. Als er wieder aufstand, blickte er in Sams trauriges Gesicht, was in ihm ebenfalls eine Trauer hervorrief, obwohl er nicht einmal verstand, worum es überhaupt ging.

«Komm, lass uns wieder zu unserem Tisch gehen und uns setzen», sagte Alex ruhig, aber bestimmt. Er legte seine freie Hand auf Sams Schulter und mit der anderen hielt er die Scherben der Tasse, um sie in den Mülleimer zu werfen. Sie setzten sich wieder und die Bedienung kam zu ihnen an den Tisch.

«Ist alles in Ordnung?»

«Nein … ja, es ist alles in Ordnung. Bitte stellen Sie mir die schöne Tasse in Rechnung.»

«Machen Sie sich keinen Kopf, wir haben Hunderte davon. Möchten Sie denn noch etwas essen oder ist Ihnen gerade der Appetit vergangen?»

«Vielen Dank.» Sam schaute fragend zu Alex.

«Also ich würde gerne noch etwas essen», sagte dieser daraufhin.

«Dann nehme ich auch noch etwas.» Sam lächelte für einen Augenblick der Bedienung aus Höflichkeit zu.

Als sie bestellt hatten und die Bedienung gegangen war, wandte Sam sich wieder Alex zu: «Alex, ich weiß. Du hast viele Fragen. Aber jetzt ist nicht der richtige Zeitpunkt, diese Fragen zu beantworten. Ist das okay für dich?»

«Natürlich ist es okay. Ich mache mir gerade nur etwas Sorgen um Faith. Sie war so wütend.»

«Wut ist gut!»

«Wie meinst du das denn? Man bekommt doch immer gesagt, dass man wieder runterkommen soll, wenn man wütend ist.

«Wut ist eine ermächtigende Emotion. Ich kann dir, wie gesagt, noch nicht alles erzählen, aber hast du bemerkt, wie niedergeschlagen Faith heute den Tag über war?»

«Wie hätte ich es nicht bemerken können. Sie war wie ausgewechselt!»

«Ja ... Ich werde dir bestimmt noch erklären, warum es so ist. Aber für den Moment darfst du verstehen, dass Wut etwas Gutes ist, denn dadurch beginnt sie, wieder in ihre Kraft zu kommen. Na ja, eigentlich jeder Mensch!»

«Wie meinst du das? Wut zerstört doch nur!»

«Das stimmt. Jedoch nur, wenn du zu lange in der Wut verweilst! Wenn du dich niedergeschlagen fühlst, bist du auf der Stufe der Angst, der Depression, der Ohnmacht.

Das Wort Ohnmacht sagt es sehr schön. Es ist ein Zustand, in dem du dich ohne Macht fühlst. Also in keiner Weise wie jemand, der in seinem Leben das Steuer in die Hand nimmt und bewusst erschafft!

Der Sprung von Ohnmacht zu Wut ist ein Schritt, bei dem viele Menschen mit ihren Emotionen rausgehen, anstatt sie hinunterzuschlucken. Sie geben der Emotion Raum und drücken diese aus. Das ist ein sehr befreiender Akt. Problematisch wird es nur, wenn man in der Wut bleibt, denn dann wird es teilweise schon nach ein paar Stunden oder Tagen sehr destruktiv und zerstörerisch.

Die meisten Menschen können nur nicht mit der Wut anderer Menschen umgehen und erkennen nicht, dass ihnen dies einfach hilft, wieder in ihre Kraft zu kommen.»

«Ich verstehe. Und für Faith war das also eben jetzt gut, ja?»

«Ich denke schon. Es kommt jetzt darauf an, wie sehr sie diese Emotion erkennt und benennt. Wenn sie es schafft, und da glaube ich fest dran, dass sie sich der Emotionen bewusst wird, dann kann sie sich davon distanzieren und wieder mehr bei sich ankommen. Faith ist eine ganz besondere junge Frau. Sie braucht jetzt einfach nur etwas Zeit für sich.»

«Das ist sie …», Alex machte eine kurze Pause. «Wenn ich doch noch irgendetwas tun kann, dann lass es mich wissen, ja?»

«Selbstverständlich. Ich glaube sogar, dass du nicht ganz zufällig auf dieser Reise dabei bist.»

«Wie meinst du das denn?»

«Das wird sich noch zeigen.» Sam lächelte sanft.

Die Bedienung kam an den Tisch und brachte ihnen das Essen. Sie aßen es stillschweigend nebeneinander. Beide immer noch sehr vertieft in das, was eben geschehen war. Als sie fertig waren, gingen sie wieder zum Campingplatz zurück. Doch weit und breit war Faith noch nicht zu sehen.

«Sie wird wohl später dazu kommen. Da ist sie wie ich.»

«Was meinst du?»

«Wenn ich mit meinen Emotionen so in der Identifikation bin, dass ich mich selbst darin verliere, bin ich auch gern erst einmal für mich allein, um in mich zu gehen und zu reflektieren, was wahr ist und was nicht. Was nur Geschichten und was die Fakten sind. Einfach um mich dadurch wieder von den Emotionen zu lösen und diese als das anzusehen, was sie sind. Einfach nur Emotionen. Nicht mehr und nicht weniger.»

«Ja, aber können dir andere Menschen nicht dabei helfen?»

«Doch schon … teilweise. Aber die wahre Erkenntnis kannst du nicht im Außen finden, sondern nur in dir drinnen. Natürlich können uns Menschen eine Hilfe dafür sein, aber ich habe gemerkt, dass ich dies am schnellsten schaffe, wenn ich allein bin. Ich glaube zu wissen, dass dies für mich einfacher ist, da ich sowieso in der ständigen Selbstreflexion bin und Worte oft nicht das ausdrücken können, was ich empfinde.

Und wenn du dann mit anderen Menschen darüber redest, passiert es oft, dass sie erst alles wissen wollen und auch müssen, damit sie dir helfen können. Somit gibst du noch mehr Fokus und Energie zu dem, was die Emotion in dir ausgelöst hat, und verstärkst es meist noch. Es gibt natürlich auch geschulte Menschen, die mit den richtigen Fragen deinen Fokus und die Erkenntnis beschleunigen und vereinfachen können. Aber aus meiner Erfahrung gibt es nicht viele, die das wirklich beherrschen.»

«Ich verstehe! Danke für die Erklärung.»

«Sehr gerne. Wollen wir uns mit den Campingstühlen raussetzen? Es ist so ein schöner Tag.»

«Das ist eine wundervolle Idee.»

So genossen sie für ein paar Stunden die Sonne, die frische Luft und die Musik, die aus dem Radio bei den Nachbarn bis zu ihnen zu hören war.

Sam schaute immer wieder auf seine Armbanduhr. Obwohl er Faith blind vertraute und wusste, dass er sich nicht sorgen musste, hätte er sich definitiv besser gefühlt, wenn sie jetzt schon wieder hier gewesen wäre.

Gegen neunzehn Uhr, als die Sonne bereits anfing unterzugehen, horchten beide gleichzeitig auf. Obwohl noch niemand zu sehen war, hatten sie beide das Gefühl, dass Faith wieder zurückkam. Sie sahen sich um. Und auf einmal stand sie am hinteren Ende des Wohnmobils.

Alex bemerkte sofort, dass sie sich schämte.

Sam sprang aus seinem Stuhl und rief voller Freude: «Faith, da bist du ja.»

Ich glaube, ich fange gerade erst an, zu erkennen, wie viel Faith ihm bedeutet. Obwohl sie nur seine Nichte ist.

«Hey, ihr …» Ihre Stimme klang wieder weich und liebevoll. Aber ein trauriger Unterton war immer noch darin enthalten. Sie ging auf Sam zu und umarmte ihn. Alex konnte nur gedämpft Faiths Worte hören: «Es tut mir leid. Ich wollte dich nicht …»

«Es ist alles in Ordnung … alles in Ordnung. Ich weiß doch, was das für ein Tag für dich ist.»

Sie blieben noch einige Sekunden so stehen, dann lösten sie sich voneinander und Faith wischte sich die Tränen aus den Augen.

«Auch bei dir möchte ich mich entschuldigen, Alex. Ich wollte dich nicht in diese Sache mit reinziehen.»

Alex wusste nicht, was er sagen sollte. Sie hatten noch die letzte Nacht zusammen verbracht und jetzt entschuldigte sie sich bei ihm für etwas, wovon er gar keine Ahnung hatte.

Nach einer kurzen Pause sagte er nur: «Auch hier ist alles in Ordnung. Ich bin froh, dass du wieder da bist.» Sein Herz klopfte, als er das aussprach. Faith lächelte, denn sie verstand, was er mit diesen Worten ebenfalls sagen wollte.

«Ach übrigens …», sie holte eine kleine Whiskeyflasche aus ihrer Handtasche hervor, «Happy Birthday, Sam.» Sie gab ihm einen Kuss auf die Wange und umarmte ihn noch einmal. «Happy Birthday?» Alex riss seine Augen auf und sein Mund war gefühlt bis zum Boden geöffnet.

«Du hast Geburtstag? Warum hast du nichts gesagt?», fragte Alex etwas entsetzt.

«Es hatte nicht so wirklich gepasst.»

Alex stand auf und umarmte Sam ebenfalls.

«Du gehörst mit Abstand zu den Menschen, die mein bisheriges Leben am meisten bereichert haben. Ich danke dir von Herzen und wünsche dir alles Liebe zu deinem Geburtstag.»

Sam bedankte sich mit einem warmen Lächeln.

«Alex, ist es okay, wenn Faith und ich noch einen kleinen Spaziergang machen?»

«Natürlich. Ich passe so lange hier auf.»

Nachdem die Sonne bereits untergegangen war, kamen Faith und Sam Arm in Arm zurück.

«Wow, das war ein langer Spaziergang. Entschuldigung, dass wir so lange weg waren, Alex», sagte Faith.

«Kein Problem. Ich habe den Moment genossen, den Vögeln zugehört, den im Wind tanzenden Blättern an den Bäumen und den Wolken zugeschaut», sagte er zufrieden.

«Ist es okay, wenn wir morgen reden? Ich bin wirklich müde. Der Tag heute war sehr anstrengend für mich.»

«Selbstverständlich. Tu das, was für dich am besten ist.»

Faith gab Alex eine Umarmung und flüsterte in sein Ohr: «Gute Nacht, Alex.»

Danach ging sie ins Wohnmobil, machte sich fertig und legte sich ins Bett. Sam und Alex saßen noch eine halbe Stunde draußen und schauten zu den Sternen hinauf.

«So hatte ich mir den Tag nicht vorgestellt. Aber ich glaube, das, was passiert ist, war sehr wertvoll.»

«Warum wertvoll?»

«Das erkläre ich dir morgen, ja? Lass uns auch schlafen gehen.»

Alex nickte. Sie klappten die Stühle zusammen und gingen hinein.

Kapitel 29 – Aus vollem Herzen

Am nächsten Morgen öffnete Sam die Tür zum hinteren Teil des Wohnmobils, wo sein Bett stand, und fing wie fast jeden Morgen an, Kaffee aufzusetzen.

Alex und Faith wachten wenige Augenblicke später auf.

«Sam … wie spät ist es?», fragte Alex noch völlig verschlafen.

«Es ist sieben Uhr dreißig! Wir haben heute etwas so Wundervolles vor.»

«Alles klar», nuschelte Alex in sein Kissen hinein. «Mir ist gestern Abend, als ich zu den Sternen schaute, sowieso bewusst geworden, dass ich morgen Nachmittag ja auch wieder zurückfliege. Wenn ich so daran denke, dann zieht es sich irgendwie in mir zusammen. Ich will dieses Abenteuer nicht beenden.»

«Wenn es sich in dir zusammenzieht, Alex, sobald du daran denkst, dann denk doch einfach etwas anderes!»

«Was anderes denken? Wie …»

Sam unterbrach ihn, da er bereits wusste, was Alex fragen wollte: «Wir Menschen glauben immer, dass wir einen Gedanken die ganze Zeit denken müssen, wenn er sich bei uns eingenistet hat. Das stimmt aber nicht! Egal ob du daran denkst oder nicht, der Flieger geht morgen Nachmittag. Nur, wenn du jetzt ständig daran denkst, wird die Zeit bis dahin schlicht weniger schön, da du nicht präsent bist, sondern in der Zukunft. Und dazu noch bei etwas, was dir nicht gefällt.»

Alex nickte. Er war sich nicht sicher, ob er das, was er gerade gehört hatte, wirklich gänzlich verstand, da es ihm zu einfach erschien. Doch er hoffte, dass die Worte noch nachwirken würden.

In dem Augenblick vernahmen sie Faiths weiche Stimme: «Guten Morgen, Männer. Und bevor es die ganze Zeit im

Raum steht und sich jeder fragt, wie es mir geht. Es ist besser, aber noch nicht wirklich gut. Ich brauche heute noch etwas Zeit für mich.»

«Das dachte ich mir bereits. Heute fahren wir an einen Ort, der sehr viel Platz bietet.»

«Danke schön», sagte Faith erleichtert.

«Wann geht es los?»

«Was denkt ihr, wie schnell ihr fertig seid? Ich würde mit euch gerne noch frühstücken gehen. Ich habe gestern zwei Straßen von hier ein kleines Café entdeckt, das ab acht Uhr geöffnet ist. Was meint ihr?»

«Gern! Ich habe unglaublichen Hunger. Gestern habe ich nicht ganz so viel gegessen», sagte Faith beschämt.

«Ach, das ist ja auch nicht wirklich schlimm. Es gibt Menschen, die machen jede Woche einen Detox-Tag und essen gar nichts.» Alex sagte es ganz bewusst leicht daher, um den Moment aufzulockern.

«Dann zieht euch an und wir gehen los.»

Zwanzig Minuten später waren alle drei fertig und gingen zu dem Café. Sie setzten sich drinnen an einen Tisch und genossen den typischen Geruch von Frühstück. Frische Brötchen, Marmelade, Orangensaft, Kaffee. Es war nahezu die gleiche Atmosphäre wie im Hotel am Tag zuvor. Sam, Faith und Alex nahmen die Speisekarten, legten sie fast zeitgleich wenige Momente später wieder ab, schauten sich gegenseitig an und Alex sagte: «Habt ihr gerade das entdeckt, was ich entdeckt habe?»

«Pancakes mit Ahornsirup und frischen Beeren?»

«Genau das!»

In diesem Augenblick kam die Bedienung an ihren Tisch und begrüßte die drei freundlich: «Guten Morgen, ihr seht so aus, als hättet ihr euch bereits entschieden. Was darf es sein?»

Alex begann: «Guten Morgen. Das hier ist ein wundervolles Café. Ich hätte gerne die Nr. 23 und einen Pfefferminztee.»

«Für mich dasselbe bitte, Judith», sagte Sam nach einem Blick auf ihr Namensschild mit einem warmen Lächeln.

Faith zeigte ihr schmunzelnd drei Finger.

«Wow, so unkomplizierte und freundliche Gäste haben wir selten. Ich werde dem Koch sagen, dass er jedem von euch noch ein oder zwei Pancakes mehr drauf packen soll.» Sie zwinkerte ihnen zu, steckte ihren kleinen Block und den Stift in die Tasche ihrer Schürze und ging in die Küche.

Sie saßen noch etwas ermüdet von gestern am Tisch. Obwohl sie nicht viel gemacht hatten, war die Anspannung und all das, was passiert war, kräftezehrender gewesen, als sie es zuerst angenommen hatten.

Das ist echt merkwürdig. Warum bin ich denn noch so k. o.? Ich habe doch gestern kaum etwas gemacht. Oder ist es wegen der niedrig schwingenden Emotionen und der Sorge, die ich gestern auch um Faith hatte? Also aus dem Fitnessstudio kenne ich es ja, dass man danach auch gerne mal einen Muskelkater hat. Vielleicht ist es so etwas wie ein Emotionskater, wenn man zu viel ungewohnte Emotionen durchlebt hat.

Die Bedienung stellte die drei Pfefferminztees auf den Tisch. «Oh, jetzt, da ich euch gerade den Tee hinstelle … Könnt ihr das hören?»

«Nein, was denn?», fragte Sam.

«Ich auch nicht. Ich habe das Radio noch gar nicht angemacht.» Sie lachte genüsslich und freute sich über ihren eigenen Witz.

Sie ging wieder hinter die Theke und wenige Momente später hörte man leise die Musik.

Gerade begann eine Live-Version von *Hotel California*. Die sanften Klänge der Gitarre zu Beginn und die leichten Drums versetzten mit einem Mal das gesamte Café in eine andere Atmosphäre. Sam, Faith und Alex saßen einfach nur da, ohne ein Wort zu sagen.

Ließen die Musik wirken.

Fast auf den letzten Ton des Liedes kam die Bedienung mit einem großen Tablett.

«Wow, das sieht köstlich aus. Vielen Dank, dass ihr so was Tolles hier anbietet» Sam lächelte.

Die Bedienung schaute etwas verwirrt, da sie so etwas noch nie von einem Gast gehört hatte: «Sehr gerne. Das gebe ich gleich an den Chef in der Küche weiter, da wird er sich freuen. Ich wünsche euch einen guten Appetit und wenn ich noch was für euch tun kann, dann zögert nicht.» Sie drehte sich lächelnd um und wirkte ein paar Zentimeter größer.

«Wie unglaublich schön und einfach es sein kann, einem anderen Menschen den Moment zu verschönern», sagte Alex anerkennend zu Sam.

«Ja. Wenn es aus dem Herzen kommt, ist es wirklich sehr leicht.»

Sie aßen mit vollem Genuss ihre Pancakes, tranken ihren Tee aus und Sam fragte nach der Rechnung. Die Bedienung legte eine kleine zusammenklappbare Karte vor ihnen auf den Tisch und fragte: «Hat es euch geschmeckt?»

«Es war wundervoll, Judith. Ein Genuss für alle Sinne», antwortete Sam und lächelte dabei bis über beide Ohren.

Sie strahlte wieder über diese Resonanz, bedankte sich und ging noch einmal nach hinten.

«Lasst mich das bitte heute Morgen bezahlen», sagte Faith. Sie bemerkte Sams stutzigen Gesichtsausdruck und ergänzte hastig: «Ich weiß, was du sagen willst. Ich muss das nicht bezahlen, um irgendwas wiedergutzumachen. Aber ich möchte euch gerne einfach einladen!»

«Einverstanden. Ich möchte Judith aber gerne noch ein Trinkgeld geben.»

«Ich auch!», sagte Alex.

Sam schaute beide an und fragte mit einem verschmitzten Lächeln: «Wollt ihr das Geheimnis erfahren, wie ihr die richtige Summe an Trinkgeld gebt?»

«Ja, erzähl!» Alex lehnte sich nach vorne.

«Gebt immer das, was euer erster Impuls war! Egal welcher Betrag in deinem Kopf war, er ist richtig!»

«Alles klar, dann bekommst sie von mir zwanzig Euro.»

«Von mir auch.»

Sam lächelte nur und zog ebenfalls einen Zwanzigeuroschein aus seinem Portemonnaie. Sie legten das Geld in die Karte hinein, ließen es auf dem Tisch liegen und verließen das Café.

Durch das Fenster konnten sie noch sehen, wie Judith zum Tisch ging, die Karte öffnete und sich fassungslos mit der anderen Hand an ihre Wange fasste. Sie war völlig aus dem Häuschen und sprang vor Freude auf.

Dann drehte sie sich suchend um und entdeckte Sam, Faith und Alex auf der Straße, bereits etwas von dem Café entfernt. Sie ging hinaus und rief ihnen hinterher: «Ich danke euch von ganzem Herzen. Ihr könnt gar nicht glauben, wie sehr mir das gerade hilft!»

Die drei winkten ihr zu und sahen, wie sie freudestrahlend wieder ins Café ging.

Alex lächelte und fragte in die Runde: «Wie kann es jetzt noch besser werden?»

Sam nickte. «Ich bin gespannt.»

Und auch Faith konnte sich ein Lächeln nicht verkneifen, das aber nur kurz anhielt.

Als sie wieder das Wohnmobil erreicht hatten, fragte Faith:

«Alex, kannst du heute noch mal den Navigator machen?»

«Natürlich!», erwiderte er. Und nach einem kurzen Moment der Stille fragte er Sam: «Wo geht es eigentlich hin?»

Dieser stellte sich noch einmal aufrechter hin, als wollte er wieder stolz etwas verkünden. «Heute reisen wir an einen Ort, der mich schon immer verblüfft hat. Schon seit ich ein kleines Kind war. Wir fahren heute zu den Cliffs of Moher.»

«Wow! Die habe ich ein paar Mal in Filmen oder in Serien gesehen, wenn eine Szene dort spielte. Da wollte ich immer schon mal hin», rief Alex aufgeregt.

«Das ist schön. Danke für die ganze Planung, Sam.» Faith klang noch immer etwas zurückhaltend.

Sie stiegen ein. Sam wie gewohnt auf dem Fahrersitz, Faith auf der Bank im hinteren Bereich und Alex auf dem Beifahrersitz. Alex gab noch die richtige Adresse in das Navi ein, dann fuhren sie los.

Die Fahrt war wie in den letzten Tagen sehr entspannt. Wunderschöne Landschaften und zwischendurch verlief die Straße am Meer entlang.

Dieser Samstag war vom Wetter her nahezu perfekt.

Die Sonne schien, vereinzelt gab es Wolken, die ein schönes Panorama am Himmel darstellten, und die Temperatur war wie gemacht für einen Roadtrip.

In den nächsten zwei Stunden schwiegen sie, denn jeder war mit sich beschäftigt. Und wenn jemand etwas sagte, dann waren es immer nur ein paar Sätze, die miteinander ausgetauscht wurden. Alex versuchte während der Fahrt immer wieder, seine Aufmerksamkeit in das Hier und Jetzt zu bringen und nicht an den Rückflug morgen zu denken. Doch zwischendurch rutschte er immer wieder in Gedanken ab.

Werden sie mir noch erzählen, was das gestern eigentlich war? Sollte ich das wissen? Muss ich das wissen? Will ich das wissen?

Nein. Wenn sie mir es erzählen, ist es in Ordnung, und wenn nicht, dann eben nicht. Es soll nichts an diesem Trip ändern. Der hat definitiv mein Leben verändert. Und vor allem habe ich Faith getroffen … Faith … werde ich sie nach morgen wiedersehen? Australien ist so weit weg. Wie … wie könnte das funktionieren?

Kapitel 30 – Durch deine Augen

«Wir sind gleich da!» Alex war aufgeregt, als sie um die letzten Kurven fuhren und danach auf eine lange Gerade bogen.

«Ja, dort vorn links befinden sich die Parkplätze. Dann müssen wir nur einmal über die Straße und sind schon da.»

Sie fuhren weiter bis zu dem von Sam beschriebenen Parkplatz. Er bezahlte durch sein Fenster die Parkgebühr und stellte das Wohnmobil mit genügend Platz ab.

«Ich bin echt gespannt, was ihr sagen werdet», sagte Sam vorfreudig, während sie aus dem Wohnmobil stiegen.

Sie gingen den Weg, den sie gekommen waren, zurück und kamen, nachdem sie den Eingang passiert hatten, zu einer großen Fläche. Rechts am Rand gab es einige kleine Geschäfte, die in den Berg hinein gebaut worden waren.

Sam blieb stehen und seufzte: «Wenn ich das hier sehe, kommen so viele Erinnerungen von früher hoch. Es hat sich natürlich enorm verändert, aber ich weiß noch, wie ich als kleiner Junge hier war. Es war unglaublich. Mein Gott, wie lange das her ist … über ein halbes Jahrhundert!»

Faith sah ihn an, ohne etwas zu sagen, holte dann aber doch einmal Luft, als wäre sie sich nicht sicher, ob sie die nächste Frage stellen sollte.

«Wart … wart ihr früher zusammen hier?»

Sam atmete ebenfalls einmal tief ein und aus und nickte: «Er hat es hier genauso geliebt …»

Sam und Alex bemerkten, wie sich Tränen in Faiths Augen zu bilden begannen.

Daraufhin ging sie mit großen Schritten weiter. Sie sahen ihr kurz hinterher und folgten ihr dann mit Abstand in Richtung der Aussichtspunkte auf den Klippen.

Alex blieb still, denn er spürte, dass er dazu lieber nichts sagen sollte. Doch nach wenigen Metern ergriff Sam das Wort: «Alex, du fragst dich sicher bereits die ganzen letzten Tage, was Faith so betrübt, oder?»

«Um ehrlich zu sein … ja, sehr. Ich wollte aber nicht viel mehr nachfragen, da es mich eigentlich nichts angeht. Besonders beim Frühstück in Dublin habe ich gemerkt, dass ich es auf sich beruhen lassen sollte.»

«Das ist sehr respektvoll von dir, vielen Dank. Aber ich glaube, ich brauche deine Hilfe.»

«Meine Hilfe?» Alex wurde hellhörig und richtete sich auf. «Sam, ich habe dir so viel zu verdanken, dass ich es nicht in Worte fassen kann. Ich werde alles tun, was in meiner Macht steht! Also, wobei kann ich behilflich sein?»

«Lass mich dir erst erzählen, worum es eigentlich geht, ja?»

Er atmete einmal tief ein und aus: «Faith ist meine Nichte. Das bedeutet, sie ist die Tochter meines Bruders Liam. Mein Bruder und ich waren unzertrennlich und wir haben fast unser gesamtes Leben immer gemeinsam verbracht. Damals hier in Irland. Und auch, als wir alle gemeinsam nach Australien ausgewandert sind.

Wir beide haben uns immer den Rücken freigehalten und uns unterstützt. Auch wenn wir uns mal gestritten haben, haben wir kurze Zeit später wieder gemeinsame Sache gemacht. Wir waren wie Pech und Schwefel. Ich erinnere mich noch, wie er mich ein paar Mal in Schutz genommen hat, wenn unsere Mutter böse auf mich war, weil ich Unfug gemacht habe. Er hat die Schuld auf sich genommen und dann selbstlos mit mir gemeinsam alles wieder geradegebogen. Ich habe ihm blind vertraut und er mir. Und dann kam irgendwann Faith zur Welt. Und ich weiß noch, wie ich sie das erste Mal in den Händen hielt. Diese strahlend blauen Augen und dieses Lächeln, das sie heute noch hat. Ich habe mich noch nie in meinem Leben so sehr gefreut wie an diesem Tag.

Ich selbst habe keine Kinder, deswegen ist mein Herz vor Freude und Liebe für Liam fast geplatzt und ich betrachtete Faith seit diesem Tag, als wäre sie ebenfalls mein eigenes Kind.»

«Das klingt nach einer Familiensituation, wie sie im Buche steht.»

«Das war sie … doch was du noch nicht weißt, ist, dass Liam nicht nur mein Bruder ist. Er ist mein Zwillingsbruder. Um genau zu sein, ist er 13 Minuten älter als ich …» Sam stockte. «… oder er war es. Liam ist vor elf Jahren bei einem tragischen Unfall gestorben.»

Alex lief ein kalter Schauer den Rücken hinunter. Er starrte in die Ferne und wusste zuerst nicht, was er dazu sagen sollte. Doch dann musste er noch eine Sache nachfragen: «Und sein Todestag war … »

«Ja.»

«Das bedeutet, er ist an seinem Geburtstag … »

«Ja.» Inzwischen sammelten sich auch in Sams Augen die Tränen.

«Oh Mann … ich … es …» Alex wusste nicht, was er sagen sollte.

«Schon gut. Erinnerst du dich noch daran, was ich zu dir sagte, als wir uns am Flughafen das erste Mal getroffen haben?»

«Ja … du meintest so was wie ‚Ach deswegen', weil du dich gewundert hast, warum die Wohnmobilvermietung euch ein größeres Wohnmobil gegeben hatte.

«Genau. Und erinnerst du dich noch daran, dass das Gesetz der Anziehung für unglaubliche Dinge sorgen wird, wenn wir wissen, was wir wirklich wollen und unseren Fokus darauf legen?»

«Wie könnte ich das vergessen?»

«Seit elf Jahren ist Faith an diesem Tag und den Tagen drum herum wie ausgewechselt. Keine Freude, kein Lächeln, nichts. Nur Kummer und Trauer in ihren Augen. Und ich konnte es einfach nicht mehr mitansehen. Also wurde ich mir darüber bewusst, dass ich Faith helfen will, besser mit der Situation klarzukommen.

Auch wenn wir sehr viel reden und wahrscheinlich auch über andere Dinge als die meisten Menschen, blockt sie bei dem Thema immer ab, sodass ich in all den Jahren nie eine Möglichkeit hatte, zu ihr durchzudringen.

Und dann bin ich eines Nachts mit dem Impuls aufgewacht, dass ich mit ihr in Liams und meine Heimat fliege und ihr zeige, wo ihre Wurzeln liegen. Ich folgte meiner Intuition. Und als wir das größere Wohnmobil bekommen haben und dich trafen, dachte ich mir schon, dass das, was du wolltest, etwas damit zu tun hat.»

«Was ich wollte?»

«Ja. Wolltest du nicht ein Abenteuer erleben und dein Leben verändern?»

«Das stimmt … Also glaubst du …?»

«Ja! Und als ich gestern zu dir sagte, dass es ein wertvoller Tag war, meinte ich es genau so. Faith hatte das erste Mal in all den Jahren Wut gezeigt, nachdem sie sonst die Tage um den Todestag ihres Vaters nur in Ohnmacht und tiefer Trauer verbrachte hatte.»

Mittlerweile waren sie auf den Klippen angekommen und standen auf der Aussichtsplattform. Die großen Steintafeln am Rand, die übereinanderlappten. Ein Turm, der dort seit einer sehr langen Zeit stand. Möwen, die vereinzelt zu sehen waren.

Faith stand dort an eine der großen Steintafeln gelehnt und blickte auf das Meer hinaus, auf dem das Glitzern der Sonne, die sich in den Wellen spiegelte, zu sehen war. Durch die einzelnen Wolken schoben sich große unförmige Schatten über die Wasseroberfläche. Es war ein wunderschöner Anblick, den man nie wieder vergaß.

Alex schaute zu Sam, der ihm aufmunternd zunickte. Er atmete ein Mal durch und gesellte sich zu Faith, seinen Blick ebenfalls in die Ferne gerichtet.

«Hey, du», sagte Alex leise.

«Hey.»

Stille. Nach einigen Sekunden fragte Faith: «Sam hat es dir gesagt, oder? Hat er dir die gesamte Geschichte erzählt?»

«Ja, dass dein Vater sein Zwillingsbruder ist und an seinem Geburtstag verstarb.»

«Das ist aber nicht die ganze Geschichte …», Faith nahm einen bewussten Atemzug.

«Ich habe darüber noch nie so wirklich mit jemandem gesprochen. Auch wenn ich Sam über alles liebe … ich fühle mich so schlecht dabei.»

«Warum? Was ist denn passiert?»

«Hat er dir gesagt, wie mein Vater gestorben ist?»

«Nein.»

«Ich war die Wochen vor seinem Geburtstag aufgeregt, weil ich ihm einen Vater-Tochter-Tag schenken wollte. Ich hatte es mit meiner Mutter abgesprochen. Und dann war der Tag endlich da. Wir haben morgens noch gemeinsam gefrühstückt, ich habe ihm Orangensaft, Kaffee und leckere Brötchen gemacht. Danach verriet ich ihm, dass wir jetzt zu der Überraschung aufbrechen würden.

Ich hatte uns eine kleine Wanderroute rausgesucht, an deren Ende ein ganz tolles Restaurant mit einem phänomenalen Ausblick zu finden war. Ähnlich wie hier. Wir verabschiedeten uns von Mama und fuhren los.

Die Fahrt dauerte etwa zwei Stunden pro Strecke. Wir gingen also den gesamten Weg entlang, saßen in dem Restaurant, hatten ganz tolle Gespräche geführt, unglaublich viel gelacht und einfach einen wunderschönen Tag erlebt.

Als es dann abends schon dunkel war und wir wieder zurückfuhren, bauten wir einen Unfall. Wie aus dem Nichts tauchte plötzlich ein Hirsch auf der Straße auf und mein Vater wich mit dem Auto aus. Doch dabei kamen wir ins Schleudern und überschlugen uns einige Male, bis das Auto auf dem Dach zum Liegen kam. Auch wenn es nur wenige Sekunden waren, habe ich jeden Moment wie in Zeitlupe gesehen und erinnere mich noch, wie ich meinen Vater mit einer Platzwunde am Kopf sah, als wir beide kopfüber durch unsere Sicherheitsgurte dort hingen und feststeckten. Ich konnte mich nicht befreien. Überall waren Scherben, der eine Scheinwerfer schien noch und die Reifen drehten ihre letzten Runden, bevor sie zum Stillstand kamen. Glücklicherweise kam nach wenigen Minuten ein Auto an uns vorbei, das sofort den Notarzt und die Feuerwehr rief, die uns befreiten.»

«Oh mein Gott, ist das schrecklich … und dann …?»

«Wir fuhren gemeinsam im Krankenwagen ins nächste Krankenhaus. Mir ging es soweit einigermaßen. Später stellte sich heraus, dass mein Arm gebrochen war, was ich wegen des Adrenalins aber nicht bemerkte. Mein Vater lag im Krankenwagen neben mir und wir hielten uns an den Händen. Er hatte zwischendurch immer wieder das Bewusstsein verloren.

Die Notärzte versuchten alles und als wir im Krankenhaus ankamen, wurde er sofort in Richtung des OPs geschoben.

Sie sagten auf der Fahrt bereits etwas von inneren Quetschungen und Blutungen. Ich konnte damals nicht alles verstehen. Ich weiß nur noch, dass ich weinte, weil ich so eine Angst hatte. Ich lief im Krankenhaus die ganze Zeit neben ihm her und hielt seine Hand. Ich erinnere mich noch heute an das kalt-weiße Licht … und diesen Geruch werde ich wohl niemals vergessen. Wir bogen um die letzte Ecke. Der lange Flur dahinter führte zu großen Türen, auf denen in Großbuchstaben ‚BETRETEN VERBOTEN – OP‘ stand. Und ich weiß auch noch ganz genau, wie mich das Gefühl der Panik überkam, als ich diese Türen sah. Etwas in mir wusste, dass dieser Moment …»

Sie stockte und schluckte. Tränen liefen ihr die Wange herunter.

«Ich drückte seine Hand. Als er noch einmal zu sich kam, schaute er mich an, lächelte und sagte in einem friedlichen Ton: ‚Hallo, Zoe … mein Schatz.‘ Ich sagte ihm, dass ich fürchterliche Angst hatte, und er schenkte mir mit einem Blick all die Liebe, die ein Mensch einem anderen schenken kann.

Ich fragte ihn: ‚Wird alles gut, Papa?‘ Er brauchte einen Moment, bis er antwortete. Aber dann sagte er: ‚Alles ist gut!‘

Ich fragte ihn, woher er das wisse, und dann antwortete er wieder mit seinem typischen Lächeln: ‚Have a little faith. Ich liebe dich!‘ Danach sind sie mit ihm durch die Tür gegangen.

Die Ärzte wollten mich ebenfalls untersuchen, aber ich habe mich geweigert, von der Tür zu weichen! Die Zeit, die ich dort wartete, war wie ein Albtraum, in dem man sich nicht bewegen kann. Jede Sekunde, jeder Atemzug verging in Zeitlupe und ich hatte nichts weiter als die letzten Worte meines Vaters im Kopf, die er noch zu mir gesagt hatte, bevor sie mit ihm durch diese Tür gingen. Wenige Stunden später kam der Chefarzt zu mir und meiner Mutter heraus, die mittlerweile angekommen war. Er sah traurig zu Boden und anhand seines Blicks konnte ich bereits sein Bedauern spüren.»

«Faith …»

«Verstehst du das?» Sie weinte jetzt bitterlich. «Hätte ich ihm nicht diesen doofen Vater-Tochter-Tag geschenkt, dann wäre er noch da. Dann hätte ich noch einen Vater, meine Mutter noch einen Mann und Sam noch seinen geliebten Bruder. Alles nur, weil ich ihm dieses Geschenk gemacht habe!»

Sie drehte sich zu Alex und er nahm sie in den Arm, eine Hand auf ihrem Rücken und eine Hand sanft auf ihrem Kopf.

Er sagte nichts.

Nach einer Weile nahm er ihr Gesicht in seine Hände und sah ihr in die Augen. «Faith, ich möchte dir auch etwas erzählen: Ich weiß, wie du dich fühlst. Zumindest annähernd. Meine Mutter ist gestorben, als ich drei Jahre alt war. Ich habe keine wirklich klare Erinnerung mehr an sie. Einzelne Schnipsel und Bilder, die hier und da mal wiederauftauchen.

Außer ein paar alten Bildern und ein paar wenigen Videos auf VHS-Kassetten. Ich wünschte mir, ich hätte mit ihr noch mehr Zeit verbringen können. Leider ist das nicht möglich und war es nie. Wenn ein geliebter Mensch von uns geht, würden wir immer alles dafür geben, noch mehr Zeit mit ihm verbringen zu können. Ich glaube, die ehrwürdigste Art, wie wir uns an einen Menschen erinnern können, ist, indem wir uns an die Momente erinnern, die wir gemeinsam verbracht haben, und nicht an die Zeit, die uns nicht mehr gemeinsam geblieben ist.

Und auch wenn ich mich nicht bewusst an meine Mutter erinnern kann, bin ich ihr unendlich dankbar, dass sie mir das Leben geschenkt hat. Eine Dankbarkeit, die ich tief im Herzen spüre, und ich bin mir sicher, dass sie das weiß. Ich weiß, dass sie stolz auf mich ist. Genauso … wie dein Vater stolz auf dich ist.»

«Woher … woher weißt du das?»

«Liam war Sams Zwillingsbruder. Sam hat dich auch immer schon als seine Tochter betrachtet, das hat er mir eben gesagt. Und hast du ihm einmal in die Augen geschaut, wenn er dich ansieht? Seine Augen sagen nichts Geringeres, als dass er unglaublich stolz auf dich ist und dich liebt. Und aufgrund dessen, was ich eben von Sam über deinen Vater gehört habe, weiß ich, dass seine Weisheit, seine Güte und seine Liebe in dir weiterlebt. Denn schau dich an. Du gehörst zu den atemberaubendsten und großherzigsten Menschen, die ich jemals treffen durfte. Und genauso sieht dein Vater dich auch, denn ich bin mir sicher, wenn du tief in dich hineinfühlst, kannst du ihn immer noch wahrnehmen. Er lebt durch dich weiter.»

Faith konnte nichts mehr sagen.

Die Tränen, die sie noch immer vergoss, waren keine reinen Tränen der Trauer mehr. Es waren auch Tränen der Freude. Freude darüber, dass sie das erste Mal seit elf Jahren an diesen Tagen etwas anderes fühlen konnte.

Alex' Worte trafen sie mitten ins Herz und brachten für sie Licht und Wärme ins Dunkle. Sie atmete tief ein und aus, umarmte ihn anschließend, hielt ihn ganz fest und sagte voller Liebe: «Danke schön, Alex.»

Beide standen noch für einige Momente dort, fest umschlungen und Faith stellte fest, dass dieses Gespräch sehr viel für sie verändert hatte.

Sie löste sich von Alex, wischte sich noch eine Träne aus dem Gesicht und drehte sich noch einmal zum Meer um. Dann stellte sie sich vor, wie ihr Vater gerade durch ihre Augen diesen Ausblick genoss. So, wie er es früher geliebt und getan hatte. Dieser Gedanke erfüllte sie mit Stolz und Freude. Weitere Tränen flossen ihre Wangen hinunter. Ein tiefer Seufzer der Erleichterung breitete sich in ihrem Körper aus. Dann wandte sie sich zu Sam um, der immer noch einige Meter von ihnen entfernt stand. Sie konnte erkennen, dass auch ihm vereinzelt Tränen übers Gesicht rollten.

Sie ging auf Sam zu und umarmte ihn, wie sie ihn schon Jahre nicht mehr umarmt hatte: «Sam ... ich liebe dich und ich danke dir für alles. Ich weiß, dass mein Vater stolz ist, so jemanden wie dich seinen Bruder nennen zu dürfen.»

Jetzt konnte auch Sam seine Tränen nicht mehr zurückhalten und sie lagen sich weinend in den Armen.

Alex betrachtete die beiden, wie sie dort standen. Er hatte in diesem Augenblick so viel über die reine Liebe einer Familie erfahren wie in seinem ganzen Leben noch nicht.

Nach einigen Minute kamen die zwei zu ihm und stellten sich links und rechts neben ihn.

Schulter an Schulter standen sie nun dort.

Schweigend und in der Schönheit des Augenblicks.

Gerührt und voller Liebe dem Leben gegenüber schauten sie auf das Meer, das ständig in Bewegung war, auf die andauernd strahlende Sonne, die sich in den Wellen spiegelte und auf die einzigartigen Formationen der Wolken.

Kapitel 31 – Have a little Faith

Nach etwa einer halben Stunde machten die drei sich wieder auf den Rückweg. Die gesamte Anspannung der letzten Tage war verschwunden. Übrig blieb das befreiende Gefühl, das man hat, wenn man nach langer Zeit Ballast ablegen kann. Der Moment, in dem sich das befreiende Gefühl breitmacht, als ob ein blockierter Fluss endlich wieder frei fließen kann.

Sam öffnete die Tür des Wohnmobils: «Hereinspaziert, die Reise geht weiter.»

«Vielen Dank, der Herr.» Faith scherzte wieder in ihrer natürlichen Fröhlichkeit.

«Wohin geht es denn jetzt?» Alex war neugierig und gleichzeitig hörte Faith die Traurigkeit aus seinen Worten heraus. Für einen Augenblick wurde sie ebenfalls nachdenklich.

«Es geht nach Limerick. Ich dachte mir, dass wir den letzten gemeinsamen Abend gemütlich in einem Pub verbringen und tolle Gespräche haben, was sagt ihr?»

«Das klingt sehr gut.»

Faith lachte. «Ich glaube, ein oder zwei Bier würden uns allen heute Abend guttun.»

Zu Alex gewandt sagte sie: «Jetzt mach ich noch einmal den Navigator. Du kannst es dir auf der Bank gemütlich machen.»

Sie machten es sich auf ihren Plätzen bequem und Alex versank in Gedanken, während sein Blick abwechselnd aus dem Fenster in die grüne Natur und nach vorn zum Beifahrersitz ging.

Oh Mann, was ist, wenn ich Faith nie wiedersehe? Wenn ich jetzt nach Hause komme, wird für mich alles anders sein. Ich bin nicht mehr dieselbe Person wie die, die vor einer Woche noch niedergeschlagen von der Arbeit nach Hause gekommen ist.

Wie kann ich mich mit meinem alten Leben arrangieren? Was ist eigentlich mein altes Leben? Ist es real oder waren es lediglich die Umstände, die ich immer und immer wieder verursacht habe? Wenn ich an die letzten Tage denke, dann erscheint mir alles wie ein Traum. So surreal. So absurd wunderschön. Ich finde selbst gar keine Worte dafür.

Als Faith sich zu Alex umwandte, erkannte sie an seinem verhärteten Gesichtsausdruck, dass er sich gerade sehr viele Gedanken machte. Sie wusste auch, welche Gedanken es waren, denn sie hatte die gleichen.

Im Radio hörte sie die Moderatorin der Sendung einen All-Time-Classic in voller Länge ankündigen. Don McLean mit *American Pie*. Begeistert richtete sie ihre Aufmerksamkeit wieder nach vorn, schrie «Saaaaam!» und drehte die Lautstärke fast bis zum Anschlag auf. Sie räusperte sich und fing an zu singen: «Long, long time ago … I can still remember …»

Sam stimmte ein: «… how that music, used to make me smile …»

Alex, der durch Faiths plötzlichen Ruf, aus seinen Gedanken gerissen wurde und danach die beiden singen hörte, war zuerst ganz perplex. Doch er erkannte sofort das Lied und sang lauthals mit: «… And I knew, if I had my chance. That I could make those people dance, and maybe they'd be happy for a while …»

Faith schaute Sam überrascht an. Sie drehte das Radio noch etwas lauter und sie sangen gemeinsam das gesamte Lied mit voller Stimme. Achteinhalb Minuten später saßen sie alle lächelnd, aber etwas schwerer atmend in ihren Sitzen.

«Das Lied habe ich früher immer mit meinem Vater gehört. Er hat es immer noch als Vinyl daheim im Schrank», sagte Alex.

«Das habe ich auch gemacht. Erinnerst du dich noch, Sam, als Papa, du und ich auf unserem kleinen Abenteuer waren?

Wie alt war ich da? Ich glaube, ungefähr neun. Da haben wir das Lied gefühlt achttausendmal gehört.

Ich konnte es irgendwann nicht mehr hören, aber der Rhythmus hat mich jedes Mal wieder gepackt.»

Sam lachte: «Ja, an den Trip kann ich mich gut erinnern. Keine Ahnung, was da in Liam und mich gefahren ist, dass wir den Song so oft gehört haben. Es war ein unvergesslicher Trip.»

«Das war es!» Faith schaute lächelnd zu Sam und dann aus dem Fenster. Sie bemerkte, dass sie über eine Geschichte von ihrem Vater sprechen konnte, ohne in ein trauriges Gefühl zu verfallen. Ihr lief eine Träne der Freude die Wange hinunter.

«Alles okay?», fragte Sam.

«Ja, ich bin gerade einfach nur dankbar, dass wir diesen Trip damals gemacht haben. Den werde ich immer in Erinnerung behalten.»

«Sam, kann ich dich mal etwas fragen?», rief Alex nach vorn in die Fahrerkabine.

«Na ... aber immer doch!»

«Ich habe das Lied schon unzählige Male gehört und mir auch den Songtext ganz genau durchgelesen. Aber ich habe keine Ahnung, was das Lied bedeutet. Weißt du das zufällig?»

«Das haben sich schon unzählige Menschen gefragt. Ein paar Menschen glauben, dass der Sänger die Geschichte des letzten halben Jahrhunderts mit all den großen Ereignissen und Künstlern der Musikgeschichte in diesem Song verewigt hat. Don McLean wurde dies meines Wissens auch einmal in einem Interview gefragt.»

«Und was hat er geantwortet?»

«Er hat nur gelächelt und gemeint, dass das Lied bedeutet, dass er nie wieder in seinem Leben arbeiten gehen muss. Und lachte dann.»

Alex lachte daraufhin: «Was für eine coole Antwort!» Dann

fuhr er fort: «Aber irgendwie habe ich mir etwas Tiefgründigeres erhofft.»

«Ich glaube, dass wir aus seiner Antwort schon sehr viel mitnehmen können, auch wenn sie vielleicht nicht so gemeint ist.»

«Ach ja? Was denn?»

«Die Herausforderung, wenn du viel weißt und dich viel mit dir und der Welt beschäftigst, ist, dass wir dazu tendieren, fast schon zwanghaft in allem und jedem einen tieferen Sinn sehen zu wollen.

Das kann unter Umständen sehr anstrengend werden, da wir ab einem gewissen Augenblick anfangen, Dinge zu zerdenken und zu überanalysieren, anstatt sie einfach so wahrzunehmen, wie sie sind. Wie in diesem Fall – als einen unglaublich tollen Song, der eine Menge Geld eingespielt hat.»

«Danke! Die Antwort tat gerade sehr gut», sagte Alex, denn die Antwort passte perfekt zu seinen Gedanken, die er vor wenigen Minuten noch hatte.

Faith lächelte, denn sie wusste genau, warum Alex sich gerade bedankte. Auch sie konnte dadurch ihre eigenen Gedanken zu Alex noch einmal mit mehr Leichtigkeit sehen.

Sie fuhren weiter nach Limerick und parkten dort in der Nähe des Shannon River am Park in einer kleinen Seitenstraße.

«Hier können wir heute Abend am Wasser noch eine Runde spazieren gehen, was haltet ihr davon?», fragte Sam, der sich gerade noch umsah, ob er hier parken konnte, ohne jemanden zu stören.

«Ja, das wäre schön!», sagte Faith und schaute zu Alex zurück, der ihr zunickte.

«Alles klar, dann machen wir uns mal frisch und dann gehen wir los, oder?»

Alex und Faith antworteten beide mit einem freudigem «Ja!» gleichzeitig.

Sie machten sich auf den Weg in das etwa zweieinhalb Kilometer entfernte Zentrum, wo es in kleinen Gassen jede Menge Restaurants, Bars und Cafés gab.

«Ach, ich kann mich daran, glaube ich, nie satt sehen», rief Alex.

«Was meinst du genau?»

«Einfach dieses Gefühl hier in Irland, dass alles so gemütlich und freundlich ist. Als wäre ich wirklich willkommen.»

«Ja, das stimmt. Aber bei so tollen Männern wie meinem Vater und dem alten Mann hier, die dieses Land hervorgebracht hat, wundert es mich nicht.» Sie boxte Sam leicht in die Seite.

«Hey, pass mal auf, junges Fräulein. Nur weil ich alt bin, heißt das nicht, dass ich dich nicht wieder zu Boden kitzeln kann!»

«Ach, du bist kitzelig? Gut zu wissen.» Alex erhob spielerisch seine beiden Zeigefinger, als ob sie Kitzelwaffen wären.

«Zwei gegen einen ist unfair. Außerdem bin ich eine Lady! Ladys kitzelt man nicht.» Sie ging albern ein paar Schritte schneller und tat so, als wäre sie aus dem vorletzten Jahrhundert. Sam lachte und Alex genoss es sehr, dass zwischen den beiden nun wieder eine ganz andere Energie schwang und eine Leichtigkeit mit ihr einherging.

In diesem Augenblick wurde er einen gefühlten halben Meter größer, als er sich darüber bewusst wurde, dass er dazu beitragen konnte. Er hatte noch nie vorher das Empfinden gehabt, einen anderen Menschen so positiv beeinflusst zu haben. Es war ein unbeschreibliches Gefühl.

Sie fanden eine Bar, in der sie etwas essen und danach noch etwas trinken konnten. Auch hier fand sich auf der Speisekarte für jeden etwas Leckeres. Während des Essens sprachen sie weniger. Auch wenn jeder der drei wusste, dass das gemeinsame Abenteuer bald vorbei war und dass deswegen etwas Unausgesprochenes in der Luft lag, sagte niemand etwas.

Sie bestellten jeder ein Pint Bier und als sie anstießen, brach Sam die Stille: «Sláinte. Und jetzt würde ich gern einfach das ansprechen, das besonders euch beide gerade etwas sprachlos macht. Alex fliegt morgen wieder.»

Alex, der gerade seinen ersten Zug genommen hatte, verschluckte sich fast an seinem Bier. Er hustete kurz, setzte das Glas ab und schaute Faith und Sam an.

«Das stimmt … und ich …»

«Und du möchtest nicht, dass es jetzt schon endet?» Sam unterbrach ihn, da er auf etwas ganz Bestimmtes hinauswollte.

«Genau.»

«Warum?»

«Weil ihr mir fehlen werdet.» Sein Blick ging von Sam langsam rüber zu Faith und blieb dort für einige Sekunden.

«Was genau?»

«Wie meinst du das?»

«Ich will nicht, dass du jetzt Lobeshymnen über uns singst, aber vertrau mir, deine Antwort wird dir helfen.»

«Ich werde eure offene Art vermissen, deine Weisheit, Sam, und deine Freude und Leichtigkeit, Faith. Ich werde die schönen Momente vermissen, in denen wir einfach nur da waren und den Moment genossen haben.»

«Weißt du, warum du das alles vermissen wirst?»

«Weil ihr am anderen Ende der Welt sein werdet?» Alex grinste kurz.

«Nein, weil du eine Sache noch nicht erkannt hast!»

«Und welche wäre das?»

«Du kannst nur das in anderen lieben und wertschätzen, was auch in dir selbst vorhanden ist. Du hast all das, die Weisheit, die Leichtigkeit und die Freude. Die Gabe, den Moment vollkommen wahrzunehmen und tiefe Gespräche zu führen. Du hast all das in dir. Du bist dir nur noch nicht darüber bewusst, dass du all diese Dinge dir selbst zu jedem Zeitpunkt schenken kannst.»

«Das ist eine wirklich spannende Sichtweise!»

«Wenn etwas mit dir in Resonanz geht, muss es in dir eine Art ‚Andockstelle' haben. Sonst würde es dich völlig kalt lassen.»

«Du sagst also, dass ich …»

«Dass du all das in dir hast und es jeden Tag leben kannst. Wenn du diese Eigenschaften als machtvoll ansiehst, dann überlege dir einmal, was alles in deinem Leben passieren wird, wenn du diese Frequenz konstant über einen längeren Zeitraum aufrecht halten kannst.»

«Oha, mir wird gerade unglaublich viel bewusst! Aber, kann ich euch nicht … trotzdem vermissen?»

«Natürlich kannst du das, ich werde dich auch vermissen. Aber gleichzeitig bin ich unglaublich dankbar, dass wir auf dieser Reise zusammengefunden habe, und akzeptiere, dass jede Form, so auch dieses Abenteuer, einen Anfang und ein Ende hat. Sonst könnten keine neuen Abenteuer in dein Leben kommen, wenn du ständig nur das eine lebst.»

Sam, der am Kopf des Tisches saß, legte seine eine Hand auf Alex' und seine andere Hand auf Faiths. Diese öffnete ebenfalls ihre Hand und Alex legte seine andere Hand in ihre.

«Ich persönlich glaube an etwas.» Sam sah Faith und Alex in die Augen. «Ich glaube daran, dass ein Mensch für immer in deinem Lächeln und dem Blick deiner Augen weiterleben wird, wenn du diesem Menschen mit wirklich offenem Herzen begegnet bist. Und für diese Bereicherung danke ich euch beiden. Faith, du bist dies seit dem Tag deiner Geburt und Alex, du bist es seit diesem gemeinsamen Abenteuer.»

Sie drückten alle drei die Hände der anderen etwas fester. Dann lösten sich Alex' und Faiths Blicke von Sam und fanden einander. Alex' Sicht verschwamm und er konnte Faith nur noch in einem wunderschönen Leuchten sehen. Sie hielten ihre Hände noch für einige Sekunden weiter fest und ließen sich dann alle mit einem erleichterten Lachen los.

«Danke, Sam, für diese Worte. Ich freue mich schon auf das nächste Abenteuer, das ich bestreiten werde.»

«Weißt du, warum dieses Abenteuer für dich so besonders war, Alex?», fragte Sam.

Dieser hielt kurz inne. Doch dann schmunzelte er und sagte: «Ja! Ich bin hierher nach Irland geflogen mit dem Gefühl, dass ich vor etwas fliehe. Aber bereits wenige Minuten nach der Landung hat mich jemand gefragt, was ich wirklich will. Daraus entstand immer mehr Klarheit und das Ergebnis sehen wir hier.»

Sam nickte und Alex' Blick schweifte bei seinem letzten Satz wieder von Sam hinüber zu Faith, die unter dem Tisch ihr Bein etwas streckte, sodass sie Alex berührte, und dabei lächelte.

Einen Moment schwiegen sie, bis Faith Alex' Hand ergriff und sagte: «Ach übrigens, ich habe es heute Mittag in einem Nebensatz erwähnt, mein eigentlicher Name ist Zoe. Schön, dich kennenzulernen.»

«Es freut mich sehr, Zoe.» Alex lachte.

«Ich habe dich ewig nicht mehr deinen richtigen Namen sagen hören.» Sam schmunzelte.

«Nennt mich gern weiter Faith. Ich mag den Namen wirklich sehr.»

In dem Augenblick fiel Alex' Blick auf Faiths Handgelenk und das Armband, das sie dort trug. Er hatte es bei ihrer ersten Begegnung gesehen, doch seitdem nicht mehr wahrgenommen. Faith bemerkte, dass Alex ihr Armband anschaute, und drehte es so, dass er die Inschrift auf der metallenen Seite lesen konnte.

«Have a little faith», las Alex leise vor. Sein Blick wanderte wieder hoch zu Faiths Augen, die ihn in vollkommener Dankbarkeit anschauten.

Er atmete tief durch: «Sehr gerne, Faith!» Seine Stimme war voller Wertschätzung über das Vertrauen, das sie ihm schenkte. Dann fiel ihm etwas anderes ein: «Wie heißt ihr eigentlich mit Nachnamen? Wir reisen so lange zusammen und ich kenne nur eure Vornamen.»

«Gallagher, klassisch irisch!» Sam setzte sich stolz aufrecht hin.

«Es ist erstaunlich, wie wenig man über einen anderen Menschen wissen muss und sich trotzdem verbunden fühlt, wenn die Energie stimmt.»

Alex schüttelte ein wenig den Kopf, da er selbst kaum glauben konnte, wie feinfühlig er auf dieser Reise für all die Dinge geworden war, die Sam und Faith ihm weitergegeben hatten.

«Und wann fliegt ihr wieder nach Australien?»

«Übermorgen. Wir werden morgen, nachdem wir dich zum Flughafen gebracht haben, noch einmal nach Dingle zu Michael fahren. Faith hatte mich gefragt, ob wir uns noch mal mit ihm zusammensetzen und ein paar Geschichten aus unserer Jugend von uns und Liam erzählen könnten. Wir haben wirklich viel gemeinsam erlebt, bis wir dann nach Australien sind!»

«Das ist wundervoll! Ich hoffe, du erfährst eine Menge tolle Geschichten, Faith.» Er machte eine kurze Pause, griff nach seinem Glas und hob es auffordernd in die Mitte. «Auf einen letzten Abend mit wundervollen Momenten und der besten Gesellschaft, die ich mir gerade nur vorstellen kann. Sláinte.»

Sam und Faith stießen an und stimmten ebenfalls mit ‚Sláinte' ein.

Kapitel 32 – Bürde oder Abenteuer?

Alex' Wecker klingelte, den er sich vergangene Nacht das erste Mal in diesem Wohnmobil gestellt hatte. Sonst hieß sein Wecker Sam, der Kaffee machte, oder einmal auch Faith, die ihn mit zu dem See nahm.

Er drückte seinen Wecker aus und schaute an die Decke des Wohnmobils. Aus manchen Fensterritzen schien bereits ein schimmerndes Licht hinein.

«Alex? Wie spät ist es? Warum hast du dir heute einen Wecker gestellt?»

«Es ist sechs Uhr. Ich wollte den letzten Tag hier in Irland nicht halb verschlafen, sondern bewusst wahrnehmen.»

Faith drehte sich zur Kante und richtete für ein paar Sekunden schweigend ihren Blick auf Alex' Bett hinunter.

Danach schob sie ihre Bettdecke weg, kletterte nach unten und legte sich ohne ein Wort zu sagen zu Alex. Ihren Kopf kuschelte sie auf seine Schulter. Nach ein paar Momenten, in denen Alex erst realisierte, was gerade passiert war, sagte sie schmunzelnd: «Gute Idee. Dein Herz schlägt ganz schön schnell.»

«Kannst du es mir verübeln?» Er nahm sie in seinen Arm und hielt sie fest.

So blieben sie liegen. Ohne ein Wort zu sagen. Einfach nur im Genuss der Gesellschaft des anderen.

Mit einem Ruck wurden sie wieder wach. Sie waren durch die gegenseitige Wärme doch wieder eingeschlafen. Sam kam aus dem hinteren Bereich nach vorne.

«Guten Morgen, ihr zwei.» Er lächelte.

«Hallo … Sam.» Alex wusste nicht, was er sagen sollte, während er Faith immer noch im Arm hielt.

«Alles in Ordnung, Alex. Ich habe mich schon gefragt, wann ich euch beide morgens so vorfinde. Spätestens in Dublin, als ich bemerkte, wie du Faith mit glänzenden Augen ansahst, während sie tanzte, war ich mir sicher.»

«Guten Morgen», sagte Faith. Ihr Lächeln war selbstbewusst und ihre Stimme ließ nicht erkennen, dass sie sich rechtfertigen wollte. Sie setzte sich im Bett auf, rieb sich die Augen und fuhr sich durch die Haare.

«Bei uns in der Familie ist es sehr entspannt bei solchen Themen. Wir glauben, dass es vollkommen schön ist, zu zeigen, wenn man jemanden mag.»

Alex spürte eine innere, wohlige Wärme, die er noch nicht ganz zuordnen konnte. Letztendlich brachte er aber ein «Das finde ich sehr schön!» hervor.

«Kaffee?», fragte Sam mit nach oben gezogenen Augenbrauen.

«Ja, bitte!», sagte Faith.

«Für mich auch sehr gerne!»

Während Sam den Kaffee aufsetzte, machten sich Alex und Faith abwechselnd wieder im hinteren Teil des Wohnmobils fertig. Sie öffneten die Tür und beide Dachfenster, sodass Sonnenstrahlen und frische Luft hereinkamen und das Geräusch der zwitschernden Vögel und das des Wassers zu hören waren. Alle drei saßen still nebeneinander, genossen diesen Moment, der magisch erschien. Faith nahm ihr Handy zur Hand, öffnete ihre Musik-App und spielte *Stairway to Heaven* von Led Zeppelin ab. Dabei schloss sie ihre Augen und versank vollständig in dem Song und diesem Augenblick.

«Ich schlage vor, wir fahren gemütlich los und essen auf dem Weg irgendwo was. Was sagt ihr?»

«Gerne, ich habe jetzt ohnehin noch keinen wirklichen Hunger, du Alex?», antwortete Faith.

«Nein, ich auch noch nicht.»

Sie packten alles zusammen und machten sich bereit für die Fahrt zum Flughafen.

Faith saß wieder auf dem Beifahrersitz und Alex schaute verträumt aus dem Fenster und versuchte, sich nicht von seinen Gedanken überrumpeln zu lassen. Auch wenn er sie bereits deutlich besser kontrollieren konnte als zu Beginn seines Abenteuers. Da fiel ihm ein, dass er seinem Vater noch schreiben musste, wann er wieder landen würde.

Auf ihrem Weg fanden sie ein schönes, allein stehendes Café, umgeben von Natur, mit einem Wintergarten, von dem aus sie einen wunderbaren Blick auf die leuchtend grüne Landschaft hatten und in dem sie etwas essen konnten.

Als die Bedienung ihnen die Karten brachte und sie drauf schauten, lächelten sie und sagten gleichzeitig: «Ich nehme Pancakes!»

Verwundert, dass sie so schnell eine Entscheidung treffen konnten, lächelte die Bedienung und nickte. «Sehr gern, kommt sofort!»

Sie genossen das letzte gemeinsame Frühstück.

«Wir haben noch etwa eine halbe Stunde zu fahren, Alex. Du musst bestimmt auch etwas früher am Flughafen sein. Passt es so für dich?»

«Das passt sehr gut!» Er versuchte, das Lächeln so authentisch wie möglich zu halten.

Als sie nach dem Essen wieder ins Wohnmobil gingen und sich auf ihre Plätze setzten, fragte Faith an Sam gewandt: «Schaffst du es die letzte halbe Stunde ausnahmsweise ohne Beifahrer? Das Navi leitet dich sowieso und ich habe eben noch einmal nachgesehen, du musst eigentlich nur auf dieser Straße bleiben.»

«Natürlich», sagte er und nickte bekräftigend.

Faith stand auf, setzte sich auf die Bank im hinteren Bereich neben Alex und legte ihren Kopf auf seine Schulter.

Alex nahm ihre Hand und gab ihr einen Kuss auf den Kopf.

Die letzte halbe Stunde verging wie im Flug. Es war eine dieser letzten halben Stunden gewesen, von denen man nicht genug bekommen konnte.

Sam setzte den Blinker, um auf den Parkplatz des Flughafens abzubiegen.

Alex und Faith drückten ihre Hände noch stärker.

Nachdem Sam eingeparkt hatte, hielt er das Lenkrad noch für ein paar Momente fest und starrte auf das Armaturenbrett. Danach drehte er sich nach hinten zu Alex und Faith:

«Ein paar Minuten haben wir noch, oder?»

«Ja, warum?»

«Gut, ich möchte dich nämlich noch etwas fragen.»

«Und das wäre?»

«Du hast gestern selbst gesagt, dass dieses Abenteuer so besonders war, weil du dir darüber bewusst geworden bist, was du wirklich willst. Was ist es denn jetzt?»

«Das ist eine gute Frage … Ich fühle mich gerade etwas überwältigt.»

«Das sehe ich. Aber warum ist das so?»

«Ich … ich kann es dir nicht genau sagen.»

«Du bist dir jetzt nur darüber bewusst, was du nicht willst. Nämlich jetzt gleich zurückfliegen.»

«Das … das stimmt.» Alex erschrak, weil er gerade begriff, dass er seit gestern sehr viel Fokus auf etwas gab, was er nicht wollte.

«Weißt du, inneres Glück entsteht, wenn wir herausfinden, was wir wirklich wollen, und uns in die Richtung dessen bewegen. Ein innerer Konflikt entsteht, wenn wir herausfinden, was wir wollen, aber nicht in die Richtung gehen, oder wenn wir nur wissen, was wir nicht wollen. Ich habe es bereits vor ein paar Tagen erwähnt, doch das solltest du immer in Erinnerung behalten: Alles, was wir Menschen tun, tun wir immer nur aus dem Grund, dass wir glauben, dass wir uns danach besser fühlen als vorher. Aber wie du seit diesem Abenteuer weißt, ist alles möglich! Warum also nur an das denken, was du nicht willst?

Denn dann gibst du einfach nur mehr Fokus dorthin und bekommst genau das gespiegelt. Der Rückflug ist nun mal gerade da. Du kannst ihn verstreichen lassen und irgendwann anders fliegen, musst dann aber mit den Konsequenzen umgehen. Ob sie groß oder klein sind. Wir fliegen auf jeden Fall morgen Abend. Aber anstatt dich gegen das zu wehren, was gerade ist, kannst du dir darüber bewusst werden, was du willst, und dich schon darauf einstellen, dass es für dich da ist. Denn wie du weißt, ist es das energetisch bereits.»

«Das ergibt Sinn! Es fühlt sich gerade nur noch nicht ganz so leicht an.»

«Es fühlt sich nur deswegen noch nicht ganz so leicht an, weil du eine andere Perspektive auf die ganze Sache hast!»

«Und welche ist das?»

«Du siehst das Herausfinden von dem, was du willst, als Bürde an. Dabei ist das der Grund, warum wir hier sind. Wenn du es genau wissen willst, ist herausfinden, was du willst, eines der letzten großen Abenteuer der Menschheit. Leider versagen sich viele genau dem und versuchen, einen ‚sicheren Hafen' zu finden, anstatt sich auf das Abenteuer des Lebens einzulassen. Sie sterben irgendwann mit einer Angst, etwas falsch zu machen, anstatt sich und ihre Realität auf dem Weg gänzlich zu entdecken.»

«Hättest du mir das vor einer Woche gesagt, wäre ich nicht mit euch mitgefahren. Aber jetzt verstehe ich jedes einzelne Wort und es gibt mir gerade ein wundervolles Gefühl der Freude. Zu wissen, dass mein Abenteuer immer weitergeht, solange ich mich weiter auf dem Weg des Abenteurers befinde. Vielen Dank, Sam!»

«Also, wie sieht dein nächstes Abenteuer aus?»

«Ich … ich weiß es noch nicht.»

«Wie wäre es mit einer Reise nach Australien?»

Alex machte ganz große Augen! Und auch Faiths Gesichtsausdruck hatte sich binnen einer Sekunde von traurig zu voller Vorfreude gewandelt.

«Australien?»

«Ja, der Kontinent der Abenteuer!» Sam lächelte.

Faith schaute Alex hoffnungsvoll an, der merkte, dass nicht nur Sam ihn ins Herz geschlossen hatte, sondern dass Faith ihn am liebsten sofort nach Australien mitgenommen hätte.

«Ich war noch nie außerhalb von Europa, also denke ich, dass das ein unbeschreibliches Abenteuer wird! Wenn ich es jetzt gerade so sehe, ist es genau das, was ich will! Erst jetzt erkenne ich, dass es keine Bürde ist, sondern dass die eigentliche Freude auf dem Weg des Entdeckens selbst liegt.»

Faith grinste bis über beide Ohren. Und auch Sam freute sich über seine Antwort und auf das Wiedersehen mit ihm. Sie standen auf und Alex nahm seinen Rucksack, den er die gesamte Reise fast gar nicht getragen hatte. Er betrachtete ihn und erinnerte sich an die Worte seines Vaters, dass er stolz auf ihn sei, dass er jetzt auch Abenteuer erlebte.

Ob mein Vater auch all das weiß, was Sam mir auf der Reise beigebracht hat?

Sie standen vor dem Wohnmobil und Alex sah sich um und lächelte. «Genau hier hast du mich vor gut einer Woche aufgelesen. Der Alex, der damals in dieses Wohnmobil einstieg … voller Zweifel und innerlich verhärtet, war ein komplett anderer, als der, der hier heute aussteigt. Und das habe ich euch beiden zu verdanken. Ich fühle mich so lebendig wie noch nie zuvor in meinem Leben!»

Er gab Sam eine lange, herzhafte Umarmung und bemerkte, wie sich Tränen der Dankbarkeit in seinen Augen sammelten. Als er die Umarmung löste und in Sams Gesicht schaute, sah er dasselbe.

«Danke, Alex, durch dich ist auch in uns und zwischen uns unglaublich viel passiert. Das werde ich dir niemals vergessen! Und sei gewiss, dass du nun auch Teil meiner Familie bist. Egal was du brauchst, ich bin für dich da.» Jetzt lief ihnen synchron eine Träne die Wange herunter, als hätten sie es einstudiert. Sie lachten darüber und wischten sie weg.

Dann drehte Alex sich zu Faith und schaute ihr tief in die Augen. Er erinnerte sich an den Moment, als er sie in diesem Wohnmobil das erste Mal sah und sofort von ihren Augen in einen Bann gezogen wurde.

«Faith … ich … ich danke dir für alles. Du hast mir wieder gezeigt, wie leicht mein Leben sein kann und …»

Sie unterbrach ihn mit einem langen und intensiven Kuss. Alex umfasste zärtlich Faiths Kopf. Es war ein Kuss wie aus einem Film. Keiner, der einem Abschied glich, sondern ein Kuss, der tiefe Verbundenheit in sich trug.

Nachdem sie sich wieder voneinander gelöst hatten, sagte Faith nur: «Wir sehen uns ganz bald wieder! Ich danke dir aus ganzem Herzen für jeden gemeinsamen Moment!» Jetzt rollten auch ihr einzelne Tränen die Wangen hinunter.

Dann war es Zeit. Alex setzte seinen Rucksack auf und ging zur Tür des kleinen Terminals. Kurz davor drehte er sich noch einmal zu ihnen. «Hey, wisst ihr was?»

«Was denn?», rief Faith zurück.

«Das Abenteuer geht weiter! Wie kann es jetzt noch besser

werden?»

Sam und Faith riefen gleichzeitig zurück «Wie kann es jetzt noch besser werden?» und winkten ihm zu.

Kapitel 33 – Was ist es, was du wirklich willst?

Alex ging mit einem Lächeln in den Terminal und direkt zum Check-in-Schalter.

«Willkommen am Kerry Airport. Reisen Sie zurück?», fragte die Dame hinter dem Schalter.

«Ja, nach einer Woche geht es wieder zurück.»

«Hat Ihnen Irland gefallen?»

«Sie können sich gar nicht vorstellen, wie sehr!»

«Das freut mich zu hören.»

Nachdem Alex das Gepäck aufgegeben und sich vor dem Gate auf einen Stuhl gesetzt hatte, konnte er nicht anders als nur lächeln.

Auch während des Fluges schien alles anders auf ihn zu wirken. Die Menschen, mit denen er sprach, nahm er anders wahr. Er konnte nicht nur hören, was sie sagten, sondern auch, was sie nicht aussprachen. Es war so, als würde er alles durch eine neue Brille betrachten. Mit einer neuen Identität.

Voller Dankbarkeit schaute er aus dem Fenster und konnte zwischendurch noch nicht ganz begreifen, was in den letzten Tagen wirklich alles passiert war.

Es war wie in einem Film, aber gleichzeitig so real.

Nach der Landung holte er seinen Rucksack am Kofferband ab und ging nach draußen. Dort stand bereits sein Vater an sein Auto gelehnt und mit einem breiten Lächeln auf dem Gesicht.

«Willkommen zurück, Abenteurer!» Er umarmte ihn und wuschelte ihm durch die Haare.

«Hallo, Papa, es ist schön, dich wieder umarmen zu können.»

Er legte seinen Rucksack in den Kofferraum und setzte sich danach auf den Beifahrersitz.

«Erzähl mir, wo du überall warst! Die Details kannst du mir dann heute Abend beim Essen erzählen! Ich habe mir gedacht, wir bestellen was, trinken ein paar Bier und ich höre mir deine Geschichten von deinem Abenteuer an.»

«Das klingt wundervoll!» Alex grinste. «Angefangen hat es damit, dass ich ganz viele Menschen kennengelernt habe, nachdem ich mit zwei von ihnen vom Flughafen nach Killarney gefahren bin. Irgendwie hat es sich ergeben, dass ich mit genau den beiden zwei Tage später auf eine gemeinsame Reise gehen sollte. Es ging von einer Übernachtung in den Bergen nach Dingle, zu einem ganz großen Strand. Danach nach Cork … und … ach ja, ich bin jetzt tätowiert.

Danach ging es durch ein Naturschutzgebiet südlich von Dublin und natürlich war auch eine Partynacht in Dublin selbst dabei.

Wir sind von dort aus nach Galway gefahren, zu den Cliffs of Moher und nach Limerick. Und jetzt bin ich wieder hier.» Alex erzählte ihm diese Kurzfassung in einer Art, wie sein Vater ihn noch nie hatte reden hören. Selbstbewusst, selbstsicher und völlig klar.

«Ich merke, dass diese Reise sehr viel mit dir gemacht hat. Und bitte was? Du bist jetzt tätowiert?» Er lachte nun vor lauter Freude, dass sein Sohn sich auch in unbekannte Abenteuer stürzte und verrückte Dinge tat, genau wie er und seine Mutter früher.

«Alex … ich bin richtig stolz auf dich!»

Die Fahrt nach Hause verging wie im Flug. Daheim angekommen, brachte er seinen Rucksack ins Haus, drehte sich noch einmal zu seinem Vater und sagte: «Ich geh noch einmal für ein paar Minuten gegenüber in den Park, ja?»

«Alles klar, bis gleich!»

Alex ging hinaus und suchte die Bank auf.

Hier hat alles angefangen. Hätte ich vorletzten Freitag nicht auf dieser Bank gesessen und Jessica getroffen, die mir den Impuls gab, nach Irland zu fliegen, wäre das alles nicht passiert.

Seine Gedanken wurden von einem kleinen Hund unterbrochen, der plötzlich an seiner Hose schnupperte und wie wild mit seinem Schwanz wedelte.

«Natürlich ... wie könnte es anders sein? Dich kenn ich doch. Lucy, wie geht es dir?» Er lachte und streichelte sie, während sie freudig vor Alex hin- und herlief. Er schaute auf und sah, wie Jessica gerade in diesem Moment auf ihn zukam.

«Alex, bist du wieder zurück?»

«Ja, gerade eben angekommen. Ich hatte den Impuls, hierherzukommen. Scheinbar aus gutem Grund!»

«Total! Bei mir ist letzte Woche echt viel Komisches passiert. Auf der Arbeit, mit meiner Mutter und irgendwie ... na ja. Aber du siehst irgendwie anders aus. Ich kann es gar nicht so richtig beschreiben, aber du wirkst komplett anders. Wie war es in Irland?»

«Das ist eine verdammt lange Geschichte.»

«Die würde ich super gern einmal bei Gelegenheit hören. Aber ich wünschte, ich wäre auch so ausgeglichen, wie du gerade auf mich wirkst.»

Alex betrachtete sie für einen Augenblick und konnte auf einmal viel mehr in ihr sehen. Er konnte sehen, wie sie sich in ihren Gedanken verrannt hatte. Wie sie mit sich haderte. Er hatte sie vorher noch nie so sehen können.

«Setz dich für einen Augenblick.» Er zeigte auf den freien Platz neben sich auf der Bank.

«Darf ich dich etwas fragen?»

«Natürlich, alles Alex!»

Er schaute nach oben in die Wolken, die langsam vorüber-zogen, nahm die im Wind tanzenden Blätter an den Bäumen wahr und lächelte.

Danach drehte er sich zu Jessica, sah ihr in die Augen und fragte: «Was ist es, was du wirklich willst?»

The End.

Es gibt keinen Grund,
außerhalb von irgendeiner Box zu denken,
denn es gibt keine Box!

Über den Autor

Jens Heuchemer, geboren 1990 in Rüdesheim am Rhein, ist Coach, Trainer und Speaker für das Gesetz der Anziehung in Verbindung mit effektiver Persönlichkeitsentwicklung.

Bereits mit 19 absolvierte er nach dem Abitur seine erste Ausbildung zum Coach und Trainer und erkundet bis zum heutigen Tag die allumfassenden Tiefen der Spiritualität und Persönlichkeitsentwicklung immer weiter. Dabei richtet er seinen Fokus insbesondere darauf aus, die Themen Business und Spiritualität miteinander zu verbinden, um außerordentliche Ergebnisse bei seinen Programmteilnehmern hervorzubringen. Zusätzlich erschuf er im Jahr 2020 mit seiner Marke „Creators Circle" die Community für moderne Spiritualität und Persönlichkeitsentwicklung. Neben seinen Seminaren, Auftritten und Trainings liebt er es, um die Welt zu reisen und Menschen und Kulturen kennenzulernen. In seinem Alltag ist Leichtigkeit als oberster Wert immer vertreten, was sich in all seinen Handlungen widerspiegelt. Sein Motto lautet: «Es gibt keinen Grund, außerhalb von irgendeiner Box zu denken, denn es gibt keine Box!»

Entdecke
weitere Bücher in unserem
Onlineshop

www.remote-verlag.de